재건축 · 재개발의 함정과 성공 매뉴얼

재건축·재개발의
함정과 성공 매뉴얼

윤석양 조합장 5년의 일지

윤석양 지음

학고재

추천사

'악마는 디테일에 있다'

윤석양 조합장의 『재건축·재개발의 함정과 성공 매뉴얼』의 마지막 장을 놓은 후 떠오른 말이다.

재건축 사업, 재개발 사업 관련 도서가 수없이 많이 나와 있지만, 윤석양 조합장처럼 조합 운영의 '디테일'을 충실히, 꼼꼼하게 구현한 책은 지금까지 없었다. 거기에 깨알 같은 재미와 영화를 보는 듯한 현장의 생생함은 덤이다.

조합장 선거부터 조합원과의 소통, 비대위, 시공사, 감리, CM 등 재건축 현장의 인간 군상과 업체들을 상대하는 노하우(?)가 책 전체에서 만화경처럼 쏟아져 나온다. 몸으로, 영혼으로 현장을 체험한 이가 아니면 절대 알 수 없을 그런 노하우다.

조합장이 되기 전, 저자를 처음 만났다. 이 동네 인물들과는 결이 다른 이였다. 그가 조합장이 된 후 지금까지 조합을 둘러싼 각종 소송 등 법무적인 일은 물론 조합 업무의 구체적인 사항에 대해 수많은 회의와 토론을 머리를 맞대고 진행했다. 특이한 점은 그의 개인 문제에 대한 것은 논의 대상이 아니었다는 점이다. 그는 단 한 건의 고소, 고발도 당한 적이 없었기 때문이다. 조합원들에게도 행운이었지만, 저자를 만나 함께 일했던 경험은 내게도 행운이었다.

어떤 유명한 정치인이 그랬다. '정치는 생물이다'. 윤석양은 책을 통해 말한다. '재건축도 생물이다.' 조합원의 직접 투표, 과감함과 신중함과 가차 없음이 뒤섞인 의사 결정, 설득과 소통, 배신, 적과 동지의 모호함, 음모, 계략, 함정, 음험한 부패의 유혹 등이 구체적으로, 생생하게 드러나는 재건축·재개발 현장은 정치와 참 많이 닮았다.

이 책은 성실, 소통, 배려, 정직, 상식 같은 민주주의의 기본 요소들을 절묘하게 뒤섞어, 조합원의 재산권 창출이라는 자본주의적 결과물을 내놓기 위해 분투한 저자의 보기 드문 정치적·사회적·인간적 경험담이다.

이 책은 대한민국 자본주의의 한복판을 온몸으로 통과한 인간 윤석양의 눈물과 한숨과 땀방울과 회한이 촘촘하게 반짝거리는 보석 같은 책이다. 그의 앞날에, 그리고 서울 강남 나아가 대한민국 재건축·재개발 모든 현장의 앞날에 영롱한 반짝거림이 가득하길 기원한다.

정민성
법무법인 다원 대표 변호사

추천사

인간은 모순적인 존재다. 이상과 현실은 다르고, 가치와 욕망은 종종 충돌한다. 자산 격차로 우리 사회 불평등이 커진다고 비분강개하다가도, 자기 동네 집값이 폭등했다고 하면 쾌재를 부른다. 주민 자치의 민주적 의사결정이 중요하다고 소리를 높이다가도, 당장 뭘 좀 맡아서 하시라고 하면 꼬리 사리고 도망칠 궁리를 한다. 정의로우면서 이기적이고, 지혜로우면서 소심하다. 그런데 이런 괴리와 분열은 과연 불가피한 것일까? 우리 삶의 작은 단위에서 조금은 더 정의롭고 조금은 더 가치 있는 길을 택하면서도, 현실적 이익을 추구하는 데 보탬이 되는 방법을 찾기란 불가능한 것일까?

윤석양이 전하는 재건축 이야기는 그 질문에 답을 준다. 1조 4,000억 원의 방대한 재정이 걸려 있는 강남 노른자위 아파트단지의 재건축 사업에서, 3천 명 조합원과 함께한 윤석양의 새로운 실험은, 아파트 가격만큼이나 인간의 품격과 공리를 지키려는 치열한 모색이다. 5년 동안 150회 이상, 원고지 1만 쪽에 이르는 방대한 분량으로 '업무 보고' 노트를 올리고, 조합원을 거수기로 만들지 않겠다는 결심으로 주민의 참여와 합의를 끌어내고 공동체를 지켜가는 과정은 한 편의 대하 역사극처럼 생생하고 파란만장하다.

나는 오래전 윤석양을 만난 적이 있다. 35년 전 보안사의 민간인 불법 사찰을 폭로한 대가로 도피와 수감생활을 감내해야 했던 20대의 윤석양 이병을, 50대의 재건축 조합장으로 다시 만났다. 30년 만의 해후였지만 그는 크게 변한 게 없었다. 조합장이란 두 번 다시 못할 일이라고 투덜대면서도, 파국을 피하고 성과를 내는 방법을 꼼꼼하고 정직하게 기록하고 있었다. 인간의 야수적 욕망이 극한으로 들끓는 재건축 현장에서 '가능한 것과 가능하지 않은 것을 나누고 가능한 것 중에서 최선의 길'을 추구하는 그의 역정은 경이롭다. 윤석양 조합장 5년의 일지 『재건축 재개발의 함정과 성공 매뉴얼』은 재개발이나 재건축을 앞둔 주민들을 위한 생생한 실무 지침서이면서 권력과 책임, 이익과 가치 사이에서 흔들리는 모든 이들을 위한 미시사회학적 현장 보고서이다. 특히 윤석양이 권하는 '어려운 길'을 선호하는 많은 이들에게 유익한 나침반이 될 것이라 믿는다.

이진순
칼럼니스트, 성공회대 겸임교수

차례

추천사 • 4
들어가며 우리는 아무것도 모른 채 조합원이 된다 • 13

1부 강남 재건축에 운동권 조합장?

2020년 5월, 나는 조합장이 되었다 • 23
깜깜이 공사비 | 불 지른 모델 하우스 | 24년 장기 집권을 끝내다 | 조합장 선거는 한 편의 코미디

조합장이 이번 주에도 업무 보고 할까요? • 33
소통을 시작하다 | 대하소설 분량의 업무 보고 | 시공사, 설계사, 감리의 핑퐁 | 조합은 사업… 결과로 말한다 | 소문난 업무 보고

조합원이 마음을 모으다 • 47
관심은 하늘에 닿고 참여는 바닥을 긴다 | 우산을 내주고 대신 비를 맞은 사람들 | 머리끝부터 발끝까지 모두 바꾼 인테리어 | 하나도 틀리면 안 되는 소송 | 9회 말 끝내기 홈런

신고식을 치르다 • 59
도련님과 애송이의 만남 | 악수가 된 신고식 | 죽어라 싸우는 이유 | 작은 돈을 펑펑 쓰면 큰돈도 펑펑 쓴다

이인삼각 경기 • 71
절반은 업체가, 절반은 조합이 | 머슴이자 호구 | 문서 관리는 보험 | 조합과 업체의 속임수 | 전문가의 솜씨

상어 떼 • 84
대장 상어는 시공사 | 집안의 새끼 상어들 | 죽느냐 사느냐의 문제 | 가장 위험한 상어는? | 상어가 되기도 상어 밥이 되기도 | 내 몫과 상대의 몫

2부 오답만 피하자

시공사를 바꾸자고? • 101

"떼쓰고 악쓸 시간에 공부해라" | 싸움이 능사가 아니다 | 백인백색… 생각도 다르고 형편도 다르다 | 반쪽짜리 '갑' | 잡힌 물고기의 선택 | "조합장 되면 열심히 싸울 줄 알았는데…" | 수주하기 전과 후 | 완벽 체크 01 시공사 계약서

실내 인테리어부터 공용부까지 • 130

조합원의 힘으로 | 자칭 전문가 | 잘못하면 독이 되는 조합원 참여 | 전문가의 몫 | 설계 따로 시공 따로? | 스토리텔링의 힘 | 완벽 체크 02 실내 마감재 | 완벽 체크 03 조경 | 완벽 체크 04 커뮤니티 | 완벽 체크 05 어린이 놀이터, 운동시설, 조명

권한은 많고 권위는 적은 감리 • 164

감리의 판단 기준은 도면 | 권한과 권위의 부조화 | 감리비 기준은 공사비? 건축 연면적? | 완벽 체크 06 감리

현장은 협조도 필요하고 관리도 필요 • 176

공사 중단은 마지막 카드 | 시공사와 현장은 투 트랙으로 | 추가된 패키지 옵션 | 명절마다 떡을 돌리다 | 시야에서 사라지는 하자 | 현장 점검은 조합이 주도해야 | 착공 후에는 설계변경을 최소화해야

활용하기 나름인 공사비 검증 제도 • 191

중도금 납부를 거부하다 | 20개월 만의 공사비 검증 | 시공사의 꼼수와 착시효과 | 증액된 공사비만 검증 | 깎아준 공사비도 다시 산입 | 결정 기관 아닌 중재 기관 | 독이 든 성배

선택 아닌 필수, CM 계약 • 207

기울어진 운동장의 균형추 | 우리 조합의 CM 선정 | 공사비 검증 전문가는 귀한 몸 | 학습 능력과 의지가 중요

세 마리 토끼… 절차, 형평성, 사업성 • 216

삐끗하는 순간 사업을 중단시키는 '절차' | 경계도 판단도 애매한 '형평성' | 변수 많아 예측 어려운 '사업성' | 세 개의 공으로 하는 저글링

기부채납 공사와 민원공화국 • 228

봉이 김선달 | 임대주택과 공사비 | 고무줄 공사비와 막무가내 업체 | 시공사도 기피하는 기부채납 공사 | 조합엔 '갑', 조합원에겐 '을' | 사람 잡는 민원공화국

3부 주인과 투자자

편의점처럼 많은 비대위 • 239

조합을 파산 직전까지 몰아간 비대위 | 피해망상과 과대망상 | 비대위는 변수 아닌 상수 | 비대위는 왜 많은가? | 희망 고문과 정신 승리 | 비대위도 아마추어 | 괴물이 되지 말아야 한다 | 조합장은 〈트루먼쇼〉의 주인공

투자자와 봉사자 • 260

"적정 수준의 인센티브 지급은 가능하다" | 인센티브 공약의 철회 | 태생적인 조건과 운때 | 동기는 중요하지 않다 | 나는 투자자, 너는 봉사자 | 일할 사람은 떠난다 | 조합의 성공, 인재영입에 달렸다

2%는 챙기는 게 이 바닥 표준? • 277

마감재와 조직폭력배 | 조합장을 하면 삼대가 먹고 산다? | 내게도 로비가… | 누울 자리 보고 다리 뻗는다 | 내가 의혹의 당사자가 될 줄이야! | 확신범에 개인적 반감까지 | 의심은 그림자처럼 따라다닌다

법 따로 현실 따로 • 292

제왕적 조합장과 총회 만능주의 | 규범 따로 현실 따로 | 책임은 누가? | 권한과 책임의 부조화 | 책임과 보상의 엇박자

조합장 두 번은 안 한다 • 305

"끝이 안 좋다" | 무능한 집행부와 억울한 조합원이라는 신파 | 양반과 주인 | 정치는 사류, 재건축·재개발은 오류

선한 영향력과 사람에 대한 투자 • 314

세발자전거 | "조합원은 예비군" | 비대위는 초중반에, 예비군은 중후반에 | 재건축·재개발의 예비군들 | 조합원이 '갑'이라는 착각 | 넘어야 하는 세 가지 허들 | 어려운 방법과 쉬운 방법 | 다섯 가지 선택지

부록 재건축·재개발 인허가 절차 • 337

재건축·재개발 용어 해설 • 364

일러두기

이 책은 도시정비사업 중 '재개발사업', '재건축사업'을 '재건축·재개발'로 줄여 썼습니다.

들어가며

우리는 아무것도 모른 채 조합원이 된다

재건축·재개발을 마치고 이제 막 입주한 멋진 신축 아파트들을 보고 사람들은 그 화려함과 편리함에 놀라고 그걸 누리며 사는 이들을 부러워한다. 속사정을 모르니까 그러는 것이다. 재건축·재개발을 조금이라도 알면 그렇게 생각하지 않는다.

재건축·재개발은 블랙코미디다. 그 중심에는 돈이 있다. 돈 중에서 으뜸이 눈먼 돈이다. 재건축·재개발은 눈먼 돈을 둘러싼 쟁탈전이다. 돈이 적은 것도 아니다. 조 단위를 가볍게 넘기도 한다. 게다가 돈을 내는 조합원이나 돈을 굴리는 집행부나 대부분 깜깜이다. 건축도 모르고 재건축은 더 모른다. 예외도 있지만 예외일 뿐이다. 깜깜이 집행부, 깜깜이 조합원들이 때로는 쌍방 간에, 때로는 시공사라는 외부 세력과 맞서 장장 10년에 걸쳐 조 단위가 넘는 눈먼 돈을 두고 웃을 수도 없고 울 수도 없는 희비극을 연출하는 게 재건축·재개발이다.

희비극성을 두드러지게 하는 건 내부 정치질이다. 재건축·재개발을 아는 사람들은 이 바닥이 정치와 똑같다고 말한다. 맞는 말이다. 그런데 정치를 안 하고 정치질을 한다는 게 문제다. 건축도 모르고 재건축도 모르니 정치질이나 하는 것이다. 조롱과 비난, 음모론, 허언과 식언, 가짜 뉴스와 희망고문이 일상이다. 희생양도 만들어지고 토사구팽도 나타난다. 선동꾼과 패거리도 빠질 수 없다. 이들의 칼춤에 잘못 걸려 악플 세례를 받고 조리돌림을 당하는 바람에 내상을 입는 이들도 많다. 심리 상담이나 심리 치료, 나아가 격려가 필요한 사람들도 등장한다. 재건축·재개발의 조합원이 되었다는 것은 각자가 정치의 한복판에 들어섰고 이런 사람들과 지지고 볶고 싸워야 한다는 뜻임을 알아야 한다.

이런 사람들은 물론 소수다. 다수가 아니다. 그러나 소수라고 무시하거나 방심하면 안 된다. 일을 만드는 것도 소수지만 일을 망치는 것도 소수이기 때문이다.

우리나라에서 재건축·재개발이 시작된 게 20년이 넘는다. 경험자들도 많다. 그러나 이들은 잘 나타나지 않는다. 이 판이 어떤 판인지 독하게 맛보았기에 대부분은 등을 돌린다. 그 결과 다시 깜깜이들이 모여 정치질에 매달리고 사업을 말아먹는 도돌이표가 반복된다. 5년 후, 10년 후는 달라질까? 변화는 있겠지만 극적으로 달라지지는 않을 것이다. 영화감독이

나 드라마 작가가 왜 이런 문제적 소재를 다루지 않는지 의아하다. 비극이나 희극의 소재로도 좋고 희비극의 소재로도 그만인데 말이다.

인생은 가까이서 보면 비극이고 멀리서 보면 희극이라고 한 것은 찰리 채플린이다. 그의 영화에서도 비극적 장면은 클로즈업, 희극적 장면은 롱숏으로 나타나곤 한다. 나는 조합장으로 있었으니 재건축·재개발을 클로즈업으로 볼 수 있었다. 조합원들에게는 롱숏이었다.

그런데 우리는 줌 인/아웃을 자유자재로 구사하지 못한다. 우리는 찰리 채플린이 아니기 때문이다. 그 결과 누구에게는 힘들고 고통스러운 일이 누구에게는 답답하고 어이없다. 재건축·재개발에서 정치질이 난무하는 또 하나의 이유는 이처럼 간극이 고착화되어 있고 또 멀기 때문이다. 조합장은 롱숏, 조합원들은 클로즈업으로 본다면 간극은 좁아지고 사업도 원만해질 것이다. 이 책은 재건축·재개발을 클로즈업으로 보여주려는 책이다. 그것을 롱숏으로만 접하는 조합원들에게 도움이 되기를 바란다.

2020년 초 조합장 선거를 준비하면서 참고할 만한 책이 있는지 찾아보았다. 재건축·재개발 투자를 권하는 책은 넘쳐났지만 조합 운영에 대해서는 기본 매뉴얼도 없고 현장 경험을 담은 책은 더욱 없었다. 경험자들이 수도 없이 많을 텐데 참고할 만한 책 하나 없다는 게 의외였다.

조합장을 하는 동안 조언을 구하러 온 사람들이 있었다. 조합장 교체를 둘러싼 갈등 때문에 온 조합원도 있었고 조합 운영이 고민인 조합장도 있었다. 그러나 한두 시간의 설명으로 해결될 일이 아니었다.

이 책은 서울 강남구 개포동의 개포주공4단지라는 우리 조합의 사례를 계기로 해서 쓴 것이다. 이 사례를 모든 사업장에 적용할 수는 없겠지만 참고는 될 것이다. 언론이나 지인을 통해 알게 된 다른 조합의 사례도 아는 만큼 다루었다.

1부는 조합 운영에 관한 것이다. 2부는 시공사와의 계약, 특화, 현장 관리, 공사비 검증 등에 관한 실용적인 정보를 담았고 말미에 주요 사항을 요약했다. 3부는 재건축·재개발이라는 판의 속성, 풍토, 작동 원리에 대한 것이다. 1부와 2부에는 내가 직접 경험한 우리 조합의 이야기가 많고 3부에는 다른 조합의 이야기가 많지만 각 부 모두에는 두 이야기가 섞여 있다.

시공사 계약서, 시공 관리, 실내 인테리어, 커뮤니티, 조경 등에 관한 체크 리스트도 만들었다. 현장을 관리하고 특화할 때 참고가 되었으면 한다. 가장 중요한 것은 시공사 계약서다. 계약을 어떻게 하느냐에 따라 수백억 원이 좌우되니 도장을 함부로 찍지 말고 자료 조사도 하고 자문도 많이 받는 게 좋다.

조합원이라 하더라도 조합 운영에 대해서 관심을 갖는

사람이 적은 게 현실이다. 어디서부터 손대야 할지 막막해 아예 무관심파로 남아 있는 사람들도 많다. 재건축·재개발과 조합에 대해 아무것도 몰라도 이해할 수 있도록 쉽게 쓰는 것을 원칙으로 삼았다. 공사비 검증이나 시공사 계약서 같은 어려운 내용은 최대한 풀어 쓰고자 했다. 정비계획·사업시행계획·관리처분계획 같은 인가 절차, 비례율·용적률·세대당 평균 대지지분 같은 전문용어는 별도로 책 말미에 실었다.

재건축·재개발은 봉사 활동이 아니다. 사업이다. 그러나 수백 수천 조합원의 의견을 모아서 해야 하는 특수한 형태의 사업이다. 건축에 대한 지식도 중요하지만, 조합원의 의견을 잘 모으는 게 우선이다. 건축 전문가라고 해도 조합원의 의견을 모으는 데 실패하면 오래 버틸 수 없다.

나는 업무 보고라는 형식으로 소통했다. 조합 홈페이지와 네이버 카페를 통해 업무 보고를 했다. 보안이 필요한 사안을 제외한 모든 것, 공사, 특화, 협상, 소송 등을 실시간으로, 최대한 상세하게 다루었기에 조합에 대한 조합원의 의심과 불안감을 줄일 수 있었다.

주변의 도움도 컸다. 파행으로 치닫던 우리 사업을 정상화하기 위해 10여 명이 모였다. 이들은 뛰어난 능력과 한결같음으로 조합 일을 도왔으며 조합원과 소통했다. 내 일을 대신 해주기도 했고 내가 할 수 없는 일을 나서서 해주기도 했다.

한두 명이 아니었고 한두 달이 아니었다. 10여 명이 수년 동안 변함없는 마음을 보여주었다. 그러자 수백 명의 조합원이 모여들었다.

우리 단지는 많은 조합원이 마음과 힘을 모아 만들어낸 결실이다. 몇몇 소수가 한 게 아니다. 소수가 많은 힘을 보탠 것은 사실이지만 수백 명 조합원이 마음을 모아주지 않았다면 힘들었을 것이다. 동시에 수백 명 조합원이 아무리 마음을 모아주었어도 앞에서 바람도 맞고 비도 맞으면서 시간과 열정을 쏟아부은 소수가 없었다면 불가능했을 것이다.

우리만큼 서로가 마음을 모아 사업을 추진한 경우는 앞으로도 흔치 않을 것 같다. 우리는 소위 복마전이라 불리는 재건축 판에서 조합과 조합원이 마음을 모아 사업을 추진했다는 소중한 사례를 남겼다. 앞에 나서준 소수에게도 감사드리고 뒤에서 마음을 모아준 수백 명 조합원께도 감사드린다. 특별히 박진영, 홍은지, 이동률 조합원님께 감사드린다.

나도 시행착오를 거쳤고 몇 차례 큰 어려움도 겪었으며 미흡하거나 미처 챙기지 못한 것들이 많았다. 지나고 나서야 실수였음을 깨달은 것도 있었다. 나만의 경험은 아닐 것이다. 이 책에는 다른 조합의 사례도 많이 나온다. 그것 또한 그 조합만의 일이 아니다. 미숙함이나 무지 때문일 수도 있고 명백한 악의 때문에 생기는 일도 많다. 미리 알고 마음의 준비도 하고 예방도 해야 한다. 근절하지 못해도 줄이는 노력은 해야 한다.

　　　　이 책에 나오는 조합이나 시공사는 모두 영어 알파벳으로 익명 처리했다. 책의 곳곳에 되풀이 등장하는 A 조합이니 A 조합장이니 하는 것은 서로 다른 조합, 서로 다른 조합장이고, 일부 반복되어 나오는 것도 일괄하여 A 조합, A 조합장 같은 식으로 익명 처리했다. 내가 본 것은 단면인데, 실명이 드러나는 순간 그게 그 조합이나 조합장의 전부인 것처럼 여겨질 수 있기 때문이다. 누구의 잘잘못을 따지기보다는 재건축·재개발의 전반적인 문제점과 풍토를 이해하는 데 보탬이 되었으면 한다.

　　　　이진순 선배님은 이 책을 써보라고 처음으로 권하셨다. 30년 만의 자리였는데 3주 만에 만난 것처럼 스스럼없이 조언을 해주셨다. 신학용 님과 친구 L은 내가 조합장이 되기 전부터 지금까지 건설 현장의 겉과 속에 대해 많은 도움말을 주었다. 법무법인 다원의 정민성 변호사님은 이 책의 법리적 문제에 대해 검토해주셨다. 조용만 사무장님과 백동현 님은 재건축·재개발의 절차적 사항에 대해, 백운진 단장님과 장주환 단장님은 건축의 기술적인 사항과 공사비 검증에 대해 도움을 주셨다.

　　　　학고재의 편집진은 원고의 몇 가지 오류를 잡아주셨다. 재건축·재개발 전반에 대한 공부를 하신 것 같다. 이 분야를 경험한 적이 없으셨으니 머리도 아프고 시간도 많이 걸렸을 것 같다. 놀랐고 감사드린다.

    아내는 내가 조합장을 하는 내내 빙산의 일각을 보고 빙산의 무게와 크기를 헤아리는 눈으로 사람들의 말과 행동을 연대기 순으로 짚으면서 내가 그릇되게 판단하지 않도록 잡아 주었고, 이 책의 빈 부분을 채우고 과한 부분을 덜어내 주었다. 모두 감사드린다.

2025년 7월
윤석양

1부

강남 재건축에 운동권 조합장?

부

매스미디어 법과
언론자유의 한계

2020년 5월, 나는 조합장이 되었다

2020년 1월, 당시 우리 단지 조합장은 조합설립추진위원회(추진위)부터 24년 동안 내리 조합을 맡아왔다. 국내 최장수 장기집권 조합장이었다. 이사회와 대의원회에 대한 장악력은 굳건했고, 조합장에 맞서 비상대책위원회(비대위)가 주도한 몇 차례의 해임 시도는 조합원의 저조한 참여로 무산되었다. 무관심, 무기력, 미덥지 않은 비대위에 대한 불신의 합작품이었다. 조합장 해임은 어려워 보였다. 추진위부터 조합 청산까지 한 사람이 30년 넘게 영구집권하는 진풍경을 보게 될 판이었다.

깜깜이 공사비

금이 가기 시작한 것은 공사비 때문이었다. 2019년 말, 시공사는 공사비를 올려달라고 했다. 최초 공사비 9,089억 원에 1,378억 원이 더해질 판이었다. 인상률이 15%였다.

고급화 명목의 증액은 500억 원이었다. 2017년 2월 계약 이후 거의 3년이 지났으니 자재, 마감, 설비를 업그레이드하자는 것이었다. 그런데 총회 책자로는 알 길이 없었다. 변경 내역이 깜깜이었다. 욕실 타일 증액 비용은 47억 원이었다. 증액 사유는 '국내산'을 '유럽산'으로 바꾼다는 것뿐이었다. 금액에 영향을 미치는 타일의 특성이나 크기에 대한 정보는 없었다. 주방과 욕실 수전 교체 비용은 37억 원이었다. 교체 이전 내역에는 '국내산'으로만 나와 있었다. 원래 제품이 무엇인지, 얼마짜리인지 모르니까 증액 비용이 맞는지, 바가지를 쓰는 것은 아닌지 판단할 수 없었다. 중문은 세대당 180만 원이었다. 옆 단지의 세 배에 가까웠다. 시공사가 폭리를 취하는 것 같은데 중문 사양을 알려주지 않으니 답답한 노릇이었다.

총회 책자에 실린 2017년 2월의 최초 계약서도 깜깜이 투성이었다. 마루는 '원목마루'로만 표기되어 있을 뿐 전체 두께와 상판 원목의 두께, 폭과 길이처럼 가격을 좌우하는 정보는 없었다. 엘리베이터에는 속도 정보가 없었다. 분당 속도가 120m인지 150m인지에 따라 가격 차이가 나는데, 알맹이 정보가 빠진 것이다. 그러다 보니 9,000억 원이 넘는 최초 계약 금액이 싼 건지 비싼 건지도 알 수 없었고 고급화 명목의 500억 원 증액도 검증이 불가능했다.

　　조합원은 500억 원의 공사비 산출 내역과 제품 사양을 보여달라고 요구했다. 조합장은 시공사가 안 줘서 없다고 했다. 시공사는 조합에 줬다면서 발을 뺐다. 조합장과 시공사는 핑퐁을 했고 조합원은 탁구공이 되었다.

불 지른 모델 하우스

불을 지른 것은 모델 하우스였다. 깜깜이 공사비로 뒤숭숭한 가운데 모델 하우스가 오픈되었다. 조합원들은 난리가 났다. 답답하고 좁은 창호, 유행 지난 구식 자재, 싸구려 마감, 감각 떨어지는 색 조합 때문에 조합원들은 화가 머리끝까지 났다. 더구나 한 달 전에 업그레이드 명목으로 공사비를 500억 원이나 올려주지 않았나. 우리 조합은 부동산카페에서도 조롱거리가 되었다.

　　조합원에게 모델 하우스는 가장 중요한 것 중 하나다. 사업 초의 위기도 이겨내고 기약도 없는 긴 기다림 끝에 마침내 내 것을 처음 내 눈으로 보는 것이기에 감회가 남다르다.

　　우리 조합원의 기대치도 높았다. 조합원은 트렌드에 민감했고 남들과는 다른 차별화, 남들보다 나은 고급화를 바랐다. 남자와 여자, 젊은 사람과 나이 든 사람, 가성비를 따지는 사람과 고급스러움을 원하는 사람, 트렌드를 따르는 사람과 트렌드에 앞서가기를 원하는 사람 모두를 만족시켜야 했다.

일흔이 넘은 남자 조합장이 감당할 수 있는 업무가 아니었다. 공장에서 물건 찍어내듯이 똑같은 자재와 똑같은 마감으로 여기저기 도배하는 시공사에 맡길 일도 아니었다. 모델하우스 사태는 일대 충격파를 불러일으켜서 시공사도 수습하려고 했으나 이미 늦었고 조합장과 시공사를 규탄하는 쓰나미가 덮치기 시작했다.

조합장은 경험도 많고 들은 것도 많았다. 상대를 언변으로 제압할 수 있었다. 그러나 듣고 돌아서면 기억에 남는 게 없었다. 상대를 무마할 수는 있지만 설득할 수는 없는 사람이었다. 개선해달라 요구하면 다 잘 될 것이니 걱정하지 말라는 희망고문으로 대꾸하거나 질문에 답을 하지 않았다. 착공이 왜 자꾸 늦어지는지, 대대적인 설계변경으로 일반분양 수입이 늘었는데 조합원 분담금은 왜 줄지 않고 늘었는지, 조합의 발목을 잡고 있는 소송의 원인과 해법은 무엇인지 속 시원한 답을 하지 않아서 조합원만 애가 탔다.

그도 사실은 아는 게 없었다. 불성실해서가 아니라 답을 할 수 없었으니 피한 것이다. 조합원은 그보다 아는 게 더 없었다. 조합원은 답답해서 그에게 묻고 따지고 화냈지만, 그는 조합원보다 조금 더 알았으니 말문이 막히는 것은 조합원이었다. 재건축·재개발에서도 지식이 권력이다. 이 분야가 엄청나게 방대하고 복잡하니까 제대로 아는 사람이 없고, 조금 더 아는 조합장이 권력자가 된다.

조합원은 안 그래도 뭐가 뭔지 몰라 답답한데, 조합장을 만나도 바뀌는 건 없고 가슴만 답답해졌다. 이런 사람이 한둘이 아니었다. 답답하고 억울하고 불안하고 분통 터지는 사람들로 넘쳐났다. 이런 와중에 모델 하우스가 망작 중의 망작으로 오픈되었으니 조합은 초토화되었다. 그동안의 무관심과 무기력을 생각하면 벼락 같은 반전이었다. 이번에야말로 조합장을 해임해야 한다는 목소리가 들끓었다.

24년 장기 집권을 끝내다

조합장에게는 비장의 무기가 있었다. 아웃소싱 Out-Sourcing, OS이었다. 재건축·재개발에서 사업이 망가지든 말든 조합 찬탈을 목적으로 사사건건 분란을 일으키는 세력의 대명사가 비대위인 것처럼 홍보 대행이라 불리는 OS도 여기만의 독특한 시스템이다. OS는 총회 의결 정족수를 확보하기 위해 전화를 돌리거나 가가호호 방문하여 서면결의서를 모으는 외주업체인데, 조합장의 친위부대 노릇도 한다. 조합장이 원하는 방향으로 기표하게끔 조합원을 유도하고, 조합장이 바뀌면 사업만 늦어진다며 은근한 겁박도 한다. 표 바꿔치기 같은 부정을 저지른다는 소문도 무성하다. 해임이 추진되면 조합장은 OS를 쓸 것이고, OS가 있는 한 해임은 장담할 수 없었다.

그런 와중에 돌발변수가 나타났다. 조합장이 형사사건으로 기소되었다. 조합장과 극한 대립각을 세운 어느 조합원이 따발총 쏘듯이 닥치는 대로 고소 고발했는데 그중 한 발이 과녁에 적중했다. 조합 정관상 기소되면 조합장 자격정지가 가능했다. 대신 이사회나 대의원회 의결이 필요했다. 대의원회는 거수기였기에 가망이 없었고 이사회는 틈이 있어 보였다. 비대위 일부 인사들과 의견을 나누면서 그들의 협조를 받아 몇몇 이사들을 겨우 설득해 조합장 자격을 정지시킬 수 있었다. 이제 조합장은 해임 총회가 열리더라도 OS를 쓸 수 없었다. 손발이 잘린 것이다. 우리 조합은 감사가 조합장을 대리하는 직무대행 체제가 되었다.

한 조합원이 1년 전부터 네이버 카페를 만들고 조합원을 모아나갔었다. 필력이 뛰어나거나 활동이 왕성한 사람들로 운영진도 꾸렸다. 운영진은 10여 명이었고 나이는 30~50대였다. 카페에는 3,000명 가까운 조합원 중 2,000명 이상이 가입했다. 무관심파를 제외한 거의 전 조합원이 들어온 것이다. 운영자는 시공사 등 외부 세력이 들어오는 것을 막기 위해 가입 희망자에 대해 일일이 실명 인증을 거쳤다. 그동안의 지극정성으로 마침내 자리를 잡은 카페는 해임을 주도했고 조합원은 카페를 전폭적으로 지지했다. 반포 아크로리버파크의 한형기 조합장을 초빙해 해임을 위한 강연회도 열었다. 강연회는 대성황이었다.

조합원은 하나로 뭉쳤다. 악덕 기업과 무능한 조합장을 응징하고 빼앗긴 권리를 찾기 위해 궐기했다. 우리는 해임 총회를 위해 이사회와 보조를 맞추었고 일부 이사들과 교분이 있는 비대위와도 연합전선이 형성되었다. 해임 찬성률은 95%였다. 결과가 과반을 겨우 넘었다면 조합장은 무효 소송을 제기했겠지만 압도적 결과 앞에 전의를 상실했다. 24년 장기집권이 종식되었다.

조합장 선거는 한 편의 코미디

카페 운영진은 신임 조합장으로 누가 좋은지 물색했다. 조합장이 되려면 거주기간이나 보유기간을 채워야 한다. 그런데 대부분 자격 요건을 갖추지 못했다. 운영진 밖에서 다른 대안도 찾았으나 마땅치 않았다. 우리 중에 요건을 갖춘 사람이 하나 있었으니 그게 나였다. 나는 오래전에 조합원이 되었기에 요건을 갖춘 상태였다. 나보고 출마하라는 이야기가 나오기 시작했다.

나는 그럴 생각이 없었다. 건축도 모르고 재건축도 모르는데 무슨 조합장을 하나. 그러나 그들과 1년 넘게 교류한 입장에서 뚜렷한 이유 없이 출마하지 않겠다고 하는 것도 예의가 아니라서 내가 누구인지 말해주었다. 그때까지 실명 대신 닉네임을 사용했기에 그들은 내가 누구인지 몰랐다. 서울 강남 재건축에서 운동권을 조합장으로 뽑을 리 없으니 내 전력을 알면 더 이상 권유하지 않을 것으로 생각했다.

그런데 반응이 뜻밖이었다. "분명히 당선될 것"이라고 장담하면서 출마를 종용했다. 입장이 난처해졌다. 강남 사람들이 운동권을 조합장으로 뽑아준다니 믿기 힘들었다. 욕이나 안 먹으면 다행이었다. 그러나 내가 출마를 꺼린 것은 당선 가능성 때문이 아니었다. 더 중요한 다른 이유가 있었다.

나는 재건축은 몰랐지만 이 판의 속성을 조금 짐작했다. 규범 지향적인 나는 이 판에 어울리지 않았다. 규모라도 작으면 모를까, 조합원이 수천 명이고 조 단위의 돈이 걸린 이런 판에서 규범과 원칙을 따지는 내 방식이 얼마나 효과적일지, 호응을 얻을지 알 수 없었다. 규범은 단순하고 현실은 복잡하며 현실이 이론대로 굴러가는 것도 아니어서 시간이 지날수록 단순하고 도식적인 내 방식의 한계가 드러나리라는 것도 뻔했다. 그렇다고 왼손잡이로 살아온 내가 갑자기 오른손잡이가 될 수도 없었다. 축적된 경험치와 상당 기간의 훈련이 없다면 선택할 수 없었다. 그러나 그에 대해 구구절절 이야기해도 공감할 것 같지 않았고, 여럿이 돌아가며 설득하는 바람에 어쩔 수 없이 출마하게 되었다.

비대위와의 연합전선은 해체되었다. 우리는 이사들과 상대적으로 가까운 그들의 힘을 빌어 조합장 자격정지를 관철했고, 그들은 조합원의 지지를 받는 우리의 세를 이용해 조합장을 해임했다. 각자 원하는 것을 이루었고 공동의 적이 사라졌으니 유지할 이유가 없었다.

조합장 선거에는 나까지 다섯 명이 나왔다. 커리어가 우리 사회의 평균은 훌쩍 넘는 사람들이었다. 전직이 외국계 기업 CEO, 행정고시를 패스한 검찰 사무직 공무원, 대기업 임원인 사람도 있었고, 현업에서 일하는 건축학 박사 출신의 전문가도 있었다.

나는 시민단체에서 활동했었다. 재건축과는 아무 상관 없는 단체였다. 그러나 내가 재건축을 모른다고 흠은 되지 않았다. 다른 후보들은 조합 이사나 대의원을 역임했으나 어차피 모르는 건 마찬가지였고 조합원은 더 몰랐으니 흠잡을 사람이 없었다. 나에게 조합장에 출마하라고 한 사람 중에도 재건축을 제대로 아는 사람은 없었다. 추천한 그들도 몰랐고 추천받은 나도 몰랐고, 모르는 사람들이 모여서 재건축 판에 뛰어든 것이다.

눈 감고 코끼리를 만져봤다고 코끼리를 안다고 할 수 없는 것처럼, 군대를 다녀왔다고 전쟁을 안다고 할 수 없는 것처럼 조합 이사나 대의원을 했어도 어차피 태반은 몰랐다. 조합장을 5년 동안 했고 재건축의 핵심 단계인 건축 과정을 조합장으로 경험한 나도 여전히 아는 것보다 모르는 게 많은 판국에 그들을 탓할 일은 아니다. 죄가 있다면 정말로 방대하고 복잡한 재건축·재개발 자체다.

공사비, 운영비, 세금 등 지출액을 기준으로 우리 조합의 사업비는 1조 4,000억 원이다. 아무것도 모르는 사람들이 어차피 태반은 모르는 후보 중 한 명을 조 단위의 돈을 주무르는 사업의 수장으로 뽑는 코미디 같은 일이 벌어졌다. 그렇다고 이걸 우리 조합만의 흠이라 할 수도 없다. 안 그런 조합이 거의 없기 때문이다.

선거운동은 일방적이었다. 카페 운영진에 대한 조합원의 신뢰가 컸으니 운영진이 지지하는 나의 지지도 높았다. 다른 네 명의 후보보다 비교적 젊은 우리는 정보가 빨랐고 에너지가 넘쳤다. 조합원이 원하는 것을 읽는 감각도 뛰어났고 스마트했다. 네 명의 후보는 선거운동을 거의 후보 개인이 했지만 우리는 잘 짜인 팀으로 했으니 시작부터 기울어진 운동장이었다.

나에 대한 반감도 별로 없었다. 사상 검증이니 재산 검증이니 학벌 검증이니 네거티브가 판쳤으나 조합원들은 담담했다. 누군가 그런 기색이라도 비치면 여기저기서 욕을 먹는 사태가 일어났다. 개인적으로는 운동권이 싫지만 눈먼 돈을 둘러싼 쟁탈전이 치열한 이런 일에는 그래도 운동권이 낫다고 생각했기 때문일까. 내 자식, 내 남편, 내 동생도 운동권이었다는 사람들까지 나타나서 나를 응원해주었다. 나는 강남 사람들의 전폭적 지지를 받는 후보가 되었다.

내가 절반이 넘는 55%를 얻었다. 나머지 네 명은 10% 내외였다. 2020년 5월 나는 조합장이 되었다.

조합장이 이번 주에도 업무 보고 할까요?

조합장에 당선된 직후 조언을 구하러 찾은 A 조합장에게서 뜻밖의 말을 들었다.

"SNS는 하지 마십시오. 시간 낭비입니다."

사업을 방해하고 조합을 차지할 목적으로 악착같이 반대만 일삼는 세력에 일일이 대응할 필요가 없다는, 개가 짖을 때마다 돌을 던지면 목적지에 도착할 수 없다는 말이었다. 조합 일을 하겠다고 나서는 사람들이 마음에 없어도 열심히 소통하겠다고 하는 마당에 망언에 가까운 발언이었다. 그도 심하게 시달린 모양이었다.

그는 성공한 조합장이었다. 건축업계에서 잔뼈가 굵었고 필생의 작품을 만들겠다는 목적이 뚜렷했기에 최소한의 소통으로도 성공할 수 있었다. 나와는 사정이 달랐다. 건축도 재건축도 모르는 내가 소통까지 안 할 수는 없었다. 24년 동안 불통에 깜깜이였던 조합장을 겨우 몰아낸 우리 조합이 용인할 수 있는 선택지도 아니었다.

각자에게는 각자의 방법이 있다. 야구는 야구선수의 근육을 가진 사람이 하고, 축구선수의 근육을 가진 사람은 축구를 한다. 나는 A 조합장과 정반대의 길을 선택했다.

소통을 시작하다

조합장이 된 며칠 후 단톡방에 어느 조합원의 톡이 올라왔다.

"조합장은 요즘 뭐하나요? 조합 일은 제대로 되고 있는지 모르겠네요."

일요일에 조합 홈페이지와 카페에 업무 보고를 했다. 마감재 협상, 공사비 검증, 정관 개정, 소송 등 일주일 동안의 업무 10개와 예정된 업무 9개, 질의에 대한 답변 3개까지 22개를 메모 형식으로 짧게 올렸다. 반응은 뜻밖이었다. "가슴이 울컥했다", "이런 소통이 익숙하지 않아서 오히려 어색하다", "눈물이 날 것 같다", "가슴이 뻥 뚫리는 것 같다"와 같은 댓글이 백 수십 개 달렸다. 장문의 글도 아니고 현안에 큰 진전이 있는 게 아니었는데도 그랬다.

며칠 후 단톡방에 또 다른 조합원의 톡이 올라왔다.

"조합장이 이번 주에도 업무 보고를 할까요?"

일요일에 감리 문제, 엘리베이터 사양, 건설사업관리 Construction Management, CM 선정을 위한 사전 미팅 등 6개에 대해 다시 업무 보고를 했다. 첫 번째 업무 보고와 같은 짧은 메모 형식이었는데 이번에도 반응이 뜨거웠다. 댓글이 또 백 개가 넘었다.

놀란 것은 오히려 나였다. 해야 할 일을 한 것인데, 뭐가 감사하다는 거지? 이제까지 없던 일이었기에 반기는 것까지는 알겠지만 반응의 정도가 예상 밖이라 어리둥절했다. 이렇게 해서 업무 보고라는 것을 시작하게 되었다. 조합원도 원했고 마땅히 해야 할 나의 일이었다.

조합장에 당선되기 전에 B 조합장을 만난 적이 있다. 그는 소식지를 보여주며 이렇게 말했다.

"소통이 중요합니다. 우리 조합은 분기에 한 번씩 이런 소식지를 보내줍니다."

A4 용지 12쪽짜리였다. 1년이면 48쪽이었다. 최소한 이 정도는 해야 한다는 게 아니라 이 정도만 해도 충분하다는 투였다. 그것도 안 하는 조합이 많다는 뜻이었다. 공부하긴 싫지만 티는 내야 해서 억지로 책상에 앉는 학생처럼 내용이 부실해서 아무 쓸모 없는 소식지를 보내는 조합도 있으니 내용만 알차다면 그 정도만 해도 조합원이 만족할 것이라는 B 조합장의 말도 틀린 것은 아니었다.

그러나 우리는 12쪽짜리 소식지로는 감당이 안 되는 상황이었다. 전임 조합장이 재임한 24년 동안 조합 소식에 목이 마를 대로 마른 조합원들에게 "분기에 한 번 소식지를 보낼 테니 석 달씩 기다리시라"고 이야기하는 것은 부적절했다.

업무 보고를 매주 했다. 우리 단지는 내가 조합장이 되기 5개월 전인 2019년 말에 착공했기 때문에 챙겨야 할 일이 산더미였다. 모델 하우스도 발등에 떨어진 불이었다. 매주 하지 않으면 안 되는 상황이었다. 모델 하우스 같은 현안, 시공사와 협의 과정, 공사 현장 점검부터 시작해서 외관·조경·커뮤니티 특화, 공사비 검증, 열 개가 넘는 각종 협상과 소송, 기부채납寄附採納 공사까지 조합 업무 전반을 망라했다.

대하소설 분량의 업무 보고

재건축·재개발은 방대하고 복잡하다. 용적률이니 대지지분이니 비례율이니 투자 정보는 넘치지만 속내를 있는 그대로 보여주는 콘텐츠는 드물다. 경험 있는 조합원들도 투자자로서의 경험만 갖고 있을 뿐 사업을 관리하는 주체로서는 잘 모른다. 재건축·재개발 경험이 두 번째니 세 번째니 하면서 이쪽에 대해 잘 아는 것처럼 말하는 조합원도 있으나 사업 관리자로 참여한 게 아니라면 별 의미 없다.

조합이 어떻게 굴러가느냐에 따라 추가로 들어가는 돈의 단위가 달라지고 아파트를 어떻게 짓느냐에 따라 가격 차이가 나는데, 투자자 입장이면서도 정작 투자의 결과를 좌우하는 조합과 재건축·재개발에 대해서는 아는 게 거의 없는 조합원이 대다수다. 그 부조화가 부조리해 보였지만 알고 보니 재건축·재개발은 부조리가 넘쳐나는 판이라서 그쯤은 놀랄 일도 아니었다.

모르면 불안하고 불안하면 의심이 생기는 법이다. 의심을 없애려면 불안감을 줄여야 하고 그러려면 조합이 무슨 일을 하는지, 왜 그렇게 하는지 알려주어야 했다. 내가 건축 비전문가인 게 문제가 된 적은 없었다. 조합원이 조합장한테 바라는 것은 건축 전문가로서의 실력이 아니었다. 나를 불안에 떨게 하지 말라는 것이었다. 비대위의 밥줄도 조합원들의 불안이니 이를 해소하면 비대위의 입지도 사라질 것이었다.

첫 6개월 동안은 평일에 업무를 보고 토요일에 업무 보고 초안을 쓰고 일요일에 다듬어 완성된 글을 올렸다. 모르는 분야다 보니 글쓰기가 조심스러웠고 보는 눈이 많으니 검증도 반복해서 해야 했다. 꺼진 불도 다시 보고 돌다리도 두들기는 게 미덕이고 사고 예방의 길이었다. 한 조합원이 첫 몇 달 동안 업무 보고를 검토해주었다. 나보다 재건축도 잘 알았고 강남에서 자랐기에 강남 조합원의 심리에도 밝아서 도움이 되었다.

6개월 동안 오후 6시 정시에 퇴근한 적은 두 번이었고, 나머지는 대개 밤 9시까지 일했다. 6개월이 지나니 일요일 하루는 쉴 수 있는 짬이 나서 업무 보고는 토요일에 했다. 그렇게 다시 1년을 보내니 밀린 일이 어느 정도 수습되어 주 5일 근무를 할 수 있었다. 1년 6개월 동안 업무가 아닌 일로 지인을 만난 적이 두 번이었다. 시간도 없었고 마음에 여유도 없었다. 그런 후 업무 보고는 격주로 줄고, 그다음에는 두 달에 두세 번꼴로 했다. 처음에는 A4 용지 3~4쪽 분량이었다가 점점 늘더니 협상이나 소송 같은 복잡한 사안이 있으면 A4 용지 20쪽이 되었다. 조합장으로 일한 5년 동안 150회 이상을 했고, 원고지 1만 쪽에 이르는 대하소설에 맞먹는 분량이 나왔다.

읽는 재미는 포기했다. 정확한 게 우선이었다. 틀린 내용이 없어야 하고 만약 있더라도 경미하거나 자주 있으면 안 되었다. 논리적 오류나 필요한 설명이 빠지는 일도 없어야 했다. 업무 보고는 여기에 집중했다. 읽는 재미까지 가미할 여유는 없었다. 그게 적절해 보이지도 않았다.

읽는 재미를 더하려면 문장을 꾸미고 정서적인 문장으로 감정에 호소해야 했다. 그러나 이는 내용 전달을 가로막거나 팩트가 잘못 이해될 위험을 안고 있었다. 사업이 잘되면 잘되는 대로, 안 되면 안 되는 대로 사실적으로 전달하는 게 우선이었다. 덕분에 업무 보고는 딱딱하고 메마른, 드라이한 글이 되었다. 이런 글을 읽어야 하는 조합원의 고생이 많았겠지만 어쩔 수 없었다.

시공사, 설계사, 감리의 핑퐁

착공했으니 현장 점검도 해야 했는데 용어부터 낯설었다. RC, PC, CP, 지내력, 동바리, 공시체, 실시설계, 패스트트랙, 구조기술사, 적산… 모르는 것 투성이였다. 설계사와 시공사, 시공사와 감리, 감리와 CM의 영역 구분도 알쏭달쏭한 게 많았다. 내가 이해해야 조합원에게 설명할 수 있기에 공부가 급했다. 업무 보고가 사감 선생님이었다.

    공사와 설계에 대한 시공사, 설계사, 감리의 설명은 자주 달랐고 종종 대립했다. 설계사한테는 문제가 없던 게 감리한테는 문제가 되었고, 설계로는 가능하지만 현장에서는 시공이 어려운 일도 나타났다. 풍토도 문제였다. 설계 발주자는 조합이었기에 설계사는 독립적 지위를 확보하려 했다. 그러나 시공사가 설계를 발주하는 경우가 많은 우리나라 풍토에서 시공사는 설계사를 원청과 하청의 수직 관계로 대하려고 했다. 시공사와 설계사는 감리의 권한이 불만이었고 감리는 권위를 인정하지 않는 시공사와 설계사가 불만이었다.

    긴장은 일상이고 싸움은 반복되었다. 멀리서 볼 때는 다 건설업 계통에 있으니 한통속일 것이라 의심하지만 가까이서 보니 너무 싸워서 걱정이었다. 험한 일을 해서 그런지, 큰돈이 걸려 있어서 그런지, 안전과 하자에 직결된 것이어서 그런지 그들 사이에는 동업자 정신이라는 게 없어 보였다.

내가 취임할 당시에는 터파기 공사가 한창이었다. 누군가 지반이 얼마나 안전한지 걱정된다고 얘기했다. 지내력地耐力, 건물 하중을 지탱하는 땅의 힘을 측정하는 구조기술사가 현장에 없다는 것이었다. 지반의 안전성에 따라 보강 공사 공법이 달라지는데, 구조기술사가 없으니 검증이 안 된다는 게 요지였다. 지반이 취약하면 나중에 건물이 위험해지니 큰일이었다. 구조기술사가 왜 없는지, 그 책임이 누구에게 있는지, 구조기술사 없이 공사한 시공사에 책임을 물을 수 있는지를 놓고 갑론을박이 벌어졌다.

각자의 주장을 물어보고 비교하는 일이 쳇바퀴처럼 굴러갔다. 시공사의 설명을 감리와 설계사한테 확인받고, 의견 일치가 안 되면 다시 시공사에 물어보았다. 감리의 설명과 설계사의 설명도 마찬가지 경로로 재확인했다. 시공사, 설계사, 감리는 더러 나를 갖고 핑퐁을 했고 나는 그들을 갖고 저글링을 했다.

알고 보니 시공사가 조합에 공문을 보내 구조기술사를 보내 달라고 했는데, 이전 조합이 이행하지 않은 것이었다. 급히 구조기술사와 계약해서 지내력을 측정했다. 다행히 지반에 문제는 없었다. 시간이 많이 걸려 애를 먹었지만 사고를 막으려면 불이 꺼진 게 맞는지 돌다리가 안전한 게 맞는지 확인해야 했다.

몇 달 동안 이런 패턴이 반복되었다. 모르는 게 있으면 이해가 될 때까지 물어보고 교차 확인을 했다. 그래도 이해가 안 되면 인터넷과 유튜브를 찾아보거나 건설업계에 있는 지인한테 물어보았다.

상황이 정리되면 전문가와 일반인의 중간자 입장에서 조합원이 알기 쉽게 풀어 썼다. 당신도 이해하지 못한 것 같은데 무슨 업무 보고를 하느냐, 당신 글이 어려워 무슨 말인지 도저히 모르겠다는 말은 최소한 듣지 말아야 했다.

조합원이 재건축·재개발의 모든 것을 세세히 알 필요는 없고 그럴 수도 없다. 그러나 설계든 인테리어든 조경이든 커뮤니티든 소송이든, 각자의 관심사에서 생겨나는 궁금증은 풀어줘야 했다. 조합 업무의 진행 상황, 해결된 문제, 그렇게 해결한 이유, 조만간 해야 할 업무에 대해서도 개략적으로는 알 수 있게 해야 했다. 의심은 불안에서 나오고 불안은 모르는 데서 시작되기 때문이다.

조합은 사업… 결과로 말한다

대의원회 안건도 업무 보고로 다루었다. 대의원회 안건이 모여 총회 안건이 되고 그게 우리 사업을 결정하기 때문에 조합원도 알아야 했다. 그런 다음 대의원이 모인 단톡방에서 1시간 동안 질의응답을 다시 했다. 자료집에도 안건 설명이 나와 있고 업무 보고로도 부연 설명을 했지만 전문 영역이 많아 그것만으로는 이해가 안 되는 대의원도 있었다.

조합원은 한 번 읽고 지나가면 끝이지만 대의원회는 의결기관이고 책임도 따르므로 모르는 것, 궁금한 것, 납득하기 어려운 것은 최대한 해소하는 과정이 필요했다. 안건을 상정하는 게 조합장이니 안건이 이해되도록 설명하는 것은 나의 책임이었다.

내가 조합장이 되고 대의원회가 물갈이되었다. 총회에서 과거의 대의원회를 일괄 해임하고 새로 구성했다. 지난번 대의원회는 조합장의 거수기라고 조롱당했다. 그것은 조합장에 대한 비난이기도 했다. 새로 들어선 대의원회가 거수기로 평가받는다면 나도 책임을 져야 했다. 모든 대의원이 모든 안건을 정확히 이해할 수는 없겠지만 조합장 설명이 엉터리라 깜깜이 투표를 할 수밖에 없었다는 생각이 들지 않도록 해야 했다. 더구나 나는 조합장에 취임하면서 조합원을 절대 거수기로 만들지 않겠다고 결심했었다.

시간이 흐르면서 조합원의 동의율이 높아졌다. 인테리어, 외관, 커뮤니티, 조경, 상가와의 협상, 공사비 검증, 특화 공사비 증액은 시비와 논란을 일으키는 단골 메뉴이다. 우리는 그러한 시비와 논란이 아예 없거나 있더라도 바로 해소되었다. 모든 것을 공개하고 소통하니 깜깜이에서 벗어나면서 조합원의 불안감을 해소할 수 있었다.

그러나 조합은 사업이고 사업은 결과가 중요하다. 소통은 목적도 아니고 결과도 아니다. 소통했더라도 결과가 나쁘면 다 소용없다. 시비와 논란을 일으키지 않으려면 처음부터 조합원이 납득할 수 있는 결과물을 만들어야 했다. 만족은 못해도 납득이 되면 양해가 되었기에 결과가 불만족스럽다면 왜 그런지 설명했다.

이사회의 논의사항은 예외였다. 법규에 정해진 최소한으로 공개했고 업무 보고에서는 상세한 내용을 다루지 않았다. 소송 전략, 협상 전략, 대관對官 전략과 같이 보안을 지켜야 할 사항이 많았다. 깜깜이 전임 조합장 시절에는 이사회도 깜깜이였다. 조합 홈페이지에 공개된 회의록은 너무 짧아서 내용 파악이 어려웠고 누가 찬성하고 반대했는지는 비밀에 부쳐졌다. 그래서 선거운동을 하면서 이사회를 공개하겠다고 공약했다. 조합원 참관도 보장하고 기명 투표제를 도입하겠다고 했다. 하지만 내 실수였다.

공개하자니 보안이 누설될까 걱정되어 조합장 혼자 결정해야 했고, 기명으로 투표하자니 조합원의 의심과 추궁에 이사들이 다 그만둘 판이었다. 조합을 투명하게 해서 더 유능한 조합으로 만들겠다는 의도와는 반대로 조합장에게 더 많은 권한이 집중되고 이사회는 해체될 수도 있었다. 조합원도 양해했다. 공개 시기만 문제였을 뿐 업무 보고로 다 알려지기 때문에 이사회를 왜 깜깜이로 하느냐 따지는 조합원은 없었다.

소문난 업무 보고

제품이나 업체를 선택하는 사안은 의사 결정에 필요한 정보를 제공하는 것에 주안점을 두었다. 내 개인적인 호불호는 배제했다. 재건축·재개발에서 의사 결정의 주체는 대의원회와 총회이지 조합장이 아니다. 업체든 자재든 조합장이 자기 선호를 내세우면 부당하게 선입견을 퍼뜨려 의사 결정이 왜곡되고, 조합장을 끌어내리려고 호시탐탐 노리는 비대위에 먹잇감을 주게 된다.

업체를 선택하는 안건에 대해 어느 대의원이 개인 톡으로 질문한 적이 있었다.

"두 업체 중에서 어디를 찍는 게 좋나요?"

내가 답을 할 문제는 아니고 대의원들이 의견을 나눠서 정하시라 했다. 다행인 것은 우리 조합의 문화였다. 프랑스를 닮았다. 나쁘게 말하면 시끄러웠고, 좋게 말하면 의견 개진이 왕성했다. 카페에서 논의를 통해 다 교통정리가 되었다. 일본을 닮은 조합도 있다. 좋게 말하면 점잖고, 나쁘게 말하면 조합이 하자는 대로 다 따라간다. 그런 조합에서는 조합장이 나처럼 중립을 지키면 산으로 가는 배가 되겠지만 프랑스를 닮은 우리 조합에서 그런 일은 없었다.

소식지는 한 번도 안 보냈다. SNS 시대에 돈 낭비, 시간 낭비였다. 소통이 아닌 전달이어서 조합과 조합원 사이의 의견 수렴도 안 되고, 조합원들 사이의 수평적 의견 교환도 안 되니 효율도 떨어졌다. 온라인에서의 의사소통만으로 충분했고 그게 여러모로 나았다.

업무 보고를 하면서 "존경하는 조합원님"이라는 표현은 한 번도 쓰지 않았다. 그런 것은 국회에서나 하는 말이었다. 나는 국회의원이 아니었고 조합원도 국회의원으로 대접받기를 원하지 않았을 것이다. 내가 조합원이었을 때 조합장의 저런 말을 들으면 '뭔가를 감추려 하거나 당당하지 못하니까 저런 말로 얼버무리는구나'라고 생각했다. 조합원을 정말 존중한다면 마음에도 없는 그런 말보다 필요한 말을 필요한 만큼 하면 되었다.

업무 보고를 두고 처음에는 주변에서 걱정이 많았다. 부정확한 내용이나 나중에 지키지 못한 약속이 있으면 두고두고 발목을 잡힌다는 것이었다. 업무 보고를 하지 말거나 정 해야 한다면 양을 줄이라고 했다. 허언이나 식언, 부정확하거나 잘못된 내용이 있으면 내가 책임지면 되는 일이다. 책임을 안 지기 위해 해야 할 일을 안 하는 것은 망칠 것 같으니 시험을 안 보겠다는 말과 같았다.

업무 보고가 주변 단지에 소문이 났다. 자기네 조합장한테 내가 하는 것처럼 업무 보고를 하라고 요구하는 조합도 생겨났다. 내 업무 보고를 자기네 카페에 링크 걸어놓고 조합장을 압박하는 사람들도 있었다. 멀리 부산에까지 알려졌다. 부산의 어느 조합의 조합원이 지인인 우리 조합원한테 연락해서 내 업무 보고를 물어보곤 했다.

업무 보고가 박수만 받은 것은 아니었다. 일부 주변 단지에서는 비방하고 헐뜯었다. 당시는 마감재 협상이 한창인 때였다. 업무 보고에서 "마감재 협상이 마무리 단계인데 시공사와 이견이 있어서 눈 하나가 그려지지 않았다"고 쓴 적이 있는데, 주변 단지에서는 "개포4단지 조합장은 시공사와 싸우느라 여태 눈 하나도 그리지 못하고 있다고 실토했다"고 소문내고 있었다. 화룡점정이라는 말을 모를 리 없으니 다분히 의도적이었다. 그 단지에는 우리를 롤 모델로 삼고 자기네 조합장을 비판하는 사람들이 활동하고 있었다. 내 글을 왜곡한 것은 그와 반대편에 있는 친조합장 세력이었다.

주변 단지에서 내 업무 보고를 볼 수 있었던 것은 공유가 가능하도록 오픈 모드로 썼기 때문이다. 구청 담당자와도 공유했다. 구청이 조합 업무를 잘 이해하면 앞으로 협조를 얻기 수월하기 때문이다. 시공사도 볼 수 있었다. 업무 보고가 유명세를 타면 시공사에 대한 협상 수단도 될 수 있을 것으로 기대했다. 시공사가 이제까지처럼 우리를 호구로 대한다면 업무 보고에 다 노출해 앞으로 수주에 불리하게 만들 수 있었다. 우리만 당하고 있을 수는 없었다. 그러나 그런 일은 없었다. 초기에는 시공사와 갈등을 겪었지만 어느 시점을 지나면서 앞으로의 방향성에 대한 이견이 좁혀지기 시작했다.

조합원이
마음을 모으다

조합장이 되고 2년인가 지난 때였다. 막 취임한 어느 조합장이 도움말을 구하러 왔다. "혼자서는 조합 일을 하기 어려우니 다른 분들과 꼭 함께하시라"고 당부했다. 처음부터 함께한 우리 조합의 카페 운영진과 태스크포스TF를 염두에 둔 말이었다. 그의 대답이 의외였다.

"우린 그런 걱정 없습니다. 하겠다는 사람이 줄을 섰습니다. 내가 시키는 일을 안 하면 일을 못 받으니까요."

마지막 말이 귀에 꽂혔다. 일을 못 받는다니? 조합원이 A라는 일을 하면 조합장이 반대급부로 창호 이권을 주고, B를 하면 타일 이권을 주고, C를 하면 마루 이권을 준다는 말로 들렸다. 재건축·재개발에서 그 정도 이권은 당연하다는 건지,

나도 그럴 것이라고 봐서 터놓고 얘기한 건지 잠시의 망설임도 없이 대답이 튀어나왔다. 내가 잘못 들은 건가, 순간 귀를 의심했다.

또 다른 조합장도 찾아왔다. 그는 이전 조합장을 쫓아내고 얼마 전에 새로 조합장이 된 터였다. 우리 조합의 마감재 TF에 많은 관심을 보였다. 마감재 TF는 여성 조합원 3명을 중심으로 이사 4명과 조합장이 더해진 것인데, 덕분에 원성의 대상이자 새 조합을 태동시킨 불씨였던 우리 단지 모델 하우스가 완전히 새로 만들어졌다. 다른 조합에 이 소문이 삽시간에 퍼졌고, 나를 찾아온 조합장도 이를 알고 있었다. 그에게 마감재 TF에 대해 설명해주었다.

이후 그 조합장은 무려 9개의 TF를 만들었다. 설계, 현장 관리, 마감재, 조경, 커뮤니티, 공사비 검증 등 조합 업무 전반을 망라했다. 조합장이 바뀌니 우리 조합도 이제 제대로 굴러가는구나, 조합원들은 희망에 부풀어 있었다. 그러나 재건축·재개발의 속성상 TF가 그렇게 대규모로 만들어지는 것은 불가능하다. 다른 꿍꿍이가 있는 것 같았다. 그 집행부는 기묘한 행보를 보이더니 급기야 조합을 파산 직전으로 몰고 가는 대형사고를 쳤고 공중분해되었다. 이권 개입이 의심되는 정황도 나타났다. TF는 겉치레로 보였다.

이 두 사례는 재건축·재개발 비리 양태에 관한 한층 조직화된 모습을 보여준다. 외형적으로는 많은 조합원이 참여해서 사업이 잘 돌아가는 것처럼 보이기 때문이다. 한두 명의 극소수가 이권에 비밀리에 개입하던 과거와는 다른 양상이었다. 비리에 개입하는 규모는 확대되었고 비리 개입을 위해 전 조합원을 가스라이팅하는 대담함을 선보였다. 성공했다면 재건축·재개발 비리 확장판의 신기원을 열었을 것이다. 대담했지만 대책이 없는 사람들이었고 보는 눈이 얼마나 많은데 저런 짓을 하나, 놀라웠다.

관심은 하늘에 닿고 참여는 바닥을 긴다

재건축·재개발을 조합장 혼자 힘으로 할 수는 없다. 그것은 시공사와 업체에 다 맡기고 조합장은 일을 안 한다는 소리이거나 판타지 영화에 나오는 비현실적 능력의 소유자인 경우뿐이다. 재건축·재개발도 야구나 축구처럼 팀으로 해야 한다. 여러 사람이 힘을 모아 함께 해나가야 한다. 메시는 아르헨티나를 월드컵 정상에 올리는 기적을 만들었지만, 우리나라 조합장 중에서 그와 같은 존재는 세계 축구사에서 메시 같은 선수가 등장할 확률 정도로만 있을 것이다.

그러나 현실에서 대부분의 사업장은 서너 명의 극소수 상근자 중심으로 돌아간다. 조합원의 태도는 이중적이다. 관심과 참여가 반비례한다. 관심은 하늘에 닿지만 참여는 바닥을 긴다. 이들의 선택은 SNS에서 떠드는 것이다. 여기는 감나무

밑에 입 벌리고 누워 있는 얌체족의 행태가 상식적인 처세로 통하는 판이다. 가족 중의 누가 앞에 나서려 하면, "목마른 놈이 우물 파고 모난 돌이 정 맞는다"며 "당신 아니어도 일할 사람 많으니 가만히 있으라"고 핀잔이나 듣는 게 이 판이다. 보상이라고는 회의 수당 몇 푼이 고작이고 열 개를 잘해도 하나가 불만이면 욕만 먹고 조합으로부터 특혜를 약속받았다느니 업체와 유착을 했다느니 의심을 사기 십상이니 틀린 말도 아니다.

관심 자체가 없는 사람도 많다. 나도 그중 하나였다. 조합장 되기 얼마 전까지만 해도 나는 재건축에 대해 완벽하게 무관심했다. 우리 단지에는 조카 두 명이 조합원으로 있었다. 작은 조카는 관심이 많았다. 나한테도 조합 일에 관심을 가지라고 여러 번 이야기했다.

나는 그럴 생각이 없었다. 총회 책자를 봐도 무슨 말인지 모르겠고, 이런 일에 나서는 게 꺼려졌다. 조합에서 어련히 알아서 잘하겠거니 하는 생각도 없지 않았다. 막막함과 귀찮음, 내키지 않음, 막연한 믿음이 뒤섞여 있었다. 한번은 OS가 총회 서면결의서를 받기 위해 집으로 왔다. 안건 설명도 건성으로 듣고 OS가 원하는 대로 찬성 기표하고 서면결의서를 건네주었다. 나만 그러는 것은 아니었다. 어느 조합이나 이런 무관심파가 20~30%는 된다.

이는 조합도 마찬가지다. 조합 또한 조합원의 참여를 반기지 않는다. 간섭으로 여겨 기피하기도 한다. 시공사와 업체에 맡기는 게 속 편하고 시어머니는 부담스러운 것이다. 조합 주변에 많은 조합원이 있어야 업무 완성도가 높아지고 업체와의 유착 가능성도 줄어 조합에 대한 신뢰도 커진다. 그런데 신뢰를 얻기보다 간섭을 안 받길 우선으로 하는 것이다.

조합 일에 대한 조합원의 회피와 조합원의 참여에 대한 조합의 터부시라는 환상의 짝꿍이 모여 깜깜이가 된다. 깜깜이는 음모론의 온상이 되고 비대위가 기생하는 텃밭이 된다. 그러므로 누가 누구를 탓할 문제가 아니다. 조합원이 조합장을 탓할 일도 아니고 조합장이 비대위를 탓할 일도 아니다.

우산을 내주고 대신 비를 맞은 사람들

조합원의 참여라는 점에서 우리 조합은 남다른 행보를 보여왔다. 우리 조합의 결실은 많은 조합원의 협업의 결과다. 전임 조합장 시절인 2019년부터 6년 동안 10여 명의 조합원이 앞장섰고 수백 명의 조합원이 마음을 모았다.

누구는 시간과 재능을 보탰고 누구는 시간이 없어서 대신 돈을 썼다. 욕먹으면서 앞에서 일한 사람도 있었고 박수도 못 받고 뒤에서 일한 사람도 있었다. 단순하지만 꼭 필요한 일에 성실한 사람도 있었으며 부드러운 심성에 어울리지 않는 컴퓨터 같은 분석력으로 복잡한 현안을 해결한 사람도 있었다. 내가 만나기 껄끄러운 사람들과 접촉해서 중재를 한 사람도 있었다. 카페를 만들어 조합원이 결집하는 장을 구축하고, 뛰어난 판단력과 분석력으로 숱한 논란도 정리하였으며, 내가 비를 맞고 있을 때 나에게 우산을 내주고 대신 비를 맞은 사람도 있었다.

상근자도 남달랐다. 상근 임원은 시공사가 숨겨 놓은 각종 자료와 수치를 잘도 찾아내서 시공사를 당혹스럽게 했다. 왼발과 오른발이 고루 능한 축구선수처럼 발군의 미감까지 갖추고 있었다.

우리 조합 사무장은 재건축·재개발에 20년 동안 종사했다. 관록을 자랑하는 사람들에게서 흔히 나타나는 닳고 닳음과는 먼 담백함으로 다방면에 걸친 숙련도를 보여주었다. 3,000세대가 넘는 초대형 단지인데도 우리 조합에는 정비업체(정비사업전문관리업자)가 없다. 이사회, 대의원회, 총회 같은 사무는 물론이고 행정청과 인허가 협의까지 사무장이 직접 처리했기 때문이다.

우리보다 잘 만든 아파트는 있을 것이다. 그러나 우리만큼 조합원이 똘똘 뭉쳐 재건축을 한 단지는 앞으로도 없을 것 같다. 이런 힘이 있었기에 이미 공사가 진행 중이었고 준공까지 채 3년이 안 남았는데도 인테리어, 외관, 커뮤니티, 조경을 모두 바꿀 수 있었다.

TF는 이런 문화의 산물이었다. 우리 조합에는 마감재, 소송, 공용부, 공사비 검증 등 네 개의 TF가 있었다. 공용부 TF와 공사비 검증 TF는 성과를 못 내고 흐지부지되었다. 하지만 탓할 일은 아니다. TF에 성과를 내라고 요구하는 것은 고졸 신인 선수를 첫 타석에 내보내면서 꼭 안타를 쳐야 한다고 압박하는 것과 같다. 성과를 못 낸 TF를 질타하기보다 성과를 낸 TF가 하나라도 있느냐가 중요하다. 우리 조합의 마감재 TF와 소송 TF는 기대 이상의 성과를 냈다.

머리끝부터 발끝까지 모두 바꾼 인테리어

마감재 TF는 1년 넘게 죽을 고생을 하면서 시공사가 만든 종전 모델 하우스와는 판이하게 다른 결과물을 만들어냈다. 창호, 가구, 마루, 타일, 욕실 도기, 수전, 중문, 현관문부터 조명, 전등 스위치, 전열교환기, 후드, 심지어 현관 바닥판까지 바꾸었다. 달라지지 않은 게 없었다. 주방을 대면형 對面形으로 만드느라 내부 설계까지 뒤집었다. 엘리베이터도 업그레이드했고, 세대수와 동별 대수로 교통량을 분석해서 속도를 차등화했다. 교통량이 적은 동은 분당 속도를 120m, 많은 동은 180m, 그 중간은 150m로 했다.

　　조합 홈페이지와 네이버 카페에서 모든 사항이 공유되고 토의되었다. 총회 책자에 교체되는 자재와 설비 정보가 이미지와 함께 집대성되었기에 우리는 전임 조합장 시절의 깜깜이에서 완전히 벗어났다.

　TF는 열심히 소통했고 조합원은 열심히 반응했다. 조합원 취향이 제각각이라 모든 의견을 반영하지 못했지만 설득할 것은 설득하고 수정할 것은 가급적 수정했다. 그 결과 자재의 품질, 배색의 조화, 전반적인 분위기까지 다 새로워졌고 TF에 대한 조합원의 감사 인사가 강을 이루었다.

　시공사는 처음에 엄청나게 반발했다. "이미 계약되었기 때문에 공정거래법상 마감재 교체는 불가능하다", "검증된 공법이 아니라 하자 리스크가 있어 시공이 불가하다", "우리 하도급 풀에 있는 업체에서 쓰는 자재가 아니라서 어렵다" 등 이유는 여러 가지였다. 조합의 역할은 돈을 내는 것이고 시공사의 역할은 결정하는 것이라는 기이한 인식이 깔려 있었다.

　회의는 겉돌았다. 고성이 오가고 피차 핏발을 세우다가 자리를 박차고 나가는 시간이 이어졌다. 그러다 어느 순간 시공사가 전략을 바꾸었다는 흐름이 느껴졌다. 하나씩 매듭이 풀리기 시작하더니 마침내 모델 하우스를 전면 개편하는 것으로 합의를 보았다.

　머리끝부터 발끝까지 완전히 새롭게 단장한 모델 하우스가 오픈되자 시공사는 이례적으로 설명회를 열었다. 날을 하루 잡아서 오전에는 지역 일대 50여 개 부동산 중개업소를, 오후에는 개포, 압구정, 대치, 잠원, 방배, 잠실, 성수, 가락 등 15개 단지 조합장과 추진위원장을 초대했다. 지역의 평판도 얻고 다른 조합 수주도 해보겠다는 의도였다. 결과물에 대해 시공사도 만족했고, 조합도 시공사의 전향적 입장 전환과 협조가 없었다면 여기까지 올 수 없었다며 인사를 건넸다.

인테리어 업체들에게 입주 시즌은 원래 대목이다. 소유주들이 마음에 안 드는 인테리어를 대대적으로 뜯어고치기 때문이다. 우리 단지 입주가 시작되자 업체들은 일감을 따기 위해 아파트 출입구에서 광고 전단을 돌렸다. 그러나 "이런 단지 처음 본다"며 대부분 빈손으로 돌아갔다. 전체를 개보수하는 집은 거의 없었고 부분 수리도 극소수일 정도로 조합원의 만족도가 높았기 때문이다.

하나도 틀리면 안 되는 소송

소송 TF는 유치원을 상대하는 소송에 전념했다. 단지 안에 있던 유치원과 협상이 실패로 돌아가 2017년부터 온갖 소송전이 펼쳐졌다. 교육영향평가부터 사업시행계획, 관리처분계획, 준공 인가까지 모든 게 소송 대상이었다.

교육영향평가는 유치원 일조, 사업시행계획 인가는 위치의 적정성에 대한 것이었다. 유치원 측은 일조도 안 나오고 위치도 조합이 마음대로 바꾸었으니 모두 취소되어야 한다고 주장했다. 원래 독립필지였던 유치원을 아파트와 공유필지로 바꾼 것은 재산권을 침해한 것이니 관리처분계획 인가도 취소해야 한다고 했다. 사업시행계획 인가와 관리처분계획 인가가 모두 잘못되었으니 준공 처분도 내려지면 안 된다는 게 유치원 입장이었다. 우리는 하나도 틀리면 안 되고 유치원은 하나만 맞으면 되었다.

그러다 2023년 초 1심에서 관리처분계획 인가가 취소돼 입주가 중단되는 날벼락이 떨어졌다. 이삿짐 행렬이 단지 입구를 서성이다 돌아가는 초유의 사태가 전파를 탔다. 우리 단지는 삽시간에 전국구가 되었다. 사업시행계획 인가까지 취소되면 그야말로 쫄딱 망할 판이었다. 법조문 해석에 능한 비전공자 조합원 2명과 긴급하게 팀을 꾸려서 유치원 주장을 반박하는 증거 수집에 들어갔고 이후 변호사 조합원 1명이 참여해 본격적인 법리 검토에 착수했다.

유치원 원장과 협상하자는 사람도 나타났다. 만에 하나 패한다면 결과가 파멸적이라는 것이었다. 등기는 한없이 지연되고 수백억 원을 물 수도 있었다. 그러나 협상에 어울리지 않아 보이는 인물이 중간에 끼어 있다는 게 걸렸다. 원장의 측근이었다. 도 아니면 모 스타일로 보였다. 그런 사람을 측근으로 두었으니 원장 또한 협상이 가능한 인물인지 아닌지 알 수 없었다. 원장은 소송과 싸움의 차이를 모르는 것 같기도 했다. 이길 수 있다는 확신이 아니라 반드시 이기겠다는 결심 때문에 움직이는 것 같았기 때문이다. 관리처분계획 인가 취소 1심 판결문이 법리적으로나 행정 실무적으로 문제가 많고, 양측의 변론서를 비교한 결과 우리가 이길 수 있다는 믿음도 갖게 되었다. 협상 카드는 고려할 가치가 없었다.

1년 반 동안 매달린 끝에 모든 소송에서 이겼다. TF는 조합 자문 로펌, 큰돈을 들여 계약한 대형 로펌과 힘을 합해 법리, 판례, 증거의 삼박자를 갖춤으로써 승소에 큰 역할을 했다. 2017년부터 2024년까지 햇수로 8년, 판결문만 15개인 대장정의 끝맺음이었다. 외부 로펌만이 아닌 우리 조합 스스로의 힘도 컸다는 점이 뜻깊었다.

9회 말 끝내기 홈런

마감재 TF가 모델 하우스를 새로 만들어서 우리 조합의 새 출발을 장식했다면 소송 TF는 조합 사업을 좌초시킬 수 있는 초대형 장애물을 제거함으로써 유종의 미를 거두도록 했다. 이들은 모두 무보수 자원봉사자여서 보상은 회의비가 고작이었다. 고졸 신인선수들이었는데도 첫 타석에서 9회 말 역전 끝내기 홈런을 친 셈이다.

모든 게 물 흐르듯 순조로웠던 것은 아니다. 전임 조합장 시절부터 손발을 맞춰온 사람들, 카페 운영진을 포함해 이런저런 경로로 조합 일에 나선 사람들 안에서도 크고 작은 불협화음이 있었다. 중도 이탈자도 있었다. 애초부터 조합 정상화가 아닌 다른 목적을 가졌던 것 같은 사람도 있었다.

그러나 대세에 영향을 주지는 않았다. 우리는 오랫동안 호흡을 맞춰온 축구팀과 같았다. 부지런하고 성실한 선수, 시야가 넓어 공 배급을 잘하는 선수, 돌파력과 킥이 좋은 선수가 어우러진 팀처럼 각자의 위치를 잘 알았고 서로의 역할을 잘 이해했다. 조합이 어려움에 빠지면 신기하게도 누군가 나타난 적도 많았다. 내가 도움을 요청하면 대체로 응해주었고 때로는 요청하지 않아도 스스로 나서주었다.

만화 같은 얘기처럼 들리겠지만 만화 같은 일들이 실제로 벌어졌다. 대학 동아리에서도 보기 힘든 일이 막장이라 불리는 재건축 판에서 일어났다. 우리를 뭉치게 한 힘이 무엇이었을까? 아파트를 멋들어지게 만들어서 집값을 올리자는 것이었을까? 그게 다는 아닐 것 같다. 확실한 것은, 이렇게 뭉치지 않았다면, 서로 돕고 힘을 모아 협업하지 않았다면 착공 5개월이 지난 시점, 늦어도 한참 늦은 시점, 설계대로 시공이 되는지 점검하고 부분적으로 몇 가지 변경만 가능한 시점에서 아파트 전체를 갈아엎는 일을 하지는 못했으리라는 것이다.

신고식을 치르다

지진이 나면 여진이 따른다. 여진은 이사회, 대의원회에서 났다. 조합장을 해임하고 내가 조합장이 되자 이사회, 대의원회에서 반발한 것이다.

조합장 되고 며칠 지나 이사회를 하게 되었다. 이사회를 앞두고 어느 조합원이 걱정된다는 듯 말했다.

"호랑이 굴로 들어가는 심정이 어떠신가요? 겁나지 않으세요?"

생뚱맞은 소리였다. 호랑이는 뭐고 겁은 왜 난단 말인가.

"저한테는 이사님들이 온실에서 자란 도련님들로 보입니다."

전쟁터에서 살아남은 사람들은 선민의식 같은 걸 갖는다. 피와 살이 튀고 시체가 즐비한 불구덩이에서 죽지 않고 살아남은 것은 내가 특별한 존재이기 때문이고, 어떤 고난이 닥쳐도 뚫고 나갈 수 있다는 자신감을 갖게 한다.

나에게도 비슷한 심리가 있다. 1990년 국군보안사령부(현 국군방첩사령부)의 민간인 정치 사찰을 폭로한 양심선언 사건 때 나는 목숨을 걸었고 살아남았다. 조합 이사 중에는 비대위와 가까운 인사들이 있었다. 내가 달가울 리 없었다. 그러나 나처럼 무언가에 목숨을 건 경험을 하지는 않았을 것 같은데, 내가 그들을 무서워할 이유가 무엇이란 말인가. 내 말을 들은 그 조합원은 안심했다.

그러나 내가 모르는 게 있었다. 총회에서 5명 후보 중 과반이 넘는 압도적 득표로 당선되었으니 이사들은 결과에 승복할 것이고 앞으로 업무에 대한 것은 토론하면서 양보할 것은 양보하고 절충할 것은 절충하면 된다고 생각했다. 내 착각이었다. 재건축·재개발에서 나와 다른 상대편과 토론이니 양보니 절충이니 운운하는 것은 순진한 얘기다. 그렇게 신사적으로 돌아간다면 재건축·재개발이 아니다.

재건축·재개발 사업을 흔히 정치에 비유한다. 정치에서는 어제의 적이 오늘의 동지가 되고 오늘의 동지가 내일의 적이 된다. 그러나 여기는 다르다. 동지가 적이 되기는 쉽지만, 한번 적이면 영원한 적이지 동지가 되기는 어렵다. 호랑이 굴 운운한 그 조합원은 나보다 이 판을 잘 알고 있었다.

도련님과 애송이의 만남

몇몇 이사는 첫 회의부터 선거 결과에 대한 사실상의 불복을 선언했다. 나는 CM 선정을 공약으로 걸었다. CM은 시공사, 설계사, 감리와 다른 입장에서 설계와 시공, 자재와 공법, 건축법과 공사비 등에 대해 종합적인 조언을 주는 업체다. 내가 건축에 문외한이니 CM은 꼭 필요했다. 많은 조합원도 지지했다. 그런데 이사회에서 부결시켜 버렸다. 이미 착공한 마당에 시기상 늦었고 시공사와 유착 가능성도 있다는 게 이유였지만 속내는 그게 아니었다. 내가 못마땅했던 것이다.

한술 더 떠 감사라는 인물은 나보고 "보궐선거로 당선된 것이라 임기가 얼마 안 남았으니 차기 조합장 선거를 준비해야 한다"고 통보했다. 조합 자문 변호사의 의견이라는 보충 설명도 곁들였다. 모두 사실이 아니었다. 그도 내가 마음에 들지 않아 공연히 어깃장을 놓은 것이었다.

내 편은 없었다. 누구는 반대자였고 누구는 중립이었으며 누구는 판이 어떻게 돌아가나 눈치를 보고 있었다. 나보다 연배도 적으면 다섯 살, 많으면 열 살 이상 차이 나는 데다가 몇 년 동안 조합 행정도 경험했으니 그들 눈에는 내가 만만하게 보였을 것이다. 나한테 그들이 도련님이었다면 그들 눈에는 내가 애송이였다.

그나마 이사회는 양반이었다. 대의원회는 이사회와 비교

도 안 되었다. 취임하고 한 달 후 첫 대의원회가 열렸다. 회의실은 수십 명의 대의원으로 가득 찼다. 나를 보는 눈빛들이 예사롭지 않았다. 적의敵意가 가득했다.

대의원회는 전임 조합장과 가까웠으니 그들한테 나는 굴러온 돌 정도가 아닌 임전무퇴 정신으로 무찔러야 할 적이었다. 안건 토론이 시작되자 웅성웅성 소란이 일었고 걷잡을 수 없는 고성과 삿대질로 회의는 곧장 난장판이 되었다. 안건은 음식물쓰레기 이송설비 업체를 선정하는 것이었다.

A 업체와 B 업체가 경합 중이었다. 대의원회 직전 어떤 사람이 조합원에게 A, B 두 업체 중 A를 선정해야 한다는 단체 문자를 뿌렸다. 다수의 대의원은 내 사주를 받아서 한 것으로 단정하고 내가 A 업체와 유착했을 것이라고 날을 세웠다. 여기에 더해 대의원회 날짜에 맞춰 어느 인터넷 언론사에는 나와 A 업체의 유착이 의심된다는 기사가 나왔다. 나를 반대하는 누군가가 언론사와 짜고 장난친 것이었다.

그 기사를 곧이곧대로 믿었는지 어떤 대의원은 나를 향해 "죽여버리겠다"는 막말을 퍼부었고 주먹이 오가지 않은 게 다행일 정도로 몸싸움 직전까지 가는 험악한 행동이 속출했다. 어떤 대의원은 단상까지 나와 당장이라도 죽일 듯한 기세로 눈을 부라렸다. 사업비가 1조 4,000억 원이나 되고 3,000명 가까운 조합원을 대표한다는 조합의 의결기관이라고 하기에는 너무 막장이었다. 내 편이거나 중립인 대의원도 있었지만 저들의 기세에 밀려 숨소리도 못 내고 있었다.

나는 조합장을 하는 내내 업체에 대한 찬반 의견을 밝힌 적이 없다. 우리에게 필요한 규격과 사양을 얘기하지 특정 업체를 얘기한 적은 없다. A, B 두 업체에 대해서도 마찬가지였다. 호불호에 대한 의견을 낸 적이 없다. 나는 허위 보도를 낸 언론사에 항의했고 의혹을 산 A 업체 또한 흥분해서 언론중재위원회에 제소하려 했다. 그러자 데스크와 담당 기자가 조합에 와서 사과하고 정정보도를 했다. 종전 기사는 즉시 삭제되었다. 허위 보도도 순식간에 하더니 정정보도도 순식간에 하는 순발력이 남달랐다.

그때만 해도 나는 재건축·재개발에서 업체를 정하는 게 얼마나 조심스러운 일인지 몰랐다. 그러나 특정 업체를 지지하는 게 욕을 먹어야 하는 일일 수는 없다. 투표를 깜깜이로 할 수는 없기 때문이다. A 업체가 싫으면 B 업체가 좋다고 자신들도 단체 문자를 뿌리면 되었다.

그러나 이런 걸 따지는 일은 무의미했다. 이사회에서 CM 안건을 부결시킨 것처럼 대의원회는 나를 비토하기 위해 아무 구실이나 갖다 붙인 것이기 때문이다. 두 업체 모두 과반 득표에 실패해 음식물쓰레기 이송설비 업체를 선정하는 안건은 부결되었다. 그들은 최선의 결과를 얻었다. 목표는 사업을 방해하는 것이었으니 말이다. 그러나 작용이 있으면 반작용이 있는 법. 대의원회를 난장판으로 만든 사람들은 곧장 그 대가를 치러야 했다.

악수가 된 신고식

이사회와 대의원회는 이제 막 조합 일을 시작한 나한테 신고식을 제대로 치러 본때를 보이겠다는 의도였던 것 같다. 그러나 이는 악수가 되었다. 소식이 알려지자 조합원이 일제히 들고일어났기 때문이다. 선거 결과에 대해 사실상 불복한 책임을 물어 총회에서 이사들을 해임해야 한다고 목소리를 높였다. 대의원회를 싹 물갈이해야 한다는 주장도 힘을 얻었다. 그들은 조합장을 허수아비로 만들려는 세력이자 호시탐탐 쿠데타를 획책하는 공공의 적으로 낙인찍혔다.

서울시 표준정관을 거의 그대로 본떠 조합 정관을 만들기에 대다수 조합의 대의원은 임기가 따로 없는 종신제다. 우리 조합의 대의원도 마찬가지였다. 덕분에 그들은 2013년 조합 설립부터 7년 동안 대의원을 해왔고, 앞으로도 그만큼의 시간 동안 대의원으로 있으면서 사업을 방해할 판이었다. 그대로 두면 조합 해산 때까지 애를 먹일 것이고 개선될 가능성도 없으니 이참에 전체를 물갈이하고 새 판을 짜야 한다는 주장이 기세를 올렸다.

새로운 대의원회를 만들자는 데 대해 대의원의 69%가 찬성했다. 권한이 아무리 알량해도 없는 것보다는 있는 게 나은 법인데, 다수의 대의원이 권한을 스스로 내려놓는 데 동의했다. 대의원회도 달라져야지 지금 같은 식은 도저히 안 되겠다고 개탄한 것이다.

총회에 해임 안건이 올라가자 문제가 된 일부 이사들은 자연스럽게 정리되었다. 일부는 사임하고 일부는 해임되었다. 대의원회는 일괄 해임하고 새로 만들었다. 다른 조합에서도 이사 해임은 종종 있는 일이지만 대의원회는 그대로 유지하곤 한다. 선출 절차도 복잡하지만 100명이 넘는 사람을 모조리 반대파로 만들어버리는 게 부담스럽기 때문이다. 우리는 그 정도의 세는 눌러줄 자신이 있었다.

총회에서는 새로운 대의원회 구성에 90%가 찬성했다. 총회가 '묻지 마 지지'로 도배되는 게 현실이라 해도 찬성이 90%면 몰표다. 나머지 10%가 다 반대했던 것도 아니다. 무효표를 빼면 반대는 4%였다. 대의원회가 7년 동안 군림해왔다는 것을 생각하면 초라한 퇴장이었다. 구조합과 비대위에 반대하며 사업 정상화를 위해 애쓴 대의원들 입장에서는 도매금으로 철퇴를 맞았으니 억울한 일이기도 했다.

그 후 비대위는 우리 조합에서 세력으로서 의미를 잃고 지하로 무대를 옮겼다. 익명의 괴유인물을 여러 차례 보냈지만 조합원은 냉담했다. 공식 라인에서 밀려나니 힘을 쓸 수 없었고 명맥을 이어가려는 안간힘에 불과했다. 내가 과반의 득표로 당선된 게 불과 한 달 전이었는데, 그들은 분을 못 이겨 자충수를 두었다. 한 골 먹었다고 수비는 뒷전인 채 공격만 하다 역습에 걸려 대패를 자초한 꼴이었다.

죽어라 싸우는 이유

공석인 이사 자리는 정관에 명시된 조합장 권한으로 임시이사를 선임하는 것으로 메꿨다. 이후 개편된 이사회는 밤 10~11시까지 네댓 시간씩 진행되었다. 주요 현안을 단톡방에서 사전에 수시로 공유했으니 그 정도였지, 그게 아니면 자정을 넘기기 일쑤였을 것이다. 중노동이고 강행군이었다. 밀린 숙제가 많아 이사회도 자주 해야 했다. 초기에는 한 달에 2~3회, 1년에 30회 넘게 했다. 연말연시, 명절, 휴가철을 빼면 거의 매주 한 셈이다.

임원들은 퇴근하고 서둘러 와서 김밥 한 줄로 저녁을 때웠다. 밖에 나가 먹을 시간이 없었다. 뒤풀이는 연례행사처럼 드물었다. 자정 가까이 마치니 시간이 없었다. 이사회 때마다 거하게 회식을 한다는 어느 조합의 이야기는 남의 나라 일이었다. 보상이라고는 회의 참석 수당이 전부였다. 회의에 꼬박꼬박 참석해서 의견을 주는 것만으로도 돈값 이상을 한 셈이다.

과거 이사회에서는 민감한 논의 내용이 실시간으로 외부에 유출되는 일이 잦았다. 전임 조합장에게 불만을 품은 인사가 이사회를 흔들기 위해, 혹은 자신은 조합원한테 공개되지 않은 고급 정보를 다룬다는 허영심을 채우기 위함이었다. 새로 만들어진 이사회에서 그런 일은 생기지 않았다. 민감한 사안을 모두 털어놓고 논의해도 외부로 유출된 적은 없었다.

이사회의 이런 분위기는 대의원회로 이어졌다. 대의원회에 걸린 시간은 평균 한 시간 정도였다. 평소의 업무 보고와 대의원 단톡방에서 사전 질의응답으로 대부분 소화되었다. 이사회에 비하면 이견이나 반론이 많았지만 100명이 넘는 사람이 모인 곳에서 그마저도 없으면 더 이상한 일이었다. 고성이나 험한 말이 오가지 않은 것만도 준수했다.

대체로 비대위는 먼저 조합장 자리를 노리고 다음은 이사나 감사 자리를 노린다. 그것도 안 되면 대의원 선거에 출마하는데, 아무리 못해도 몇 자리는 가져간다. 그리고는 회의 석상에서 난장을 피운다. 주변에서 뜯어말리고 항의해도 철가면이라도 쓴 것처럼 아랑곳하지 않고 알아듣지 못할 장광설을 10분, 20분씩 떠드는 사람들이 꼭 있다. 조력자들은 얼씨구나 분위기를 돋운다.

그러다가 싸움이 나기도 하는데, 일단 싸움이 나면 수습이 거의 불가능하다. 그들이 시정잡배도 아니다. 교수, 대기업 임원, 고위 공직자, 법인의 대표처럼 사회에서 한가락씩 하던 사람도 예외가 아니다.

이런 일은 왜 일어나는가? 이권이 개입됐을 가능성을 의심해야 한다. 돈이 걸려 있기에 양보할 수 없는 것이다. 이미 업체에서 로비를 시작해서 선불로 금품이나 향응을 받았다면 퇴로가 없으니 죽어라 싸울 수밖에 없다. 뒤집어 말해 토론으로 시작해서 토론으로 끝난다면 그 이사회와 대의원회는 이권 개입이 없을 가능성이 높다.

어느 용역업체 대표는 우리 이사회와 대의원회에 참석하고 이런 말을 했다.

"이렇게 안 싸우는 이사회, 안 싸우는 대의원회는 처음 봤습니다."

그 대표의 눈에 우리 같은 이사회, 대의원회는 비정상이었다. 다른 조합에서는 싸움이 다반사로 벌어지기 때문이다. 내가 맞닥뜨린 첫 번째 이사회, 첫 번째 대의원회가 정상이었다. 그들이 초반에 분위기도 파악하지 못하고 자충수를 두지 않았다면, 우리한테 새로운 이사회와 대의원회를 꾸릴 명분을 주지 않았다면 우리 조합도 정상 아닌 정상으로 굴러가 사업 진행에 막대한 어려움을 겪었을 것이다.

작은 돈을 펑펑 쓰면 큰돈도 펑펑 쓴다

이사회와 대의원회가 바뀐 후 불필요한 조합 운영비는 삭제하거나 줄였다.

대부분의 조합은 총회 때 OS를 돌린다. 우리 조합도 마찬가지였다. 전임 조합장 시절의 OS 비용은 1억 원 내외였다.

나는 가가호호 찾아다니느라 비용이 많이 드는 인력은 제외하고 전화만 돌리는 텔레마케팅Tele-Marketing, TM을 썼다. 비용은 평균 1,000만 원 아래였다. 대부분의 조합원이 카페에 가입해 있었으니 업무 보고로 거의 충족되었고 총회 참석자는 그전보다 오히려 늘었다.

전임 조합장 시절에는 전문 사회자를 외부에서 불렀다. 섭외비는 300만 원이었다. 조합 행사를 외부인에게 맡기는 것이 모양새가 안 좋았고, 서너 시간의 회의 진행에 300만 원이라니 금액도 과했다. 어느 이사한테 사회를 부탁했다. 사례비는 약소했다. 조합 이사가 사회를 보니 조합원도 좋아했다. 사회를 맡은 이사는 약소한 사례비마저 직원 회식에 쓰라고 내놓곤 했다.

한동안은 처리해야 할 안건이 많았고 대의원회도 자주 열어야 했다. 그러자 대의원단도 운영비 절감에 동참했다. 회의 참석 수당을 자발적으로 삭감했다. 10만 원도 안 되는 돈이었는데 절반 이상 줄였다.

조합장 판공비는 150만 원에서 100만 원으로, 다시 70만 원으로 줄였다. 이사회나 TF 등에 명절 선물을 돌리는 것 말고는 쓸 데가 별로 없어서 판공비는 매달 남았고, 어차피 쓰지도 않을 돈을 예산으로 잡아 놓을 필요는 없었다.

이사회, 대의원회, TF 회의 같은 공식 회의나 공적인 업무 외에는 근무 외 수당을 지급하지 않았다. 나는 업무 보고를 쓰느라 한동안 주말에도 일하고 야근도 했지만 수당을 받지 않았다. 조합장이 그런 것까지 챙기는 것은 내키지 않았다.

이렇게 아낀 돈은 우리 전체 사업비에 비하면 보잘것없이 적었다. 그러나 작은 돈이라고 펑펑 쓰는 사람은 큰돈도 펑펑 쓰는 법이다. "그렇게 아낀다고 누가 알아주기라도 하느냐. 궁상떨지 말고 쓸 만큼 쓰라"고 말한 사람도 있었지만 알게 모르게 알아주는 사람이 생길 것이며 그런 사람들이 하나둘 모이면 우리 조합의 문화가 될 것으로 믿었다.

이인삼각 경기

재건축·재개발은 방대하고 복잡하다. 아래는 세부 업무는 제외하고 굵직한 것만 추린 것이다.

- 정비계획, 건축 심의, 교육·환경·교통영향평가, 사업시행계획, 관리처분계획, 행정청과의 각종 인허가 협의
- 학교, 유치원, 상가, 종교시설과의 협상
- 도시계획업체, 정비업체, 시공사, 설계사, 감리사, 감정평가법인, 각종 용역업체와의 업무
- 수많은 자재와 공법이 적용된 건축
- 수백 쪽에 달하는 공사비 내역서와 검증 보고서
- 대리석, 타일, 마루, 가구 등 각종 마감재가 적용되는 세대 인

테리어
- 커뮤니티의 구역별 적정 면적 구획과 인테리어
- 다종다양한 교목, 관목, 초화류, 지피류를 식재하는 조경
- 하자 예방을 위한 공정 관리와 현장 점검
- 재건축·재개발의 법적 체계인 도시 및 주거환경정비법(도시정비법) 등의 생소한 법리와 판례가 동원되는 소송
- 정책적 필요에 따라 수시로 신설, 삭제, 변경되는 세무행정
- 도로, 공원, 학교, 공공청사 등 기부채납 시설 공사

조합장은 고3이다. 조합 설립부터 준공까지 조합장을 5년 혹은 10년 했다는 것은, 만약 그가 제대로만 했다면 5년 혹은 10년 동안 수험생으로 지냈다는 뜻이다. 그렇게 안 하면 사업이 되질 않는다.

업무 종류도 많고 일반인에게는 거의 다 생소한 것이다. 작심하고 달려들어 공부하지 않으면 알 수 없는 일이다. 만나야 할 사람도 찾아오는 사람도 많다. 회의도 잦고 읽어야 할 서류도 나날이 쌓인다. 과거에 조합의 이사였다고, 대의원이었다고 전문가 행세하는 사람들의 말은 믿을 게 못 된다. 열심히 한 사람이라면 조금은 알겠지만 전문가 수준이 되기는 힘들다. 이사나 대의원이었다면서 그런 것도 모르느냐 따질 일도 아니다. 회의에 참석할 때마다 10만 원 안팎의 수당을 받는 게 고작인 사람들에게 재건축·재개발의 방대하고 복잡한 업무를 속속들

이 이해하라고 요구할 수는 없다.

직장을 다니고 있다면 말할 것도 없다. 퇴근하고 집에서 쉬는 그 짧은 시간에 이런 업무를 알아나가는 것은 불가능한 일이다. 은퇴한 사람이나 전업주부처럼 시간 여유만 있다면 누구나 학습할 수 있을 정도로 만만한 일도 아니다.

절반은 업체가, 절반은 조합이

조합장과 상근자 몇 명이 그 많은 업무를 어떻게 다 하느냐고 묻는 사람이 있다. 용역업체들이 있으니 가능한 일이다. 조합에는 많은 업체가 있다. 시공사, 설계사, 감리뿐만 아니라 법무법인, 회계법인, 법무사법인, 도시계획업체, 정비업체, 교통·교육·환경영향평가 인허가 업체가 그들이다. 기부채납 공사를 위한 별도의 시공사, 설계사, 감리도 있다.

막말로 조합장과 상근자가 아무 일 안 해도 조합은 굴러간다. 용역업체들에 다 맡기고 도장만 찍어주면 된다. 어느 조합장은 자신과 사무장 단 두 명으로 업무를 해서 인건비를 줄였으니 인센티브를 달라고 했다. 단둘이 했다니 놀랄 일이다. 대단한 능력자이거나 아니면 시공사와 용역업체에 떠넘기고 놀았을 것이다. 인센티브는 부결되고 조합장은 망신만 당했다.

용역업체에 다 맡기면 사업은 되지만 제대로 되진 않는다. 돈도 뜯기고 시간도 늘어지고 아파트도 제대로 만들어질 수 없다. 업체에 맡길 것은 맡기되, 일을 제대로 하는지 관리해야 한다.

전문업체라고 해서 자기 분야에 대해 다 아는 것도 아니고, 다 맞는 것도 아니다. 설계사와 감리, 감리와 시공사, 시공사와 설계사의 의견도 종종 상충된다. 서로 다른 분야가 만나면 정말로 복잡해진다. 건축 전문가는 건축에 관한 법 해석에 약하고, 반대로 변호사는 법 해석은 되지만 건축에 약하다. 공사를 둘러싼 소송이 생기면 그 빈틈을 조합이 메꿔야 한다. 자기 잇속을 채우기 위해 고의로 잘못된 의견을 내기도 하고, 전문용어를 동원한 현란한 말솜씨로 조합을 후려 바가지를 씌우기도 한다. 조합 업무의 효율성이 아니라 자기 업무의 편의성을 우선해서 조합의 오판을 유도하기도 한다.

조합이 중심을 잘 잡아야 한다. 자문이 잘못된 건 아닌지, 모르는 걸 아는 척하는 건 아닌지, 어려운 걸 쉽다고 큰소리치고 나중에 꽁무니 빼는 건 아닌지, 쉬운 걸 어렵다고 해서 과한 비용을 청구하는 건 아닌지, 중간에서 조율하거나 절충할 건 없는지 살펴야 한다. 그러면서 조합이 모르는 분야, 잘못 생각하고 있는 것에 대해서는 귀를 기울여야 한다. 단순하게 말하면 조합 업무의 절반은 업체가 하지만 나머지 절반은 조합이 해야 한다.

소송도 마찬가지다. 조합은 법을 모르니 변호사가 다 알아서 하시라는 태도는 피해야 한다. 그것은 변호사를 전문가로서 존중하는 게 아니라 어려운 일을 회피하는 것이다. 변호사도 그걸 바라지 않는다. 법리 해석과 판례는 변호사한테 맡기더라도 단지의 세부 사항에 대한 것은 조합이 챙겨야 한다. 조합이 정확한 자료를 얼마나 빠짐없이 챙기느냐가 승패에 영향을 미친다. 변론의 방향성에 대한 협의도 필요하다. 소송 상대방한테 조합이 대응한 것과 다른 논조의 변론서가 나오면 안 되기 때문이다. 전관 여부보다 전문성이 중요하다. 판사가 다루는 사건은 수없이 많다. 재건축·재개발은 그중 하나일 뿐이다. 십 년 이십 년 동안 재건축·재개발 소송만 해온 변호사의 전문성을 따라가기는 어렵다. 소개받은 변호사가 전문성을 얼마나 갖추었는지 꼭 확인해야 한다.

머슴이자 호구

조합은 대부분 건축에 비전문가고, 건축 전문가라 해도 일부 공종工種만 알고 나머지는 모른다. 소송, 상가·교육·종교시설과의 협상, 세금과 같은 건축 외 영역에서는 아예 초보다. 그러므로 용역업체와는 대등한 파트너십을 맺어야 한다. 조합은 업체에 용역료를 지급하고 반대급부로 업체의 경험과 전문성을 제공받기 때문에 둘은 수평적이고 협력적인 관계다. 그런데 여기서 천민자본주의가 나타난다. 조합은 돈을 주니까 '갑'이고 업체는 돈을 받으니까 '을'이라며 머슴이나 호구로 취급한다.

업체가 제공하는 경험과 전문성의 가치를 무시하는 것이다.

A 조합장에게 나이는 숫자에 불과했다. 상대가 아무리 나이가 많아도 하대하고, 전화로 이야기해도 될 일을 굳이 조합으로 오라고 호출했다. 계약도 안 했는데 마치 계약이라도 한 것처럼 틈만 나면 일을 맡겼다. 향후의 계약을 미끼로 종 부리듯 하는 것이다. 특별한 용건도 없는데 불러놓고 식사나 하자고 하고는 밥값을 계산하게 했다. 업체로서는 밉보일까 봐 시키는 대로 했으나 계약은 불발되고 뒤통수를 맞는다. 그래도 이 정도는 애교였다.

B 조합은 이사회 회식 자리에 C 업체를 불렀다. 고급 일식집이었다. 회식을 마치고 C가 계산하러 카운터에 갔더니 300만 원이 나왔다. 아무리 고급 일식집이어도 금액이 너무 많아 내역을 보니 그 자리의 식대가 다가 아니었다. 조합장과 임원들이 양손에 하나씩 포장해서 가져가는 비용까지 포함되어 있었다.

D 조합장은 나름의 원칙을 세웠다. 업체한테 돈은 절대 안 받는다는 것이었다. 대신 밥값과 술값은 아끼지 않고 받아먹었다. 서울의 유명 호텔 식당과 값비싼 고급 음식점은 다 섭렵했다. 돈을 받으면 나중에 탈이 날 수 있지만 밥값과 술값은 업무 목적이었다며 빠져나갈 구멍이 있다는 계산이었다.

모든 조합장이 이러는 것은 아니다. 반대도 있다. E 조합장은 업체와의 식사나 술자리를 극구 피했다. 업체가 접대하고자 하면 "그렇게 할 거면 다시는 조합에 오지 말라"고 화를 냈다. 일이 잘 풀려 수고에 대한 답례로 식사라도 하게 되면 모두 자신이 계산했다. 절대 업체가 못 내게 했다. 그러나 이런 경우는 소수다.

F 업체 담당자는 G 조합의 조합원 때문에 괴로웠다. 낮이고 밤이고 평일이고 휴일이고 가리지 않고 장문의 글에 깨알 같은 지시 사항을 보내기 때문이다. 시간과 요일을 안 가리고 일요일 밤 10시에도 보내서 죽을 맛이라고 했다. "이걸 해주면 내가 다른 조합에 열심히 홍보해서 업계 1위를 만들어주겠지만 안 그러면 이 바닥에 다시는 발을 못 붙이고 망하게 할 것"이라고 협박까지 한다는 것이다.

그들도 휴식권을 가진 사람이다. 시도 때도 없이 업무 지시를 남발하는 행위는 엄연히 노동법에 반한다. 게다가 마치 자신이 당근이든 채찍이든 마음먹은 대로 주는 고수라도 되는 양 속이 뻔히 보이는 수작을 부리니 업체로서는 입맛이 떫다.

조합원이 단체로 용역업체를 괴롭히기도 한다. H 조합의 특정 평형 신청자는 설계사한테 불만이었다. 평면이 마음에 안 든다는 것이다. 설계 담당자는 조합원들의 시도 때도 없는 문자폭탄과 전화폭탄으로 정상 생활이 불가능할 정도였다. 문제는 그 평면을 좋아하는 조합원들도 있었다는 점이다. 취향에 따라 호불호가 갈렸기 때문이다. 조합원들이 의견을 모아 하나의 안을 정해서 해결할 문제였지 애꿎은 설계사를 괴롭힐 일이 아니었다. 이 조합원들의 요구대로 평면을 바꾸었다면 원래 평면을 선호하는 조합원들이 가만 있지 않을 것이므로 해결책도 아니었다.

용역업체 종사자도 감정노동자다. 그들의 기분에 일부러 맞춰줄 필요는 없지만 감정을 상하게 하고 의욕을 꺾는 행위는 하지 말아야 한다. 갑질하는 순간만큼은 기분이 우쭐할지 몰라도 곧 손해로 돌아오게 되어 있다. 업체들은 필요한 최소한의 업무만 하고 그 이상은 해주지 않는 것으로 대응한다. 용역 대금이 전액 지급되고 계약이 완료되어도 업체의 도움을 받을 일이 생기는데, 그때 조합은 뿌린 만큼 거두게 된다. 연락 자체가 두절되어 어떤 도움도 못 받기 때문이다.

업체와 관계가 원만하고 이해와 협조의 분위기가 만들어지면 반대 현상이 나타난다. 담당자는 개인의 노력과 시간을 들이고, 심지어 불이익을 무릅쓰고라도 조합에 도움을 주려고 한다. 우리 조합도 그런 도움을 받은 적이 있다. 어느 업체 담당자는 정비업계의 문제점에 대해 비밀리에 많은 걸 알려주었다. 현재 발생한 문제의 원인 파악과 대책 수립, 사고 예방에 도움이 되었다. 이런 사실이 알려지면 담당자는 회사와 업계에서 큰 불이익을 받을 수 있었다. 혹시 우리 조합원인가, 아니면 가족 중에 우리 조합원이 있나 생각될 정도였다. 이런 담당자를 만나는 것은 우연히 굴러들어온 복이다. 그러나 이 복을 유지하느냐 걷어차느냐는 조합에 달려 있다.

조합이 계약하는 용역업체가 많다 보니 담당자도 많고 성격도 제각각이다. 우리 조합의 담당자 중에는 성격이 보통이 아닌 분이 있었다. 부당한 대우를 받았다고 생각하거나 조합에서 불합리한 주장을 하면 참지 않았다. 조합 관계자와 일전을 불사하기도 했다. 그러나 틀린 이야기를 한 게 아니므로 자신감과 소신으로 보였다. 우리 조합에 가장 큰 도움을 준 분 중 하나였다. 조합과 용역업체를 '갑'과 '을'의 상하관계로 본다면, 마음껏 부려 먹을 머슴이 필요하다면 이런 사람과 일할 이유가 없다. 그러나 사업 성과를 높이는 게 목적이라면 이런 분을 놓치지 말아야 한다.

문서 관리는 보험

업체 관리에서 중요한 포인트 중 하나가 공문, 회의록 등의 문서 관리다. 시공사와의 문서 관리가 가장 중요하고 설계사와 감리, 기타 다른 업체와의 문서도 잘 관리해야 한다. 구두 합의는 필요 없다. 문서로 남겨놔야 한다. 지금은 웃으며 사이좋게 지내도 언제 어디서 소송이 들어올지 모른다.

조합이 관계하는 업체는 한두 군데가 아니다. 관리해야 할 문서도 수백 개가 넘는다. 몹시 번거로운 일이다. 그러나 군대가 국가의 보험이듯 문서는 조합의 보험이다. 번거로워도 관리를 잘해야 만일의 사태에 대응할 수 있다.

보내야 할 문서를 안 보내서 조합이 낭패를 보기도 한다. 구두 합의로 끝냈다가 뒤통수를 맞기도 하고 치기도 한다. 중요한 문서인데 존재 자체를 잊었거나 어디에 보관했는지 기억이 흐릿해 못 찾는 사태가 생기기도 한다. 공문을 보내거나 회의록을 남길 때는 나중에 소송이 붙으면 불리할지 유리할지에 유의해야 한다. 문구를 부주의하게 쓴 바람에 유리한 소송이 불리하게 돌아가기도 하기 때문이다.

조합장이 해임되어 중간에 교체되면 낭패 중 하나가 예전에 어떤 문서를 보냈는지, 어떤 문서를 받았는지 기록이 유실될 수 있다는 점이다. 문서의 존재를 알고 있다면 불리한 소송도 유리하게 뒤집을 수 있는데 그 기회를 놓치게 된다.

업체와 공유된 문서는 언제든 오픈될 수 있다는 점도 유의해야 한다. 약점이 될 내용, 시빗거리가 될 표현은 걸러내야 한다. 소송은 둘째치고 개념 없는 조합이라고 웃음거리가 되고 여론에도 불리해진다. 홧김에 기분 내키는 대로 보내서 망신을 당하는 조합이 실제로 있다.

업체 중에는 꾼도 있다. 조합과 갈등이 있으면 상황을 이상하게 비틀어서 자꾸 공문을 날린다. 십중팔구 소송을 염두에 둔 것이다. 카톡이나 전화로 상대하지 말고, 말도 안 되는 소리 한다고 무시하지 말고 귀찮더라도 공문으로 대응해야 한다. 말이 되든 안 되든 상대는 조합의 잘못이라는 공문을 여러 개 갖고 있는데, 조합은 대응을 안 해서 서류가 없으면 판사가 오판할 수 있다.

조합과 업체의 속임수

조합도 업체를 조심해야 하지만, 조합원도 조합과 업체의 관계를 조심해야 한다. 유착과 비리 때문만이 아니다. 조합이 사업을 잘못해 놓고 이를 감추기 위해 업체를 방패로 삼는 일도 벌어지기 때문이다. 전문가 의견이라고 호도하며 조합원의 눈을 가리는 것이다.

I 조합은 늘어진 일정 때문에 사업성이 쪼그라들었다. 그러자 조합원의 불만을 무마하기 위해 꼼수를 동원했다. 법적으로 되지 않는데도 되는 것처럼 꾸미기 위해 다수의 법무법인에 의견서를 요청했다. 조합이 원하는 답을 먼저 알려준 후 그런 방향으로 의견서를 달라고 언질을 준 것이다. 사실상 매수 행위다. 요청받은 법무법인의 상당수가 조합이 필요로 하는 답을 주었다. 법리는 뒷전이었다. 명색이 전문직인 변호사가 그렇게 맞장구를 친 것도 뜻밖이고, 결론이 뻔한데도 눈 가리고 아웅 하는 조합의 행태도 어이가 없었다. 조합원을 잠시 속이더라도 법원까지 속일 수는 없으니 I 조합은 곧 파국을 맞을 것이다.

I 조합만이 아니다. 사업을 파행적으로 운영하는 바람에 사회 문제를 일으킨 조합이 여럿 있다. 그 배후에는 전문가의

얼굴을 하고 그릇된 해법을 파는 용역업체가 있다. 그리고 이들 용역업체 뒤에는 나중에 어떻게 되든 눈앞의 어려움을 모면하려는 조합의 꼼수와 비리가 있을 가능성이 높다. 조합원은 전문가의 자문을 받은 것이라는 조합의 말을 곧이곧대로 믿어서는 안 된다.

전문가의 솜씨

재건축·재개발은 온갖 영역이 결합된 복합사업이다. 조합 집행부에 아무리 뛰어난 사람이 있어도 아는 것은 제한적이다. 이를 보완하기 위해 업체와 특별 용역 계약을 맺기도 한다. 조합 업무에 필수적인 업체 외에 특별한 목적을 위한 추가적인 계약을 하는 것이다.

J 조합장은 시공사와의 계약에 관해서는 전문가 수준이었다. 그러나 혹시라도 놓치는 게 있을까 싶어 계약서를 검토하기 위한 용역을 따로 발주했다. 색채 전문가에게 의뢰하여 외관을 근사하게 뽑기도 했다. 돈도 아끼면서 더 독특한 외관을 만들어냈다. 중정 조경도 전문가에게 의뢰해서 근사한 분위기를 연출했다.

우리 조합은 CM을 선정했다. 첫 이사회에서 부결되었지만 이사회를 재구성하고 가장 먼저 한 게 CM 선정이었다. 덕분에 자재와 공법 점검, 공사비 검증, 기부채납 공사에서 큰 도움을 받았다. 커뮤니티 공간 조정zoning을 위한 용역업체도 뽑았다. 주변 단지의 이용 현황을 분석해 피트니스, 사우나, 골프연습장, 독서실, 필라테스, 게스트하우스, 북 카페 중에서 면적이 작은 것은 크게, 큰 것은 작게 조정했으며, 필요 없는 것은 삭제하고 빠진 것은 새로 만들었다. 시공사는 외관 특화와 커뮤니티 특화를 위한 설계용역을 추가로 발주했다. 전문가의 안목과 손길을 더하니 만족스러운 결과물이 나왔다.

이런 일에 부정적으로 반응하는 조합원도 있다. 돈 낭비 아니냐는 것이다. 조합원마다 경제 형편이 다르고 투자 마인드와 사업 마인드가 없는 사람도 있으니 이해가 안 가는 것은 아니다. 그러나 무턱대고 아끼는 게 좋은 게 아니다. 아끼는 게 버리는 것이고 쓰는 게 버는 것일 수도 있다. 재건축·재개발은 사업이다. 돈을 쓰느냐 안 쓰느냐가 아닌 투자의 가치가 있느냐 없느냐, 투자한 것보다 더 많은 성과를 만들 수 있느냐 없느냐가 중요하다.

상어 떼

얼마 전 A 조합장이 사망했다는 소식을 들었다. 갑자기 쓰러져서 병원으로 옮겼는데 깨어나지 못했다고 한다. 돌연사였다. 나는 A 조합장을 한 번 만난 적이 있다. 느낌이 좋지 않았다. 몸에서 기가 다 빠져나가 하나도 남지 않은 느낌이었다. 목소리에 힘이 없었고 눈에 초점도 없었다. 처음 느끼는 이상한 기분에 고개를 갸우뚱하면서 돌아온 기억이 있다. 그로부터 몇 개월 후 그의 부음을 들었다. 조합장을 하면서 받은 스트레스도 사망 원인의 하나일 것이라는 이야기가 돌았다. 그도 상어 떼한테 당한 것이다.

재건축·재개발은 『노인과 바다』다. 큰 물고기를 잡았어도 상어 떼를 막아내지 못하면 뼈만 남는다. 재건축·재개발에는 무수한 상어 떼가 있다. 밖에도 있고 안에도 있다. 멋지게 지어진 신축에 입주했고 남들도 부러워하지만, 속을 들여다보면 조합이든 조합원이든 골병든 경우가 많다. 상어 떼한테 다 뜯긴 것이다.

　　조합장의 가장 중요한 임무 중 하나는 상어 떼를 막아내는 것이다. 그러나 사방에서 공격이 들어오니 힘에 부칠 때가 많다. 집요하고 맹렬한 공격을 받다보면 기가 빨려나가는 느낌이 든다. A 조합장의 죽음이 남의 일 같지 않았다.

대장 상어는 시공사

상어 중에서 으뜸가는 상어는 시공사다. 시공사는 조합의 재무 상황을 유리 지갑처럼 들여다본다. 조합은 시공사 보증으로 대출받고, 시공사는 수입과 지출이 적힌 조합의 자료도 갖고 있으니 조합이 얼마를 어디에 써서 지금 얼마가 남아 있다는 것을 안다. 분양수입에서 공사비와 사업비 대여금을 상환하면 앞으로 얼마의 돈이 남을 것이라는 내역도 훤히 안다. 처음 계약하면서 왕창 뜯어간 대장 상어는 여전히 배가 고파서 특화로 남은 돈을 다시 뜯어가려 하고, 조합원에게서 추가 분담금까지 걷게 하도록 조합을 어르고 달랠 궁리를 한다.

　　재건축·재개발에서는 시공사를 뽑고 한참 후에 아파트가 만들어진다. 3년이 걸리기도 하고 5년, 10년이 걸리기도 한다. 그 사이에 새로운 자재와 마감이 나오고 트렌드도 변한다. 수주를 위해 저가에 입찰한 시공사는 특화라는 이름으로 이윤 다지기 작업에 돌입한다.

시공사 입장에서 특화는 꿩 먹고 알 먹기다. 조합원한테 박수도 받고 돈도 벌고 다른 단지 사업을 수주하는 밑천도 된다. 조합원에겐 양가적이다. 고급화가 돼서 좋긴 한데 바가지를 쓴 것 같아 뒷맛이 쓰다. 시공사는 특화를 구걸하지 않는다. 뒷맛이 쓰더라도 조합원은 결국 특화를 선택할 것임을 안다. 심리전에서 그들은 반은 이겨놓고 시작하는 셈이고, 조합원의 고급화 열망을 뒷배로 하고 조합의 비전문성을 약점으로 삼아 다양한 설계변경을 하면서 바가지를 씌운다.

물가상승률 적용 시점도 그 예이다. 시공사는 착공 이후에는 물가상승률을 적용하지 않지만 그 전의 일정 기간 동안에는 적용한다. 재건축·재개발은 계약하고 한참 지난 다음에 공사를 시작하니까 불가피한 일이다.

그런데 기산 시점이 고무줄이다. 조합에 따라 천차만별이다. 계약부터 착공일까지로 하는가 하면 계약하고 일정 시점 이후부터 착공일까지로 하기도 한다. 둘 중 어느 쪽으로 하느냐는 조합 역량에 달려 있다. 조합한테는 후자가 좋지만 전자가 터무니없는 계약은 아니다.

그런데 어느 조합은 계약일 7개월 이전 시점부터 적용하는 것으로 했다. 7개월치 물가상승분에 해당하는 금액은 70억 원이었다. 이 시공사는 다른 조합과 계약하면서 물가상승률을 계약일 14개월 이후부터 적용했다. 같은 시공사였는데도 적용 기간이 21개월이나 차이난 것이다. 당시 시공사는 7개월 이전 시점이 물량산출서가 작성된 시점이니까 그 이후로 물가상승률을 적용하는 게 맞다고 했다. 그렇다면 14개월 이후부터 적용하기로 한 것은 그때까지의 물가상승률을 예상해서 물량산출서를 작성했다는 것인가.

조합의 대응 역량의 차이였다. 기산 시점은 최소 계약일이어야 했다. 조합이 어리숙했으니 시공사에 70억 원을 뜯긴 것이다.

자재나 용역업체도 마찬가지다. 호시탐탐 기회를 노린다. 업체 하나만 따지면 금액이 크지 않지만 업체가 열 개, 스무 개가 되면 수십억 수백억 원이 된다. 업체가 조합 임원을 대리인으로 내세워 영업하는 바람에 이사회가 바람 잘 날 없는 조합도 있고, 지역에서 힘깨나 쓰는 유력자를 앞세워 영업하는 바람에 조합 입장을 난처하게 만드는 업체도 있다.

B 조합은 용감하게도 감리와 한판 붙었다. 공사가 시작되면 조합은 '갑'이고 감리는 '을'이다. 조합은 감리단장이든 감리원이든 교체할 수 있다. 행정청을 통해 제재할 수도 있다. 하지만 공사가 점점 진척되고 준공이 가까워지면 기존의 갑을 관계에 미묘한 변화가 생긴다. 준공 인가를 받으려면 감리 도장이 있어야 하기 때문이다.

만에 하나 준공 인가가 제때 나오지 않으면 입주 일정도 틀어지고 소유주와 임차인의 계약도 꼬인다. 이를 뒷배로 삼아 감리비를 올려달라는 경우도 있다. 소위 도장값을 달라는 것이다. 이제까지는 업계 관행이라는 이유로 이런 요구에 응한 조합이 많았다.

그러나 B 조합은 굴하지 않았다. 시간에 쫓기는 것은 조합이고 업계 관행이기도 하니 적당히 얼마 주고 끝낼 수도 있었지만 B 조합은 원칙을 지켰다. 이후 감리는 복잡한 논리를 동원하며 추가 감리비를 청구하는 소송을 냈다. 그러나 B 조합은 소송에서도 이겨서 상어 떼한테 살점이 뜯기는 걸 막아냈다.

집안의 새끼 상어들

상어 떼가 외부에만 있는 게 아니다. 조합원 중에도 있다.

C 조합은 유치원에 당한 사례다. 재건축·재개발을 하면 토지 기부채납을 해야 해서 조합원의 토지 면적은 10% 정도 줄어든다. 그러나 C 조합 유치원은 오히려 토지가 늘어났다. 유치원 외에 상가 임대까지 가능할 정도로 건물 연면적도 대폭 늘었다. 여기에 설계비, 건축비, 이주비 이자가 다 공짜였다. 현금 보상도 있었다. 아파트를 분양 신청할 수 있는 권리도 가져갔는데 대금은 전액 입주 후 납부하면 되었다. 위치도 최고였다. 유치원의 협상 능력이 정말로 대단했다. 아파트 조합

원 입장에서는 상어 중에서도 지독한 상어를 만난 셈이다.

평범한 조합원 개인도 상어가 된다. 자신이 운영하는 업체에 일감을 달라고 찾아오기도 하고 조합 상근 자리를 욕심내는 이도 있다. 조합을 꼬드겨 자신과 끈이 닿는 업체와 계약하게 하면서 수수료를 챙기는 브로커도 있다. 큰돈을 요구하는 것은 아니니 이들은 새끼 상어들이다. 내가 만난 새끼 상어는 다섯 명이었다.

모두 거절했다. 그러자 조합의 극렬 반대파가 되었다. 처음에는 영문을 몰랐다. 왜 갑자기 반대파가 되어 저리 흥분하는지 알 수 없었다. 청탁 거절에 대한 앙갚음이 아니고는 설명이 안 되었다. 재건축을 잘 모르는 조합원의 불안을 부채질해서 조합을 흔들려고 했다. 동조자들도 생겨났다. 조합과 힘을 합쳐 상어 떼를 물리쳐야 할 사람들이 피아彼我를 구분하지 못하고 상어 떼에 붙었다.

오래가지는 못했다. 동조자가 적어 제풀에 지치기도 했고 도를 넘는 태도에 질린 조합원들한테 욕을 먹고 퇴출되기도 했다. 이들 다섯 명 사이에 연결고리가 없었다는 게 그나마 다행이었다. 뭉치는 법도 모르고 뭉칠 수도 없는 사람들이었다.

시공사나 외부 업체에 비하면 이들이 노리는 것은 푼돈이다. 그러나 조합의 안정적 운영이라는 점에서는 치명적이다. 관계가 꼬이기 시작하면 골칫덩어리가 된다. 극렬 반대파가 되어 사사건건 방해한다. 그렇다고 그게 무서워 이들이 원하는 것을 들어주면 두고두고 화근이 된다. 큰 둑도 작은 개미구멍으로 무너진다는 말이 있다. 작은 청탁이라도 들어주면 그때부터 이들은 조합장의 약점을 잡은 '갑'이 되어 둑을 무너뜨리는 개미구멍이 될 수 있다. 어떤 청탁도 들어주면 안 된다. 극렬 반대파로 돌아서게 두는 편이 차라리 낫다.

누구는 새끼 상어가 다섯 명이나 있었다는 데 놀라겠지만, 사실은 다섯 명밖에 없었다는 게 더 놀라운 일이다. 조합 업무가 다종다양하다 보니 직간접으로 관계된 업종에 종사하는 조합원이 많다. 영업을 위해 조합에 찾아온 조합원도 있었다.

그러나 공정을 우선하는 조합의 방침을 듣고 토 달지 않고 깨끗하게 돌아갔다. "이제까지는 조합을 믿지 않았지만 앞으로는 믿을 수 있을 것 같다"며 안도하기도 했다. 조합원인 자신의 청도 거절했으니 다른 사적인 요청도 다 거절할 것이라고 믿는 것이다. 만약 그 사람들의 부탁을 들어주면 어떻게 되었을까. 그들은 '조합이 내 부탁만 들어줬을까? 온갖 구실과 인연을 내세우면서 접근하는 업자들의 로비도 다 들어줬을 것 아닌가.' 하고 의심했을 것이다.

청탁을 안 들어주면 극렬 반대파를 만들어내는 위험이 있지만 청탁을 들어주면 조합을 의심의 눈초리로 보는 사람들을 양산하는 위험이 있다. 이래도 문제고 저래도 문제니 원칙대로 해야 한다.

죽느냐 사느냐의 문제

재벌 회장 중에는 70대 초중반에 세상을 등진 사람들이 있다. 어느 명리학자는 몸에 좋다는 것은 다 가졌을 재벌 회장이 보통 사람들보다 10년 먼저 갔다며 이를 재다신약財多身弱으로 풀이했다. 재물이 많아 몸이 쇠해진 팔자라는 것이다. 주변에 온통 돈 달라고 우글대는 상어 떼뿐이니 그럴 만도 하다.

재건축·재개발에도 돈이 넘쳐난다. 그것도 돈 중에서 으뜸이라는 눈먼 돈이 넘쳐난다. 재다신약의 팔자를 타고난 사람이라면 조합장 자리를 피해야 한다. 상어 떼가 조합 안팎으로 넘쳐나니 건강을 잃는 정도가 아니라 제 명에 못 죽는다. 어느 용역업체 대표한테 돌연사한 A 조합장 이야기를 했다. 그런 일이 더러 일어난다고 했다. 스트레스로 암에 걸리거나 심장마비나 뇌출혈로 죽는 조합장들이 있다는 것이다.

재건축·재개발은 여러 얼굴을 갖고 있다. 새집에 살고 싶은 소박한 바람을 가진 평범한 시민의 얼굴, 투기꾼이 판치는 쩐의 전쟁이라는 얼굴, 비리로 물든 복마전의 얼굴이 있다. 그리고 사람을 잡아먹는 식인귀의 얼굴도 있다. 어떤 사람은 조합장에 취임해서 회사를 그만두게 되자 대표가 "살아서 다시 보자"고 했단다. 그 말을 들을 때만 해도 나는 실없는 농담이라고 생각했는데 그게 아니었다. 여기에는 죽느냐 사느냐의 문제도 있다.

가장 위험한 상어는?

조합장이 상어가 되기도 한다. 상어 떼의 습격을 막아야 할 책임자가 상어가 되어 조합을 뜯어먹는다. 대장 상어인 시공사보다 더 위험한 상어다.

　D 조합장은 호연지기가 남달랐다. 그것을 좋은 쪽으로 쓰지 않은 게 문제였다. 법을 무서워하지 않은 것이다. 하루는 D 조합장이 계약된 업체 E를 불러 다른 업체 F를 소개해 주었다. 앞으로 조합이 E에 지불하는 용역대금의 20%는 F에게 보내라고 지시했다. 조합장이 먹겠다는 속셈이었다. 조합장이 업체에게 돈을 뜯으면 업체는 인건비를 줄여 용역을 부실하게 하든 다른 구실로 웃돈을 얹든 만회한다. 결국 조합장이 업체에게 뜯어내는 만큼 사업이 부실해지든가 조합 돈이 더 나가게 된다. 그러나 D 조합장한테 그런 것은 중요하지 않았다. E가 거절하자 D 조합장은 다른 구실을 붙여 계약을 해지했다.

　업체 스스로 손해를 감수하면서 조합과의 계약을 해지하는 기이한 일도 일어난다. G 조합장한테 업체는 현금인출기였다. 밥값, 술값, 명절 떡값도 부족해 대놓고 억대의 현찰까지 요구했다. H 업체가 보아하니 G 조합장은 다른 업체한테도 똑같은 요구를 하고 있었다. 고민 끝에 H가 먼저 G 조합과 계약을 해지하겠다고 했다. 저런 조합장과 엮이면 언제 불똥이 튈지 모르니 미리 몸을 피하자는 것이었다.

I 조합의 조합장과 상근이사는 적과의 동침이었다. 각자 구린 데도 많고 그걸 서로 알고 있으니 베지도 못하고 찔리지도 않는 오묘한 관계였다. 오래가지는 않았다. 둘이 이판사판으로 격돌하는 사태가 발생했다. 계약하려고 미는 업체가 서로 달랐던 것이다. 조합장은 상근이사에게 "당신이 업체에게 돈 먹은 거 내가 모를 줄 아느냐. 고발하겠다"고 소리쳤고, 이에 질세라 상근이사는 "당신은 깨끗하냐. 할 테면 해라. 나도 가만있지 않겠다"며 대판 싸웠다. 그러다 상근이사는 조합장한테 잘렸고 조합장은 조합원한테 잘렸다.

J는 지역 유지, K는 조직폭력배였다. 둘은 악어와 악어새였다. J는 조합장, K는 해결사였다. 조합장에 대해 반대하는 사람이 있으면 K가 도맡아 처리했다. 회유도 하고 협박도 했다. 한눈에 봐도 그가 주먹을 쓰는 인물임을 알 수 있었다. 반대파가 생겨도 금방 정리되었다. J는 조합을 자신의 왕국으로 만들 수 있었다. J는 반대급부로 K에게 이권을 주었다. K는 업체와 결탁해서 뒷돈을 받고 일감을 따주었다. 두 사람 다 감옥에 갔다. J는 지방의회 의원을 지낸 인물이었기에 조합원의 충격은 컸다.

요즘은 경찰 수사가 많이 진화했다. 업체가 수사망에 한 번 걸려들면 꼬리에 꼬리를 물고 계속 추적한다. 어느 조합에 특정 업체가 뒷돈을 뿌리고 로비했다는 정황이 포착되면 경찰이 그 업체의 과거 실적을 저인망으로 전수 조사하는 식이다.

L 조합 이사가 이 케이스로 걸려들었다. 그는 조합의 숨은 실세였다. 조합장보다 발언권이 셌다. 조합장은 얼굴마담이고 실세는 따로 있는 사업장이 있는데, 여기도 그런 경우였다. M 업체는 조합장이 아닌 그에게 접근해서 2억 원을 건넸고 그러다 경찰에 적발되었다. 일흔이 넘은 고령인데도 중형을 선고받았다. 그런데 발단은 L 조합이 아니었다. 경찰이 다른 조합을 수사하다가 M 업체의 혐의를 찾았고 꼬리를 물고 계속 추적해서 L 조합까지 이르렀다. 자기 조합만 안 걸린다고 끝이 아닌 것이다.

경찰만 조심할 게 아니다. 논공행상을 다투다 내분으로 자폭하는 조합도 있다. N 조합은 사전에 작당해서 O 업체를 선정했다. O 업체는 감사의 표시로 조합장을 비롯해 업체 선정에 관여한 임원들한테 돈 봉투를 돌렸다. 기여도에 따라 차등적으로 돌린 게 탈이었다. 얼마 지나지 않아 사람별로 봉투에 든 액수가 다르다는 게 알려졌다. 적게 받은 사람은 불만을 품었다.

"나는 이것밖에 안 되는데 저 자는 무슨 일을 했다고 나보다 많이 받았는가."

분을 못 참은 그는 조합에 비리가 있다며 경찰에 고발했다. 돈 봉투를 받은 모든 관계자가 처벌받았다. 고발 당사자도 물론 포함되었다.

상어가 되기도 상어 밥이 되기도

조합의 먹이사슬은 복잡하다. 업체와 조합, 조합과 조합원의 관계만 있는 게 아니다. 그렇게 단순하면 재건축·재개발이 아니다. 조합원과 조합원의 관계도 있다. 같은 조합원이라도 자신이 어느 줄에 서느냐에 따라 상어가 되기도, 상어 밥이 되기도 한다. 아파트와 상가, 중소형 평형과 대형 평형이 갈등을 빚기도 한다. 세대수가 많은 평형이 세대수가 적은 평형에 상어 떼로 군림하기도 한다.

조합장은 고민에 빠진다. 누구 손을 들어줄 것인가. 그러면서 표 계산을 한다. 총회만 통과되면 만사형통이고 그러려면 다수의 편에 서야 한다는 결론에 이른다. 이번에 자신이 손을 들어주면 이들은 계속 지지자가 될 것이니 장기적으로도 낫다고 생각한다.

그러나 상대가 바보는 아니다. 당하고 가만히 있을 리 없다. 조합장을 괴롭히려면 얼마든지 괴롭힐 수 있다. 민원도 있고 소송도 있다. 총회 통과가 만병통치약이 아닌 것이다.

조합장은 안팎의 상어 떼로부터 조합을 지켜야 하지만 조합원끼리 뜯고 뜯기는 것도 막아내야 한다. 그렇게 서로 물어뜯다 보면 단지를 잘 만드는 데 써야 할 시간과 에너지가 엉뚱한 곳에 허비된다. 조합장이 표 계산을 해서 다수의 손을 들어줬다고 해서 그들이 계속 조합장을 지지한다는 보장도 없다. 그들도 계산기를 두드려서 한패가 되었으니 계산이 안 맞으면 미련 없이 등을 돌린다.

내 몫과 상대의 몫

재건축은 원래 아파트 조합원 중심으로 돌아간다. 상가 조합원은 비주류다. 아파트 조합원은 다수고 상가 조합원은 소수이기 때문이다. 조합장도 아파트 중심으로 조합을 운영한다.

그러나 소수라고 무시했다가는 뜨거운 맛을 보게 된다. 협상은 상대를 속이는 기술이 아니다. 협상 테이블에 나온 상대가 어리숙하다면 잠깐 속일 수는 있다. 그러나 그쪽 진영 사람들이 모두 어리숙할 리는 없다. 한 번 속은 사람은 앙갚음으로 상대를 두 번 속이려고 하는 법이다. 서로 속고 속이다 보면 감정의 골이 깊어지고 끝내 법정까지 달려가 난투극을 벌이게 된다.

내 몫과 상대의 몫을 잘 나누어야 한다. 눈앞의 협상 파트너가 아닌 상대 진영 전체를 설득하는 논리와 근거를 만들어야 한다. 협상 자리를 몇 번 가져보면 어느 정도 경계선이 그어진다. 내 몫이 어디까지고 상대 몫이 어디부터인지 가늠된다. 그다음에는 곁가지들을 주고받으면 된다. 정 대화가 안 되면 소송으로 가야겠지만 각자의 몫을 정확하게 나누자는 큰 틀에 합의되면 협상은 순조롭게 풀린다.

우리 조합도 과거 전임 조합장 시절에 상가와 소송전이 있었다. 3심까지 갔는데도 풀리지 않는 게 있어 우리 조합은 상가와 다시 협상 테이블을 꾸려야 했다. 피차 껄끄러운 감정을 갖고 있었지만 중요한 것은 앞으로의 일이니 지난 일로 앙금을 가질 필요는 없었다. 다시 소송전으로 가면 누구도 100% 이긴다고 확신할 수 없었고, 조합과 상가 모두 패소할 때의 리스크를 생각해서 협상으로 해결하자는 공감대가 있었다.

여섯 달이 넘는 협상 끝에 아파트 조합원과 상가 조합원 모두 받아들일 수 있는 안을 만들었다. 상가에 숙맥처럼 뜯기면 안 되지만 상가에서 부당하게 뜯어낼 생각도 없었다. 내가 바보가 아니듯 상대도 바보가 아니기 때문이다. 합의안에 대해 아파트 조합원과 상가 조합원 모두 전폭적으로 지지했고 어떤 뒷말도 없었다.

2부

오답만 피하자

시공사를 바꾸자고?

시공사를 적으로 규정하고 싸워서 이겨야 한다는 조합원들이 있다. 삼성이 시공사인 조합에는 삼성이 적이고 현대가 시공사인 조합에는 현대가 적이다. 적이라면 마땅히 싸워서 무찔러야 할 텐데, 그게 가능한지, 어떻게 하면 이길 수 있는지가 관건이다.

조합장 취임 후 1년 즈음이었다. 이제 막 조합장이 된 사람이 자문을 듣고 싶다며 찾아왔다. 그도 시공사에 대해 감정이 좋지 않았다. 감정을 앞세울 문제는 아니라고 하면서 다음과 같이 말해주었다.

"시공사와는 가능하면 싸우지 말고 대화로 푸시라. 조합은 시공사를 이기기 힘들다. 정 싸워야 한다면 사전에 명분과 근거를 잘 준비하시라. 힘 조절도 잘하셔야 한다. 힘도 없는 사람이 상대를 얕보고 덤비다 일을 망치는 경우가 얼마나 많은가."

조언이 달갑지 않았던지, 그는 시공사와 싸우는 데 총력을 기울였다. 그 조합은 시공사에 맺힌 게 많았다. 싸우겠다고 나서는 게 이해가 안 되는 것은 아니었다. 그러나 싸움도 정도껏 해야지 너무 과했다. 무리한 요구도 많았다.

힘이 없어 당한 게 많았던 사람에게 위험한 고비는 어느 날 갑자기 힘을 가졌을 때이다. 처음으로 가져본 힘에 취해 한계를 모르고 폭주하기 때문이다. 이 조합도 그 길로 열심히 달려갔다. 아니나 다를까, 논리와 명분에서 완전히 밀려 시공사에 완패했다. 이 조합만 그런 게 아니다. 시공사와 벼랑 끝 전술로 전면전을 벌이다 실패한 조합이 한두 군데가 아니다. 싸우는 게 중요한 게 아니라 원하는 바를 얻는 게 중요한데, 싸우면 이길 수 있다는, 인과관계가 어긋난 믿음에 빠진 탓이다.

"떼쓰고 악쓸 시간에 공부해라"

내가 조합장에 취임한 즈음에 우리 조합과 시공사의 관계는 최악이었다. 시공사를 바꾸자는 이야기까지 터져 나왔다. 변호사와 이 문제를 상의했다. 변호사의 답은 부정적이었다.

"몇 달 전에 이미 착공하지 않았나. 지금 상황에서 시공사 교체는 쉬운 일이 아니다. 교체하려면 두 가지가 필요하다.

시공사의 귀책 사유를 찾아내는 것과 조합원이 똘똘 뭉치는 것이다. 시공사의 귀책 사유를 찾지 못하면 계약을 무단으로 파기하는 것이니까 소송에서 지고 배상금도 물어내야 한다. 지금은 조합원이 똘똘 뭉쳐 있어도 막상 교체 절차에 돌입하고 새 시공사를 선정하려는 순간 조합원은 분열된다. 입찰에 들어온 시공사들이 수주전을 전개하면 조합원은 갈라지게 되어 있다."

추가로 들어가야 할 돈도 많았다.

"공사비도 늘어난다. 지금 시공사는 예전에 물량 계약을 체결했는데 새로 들어올 시공사는 지금 시점에서 물량 계약을 체결한다. 5%가 됐든 10%가 됐든, 아무리 적게 잡아도 물가가 오른 만큼은 오른다. 일반분양도 하지 않았나. 시공사를 새로 뽑으면 준공이 지연된다. 조합원은 총회에서 결의 받으면 되지만 일반분양자는 입주 지연에 따른 손해배상 소송을 제기한다. 출혈이 너무 크다."

시공사를 교체하기엔 이미 골든타임이 지났다. 죽이 되든 밥이 되든 지금의 시공사와 해야 했다. 1군 건설사에서 일하는 친구 L을 만나 시공사를 상대하는 방법에 대해 조언을 구했다.

"시공사와 견해차가 있으면 논리와 근거를 잘 만들어라. 논리와 근거가 타당하면 시공사는 수긍한다. 그러나 나도 조합을 많이 상대해 봤는데 조합 역량이 워낙 바닥이다. 맨날 떼쓰고 악만 쓴다. 깜냥도 안 되는 사람들이 조합장이랍시고 무게 잡고 허세만 부린다. 조합이 시공사와 싸워서 이길 수 있다는 말은 다 헛소리다. 조합이 건축에 대해 뭘 안다고 시공사와 싸워 이기겠는가. 떼쓰고 악쓸 시간에 열심히 공부해서 시공사가 수긍할 논리와 근거를 만들어라."

지금 우리 단지 시공사가 아파트를 제대로 만들 생각은 있는지 의심스럽다고 하자 L은 뜻밖의 말을 했다.

"너네 시공사도 1군이다. 허투루 일하지 않는다. 하지만 맨날 떼쓰고 악쓰고 싸우자고 덤비면 너희 단지를 버릴 수 있다. 적당히 짓고 마는 거다. 시공사한테는 너네도 원오브뎀 one of them 이다. 3,000가구 넘는 강남 대단지니까 섣불리 그러진 않겠지만 정 말이 안 통하면 버린다. 사업장이 너네 한 군데만 있는 것도 아니고."

우리 단지를 버릴 수도 있다는 말은 예상 밖이었다. 그러나 터무니없는 얘기는 아니었다.

싸움이 능사가 아니다

내가 조합장으로 취임하기 전에 있었던 경기도 A 조합의 사례도 참고가 되었다. A 조합은 시공사 B가 공사비에 터무니없이 못 미치는 저가 마감재를 사용하고 있다며 화가 많이 나 있었다. B 시공사는 마침 서울의 한 대형 사업장을 수주하려고 입찰에 참여하는 중이었다. 그 사업장은 사업성이 좋아 국내 굴지의 시공사가 다 탐을 냈다. B 시공사도 많은 공을 들이고 있었다.

A 조합원들은 몇 날 며칠 그 사업장에 원정 가서 시위를 벌였다. 입찰 결과가 발표되는 현장에도 출동했다. 경기도에서 서울까지 거리도 먼데 수십 명이 몰려가서 그쪽 조합원들에게 외쳤다.

"우리는 B 시공사에 당했다. 여러분은 절대 B를 시공사로 뽑지 마시라."

언론에도 여러 번 보도되었다. B 시공사는 죽을 맛이었을 것이다. 결국 탈락했다. A 조합의 시위도 적지 않게 영향을 미쳤을 터이다.

그러나 A 조합에 필요한 것은 B 시공사의 입찰 탈락이 아니었다. 자기네 단지에 대한 그들의 태도 개선이었다. B 시공사가 다른 사업장의 입찰에 떨어졌으니 분풀이는 한 셈이지만 정작 중요한 것은 B 시공사가 자기네 단지에 대한 태도를 바꾸는지, 조합과 관계가 개선되는지, 얼마나 협조적으로 나오는지 여부였다. 우연히 A 조합장을 만날 기회가 있어 물어봤다. 결과는 나빴다. 얻은 게 별로 없었다고 한다.

상대는 대기업이고 조합을 상대로 하는 싸움에 이골이 난 집단이다. 돈도 많고 사람도 많고 경험도 많다. 조합에는 벅찬 상대가 아닐 수 없다. 시공사엔 든든한 뒷배도 있다. 지금은 시끄러워도 시간이 지나면 다 까먹는다는, 시간이라는 뒷배 말이다.

조합장 취임 후 나는 시위를 딱 한 번 했다. 공사비 검증 문제로 세종시 국토교통부에 가서 담당 공무원을 면담하고 조합원 몇 명과 약식 시위를 했다. 언론에도 미리 알렸고 기사화되었다. 조합에는 중요한 사안이고 명분도 충분했으니 꼭 해야 하는 일이었다. 그리고는 최대한 자제했다. 한동안 고자세였던 시공사가 태도를 바꾸고 협조적으로 나와서 필요가 없어지기도 했지만 웬만하면 시위라는 방법을 쓰지 않으려 했다.

시위는 조합에도 부담스러운 일이다. 평일 낮에 하는 일이라 참여하는 조합원은 고령층이 대부분이다. 충격 요법으로 할 수 있는 일이지 지속적으로 하기는 어렵다. 시위하면 상응하는 결과도 얻어야 한다. 그렇지 않으면 조합원에게 열패감을 안겨주고 시공사의 기만 살려주게 된다. 화가 나니까 싸우는 게 아니라 꼭 필요한 순간에 해야 하고, 이길 가능성이 얼마나 되는지 따져야 한다.

시공사와 싸우는 게 능사가 아님을 아는 조합원이 많다는 점도 유의해야 한다. 당장은 화가 나서 시위에 동참해도 시공사와 계속 척지고 가는 것은 모두에게 손해임을 아는 조합원도 많다. 시위를 한두 번 할 수는 있지만 연일 계속되면 조합원이 조합의 앞뒤 없는 강공책에 제동을 걸고 나올 수 있다. 그 순간 조합은 주화파와 주전파로 분열된다.

백인백색… 생각도 다르고 형편도 다르다

시위를 자제한 것은 조합 내부 역량의 한계 때문이기도 하다. 조합원이 뭉치면 이길 수 있다고 말하는 사람들이 있는데, 문제는 뭉치는 게 어렵다는 점이다. 조합은 오합지졸이다. 오합지졸은 숫자가 아무리 많아도, 수백 수천 명이 모여도 오합지졸이다. 그러다 보니 분열되기도 쉽다. 이슈만 터지면 중구난방으로 의견이 갈라지고 한번 갈라지면 수습도 어렵다.

이것은 모든 조합이 안고 있는 숙명이자 원초적 한계다. 수도권에 있는 조합이든 지방에 있는 조합이든, 대단지든 소단지든, 조합에 돈이 많든 적든 똑같다.

하나로 뭉치려면 구심점이 있어야 한다. 조합이 구심점이 되어야 한다. 그러나 조합에 대한 조합원의 신뢰가 낮아서 그 역할을 하기 어렵다는 것부터가 문제다. 조합이 굴리는 돈이 적게는 수천억, 많게는 조 단위다. 그 돈이 제대로 쓰이는지, 조합장이 자기 돈인 양 펑펑 쓰고 있는 것은 아닌지 조합원은 불안하고 걱정된다. 더구나 조합장 주변에는 온통 업자들뿐이다. 시공사, 설계사, 감리, 각종 업체 수십 개가 조합장 주변에 도사리고 있다. 그들이 조합을 갖고 놀면서 마구 뜯어가는 건 아닌지 불안하기 짝이 없다.

대다수 조합원은 건축과 재건축에 대해 아는 게 없다는 것도 불안 요소다. 지식도 없고 경험도 없다. 재건축·재개발 투자가 두 번째, 세 번째라고 해도 투자는 투자일 뿐, 사업과 운영을 자세히 들여다보고 고민하고 연구한 사람은 적으니 조합 업무가 지금 어떻게 굴러가고 있고 앞으로 어떻게 굴러가야 하는지 대부분은 모른다. 이 사람이 말하는 것을 들으면 이게 맞는 것 같고 저 사람이 말하는 것을 들으면 그게 맞는 것 같다. 답답하고 불안한 마음에 좀 알려고 해도 재건축·재개발 사업이 너무 방대하고 복잡해 어디부터 손대야 할지 엄두가 안 난다. 모르니 불안하고 불안하니 조합에 대한 의심도 사라지지 않는다. 조합을 중심으로 단결하는 게 정말 쉬운 일이 아니다.

각자의 생각과 형편도 다 다르다. 속도가 중요한 사람이 있고, 고급화가 중요한 사람이 있으며, 돈이 중요한 사람도 있다. 속도가 중요한 사람은 시공사 교체는 말할 것도 없고 집행부에 아무리 문제가 많아도 집행부를 바꾸면 시간만 늘어진다며 반대한다. 고급화가 중요한 사람은 돈을 더 내더라도 특화를 많이 하길 원하고 그래야 집값도 오른다고 주장한다. 1,000만 원을 투자하면 1억 원이 오른다고 믿는다. 형편이 넉넉하지 않은 사람은 돈 들여 특화하는 것에 반대한다. 아파트에 투자하기보다 현금으로 돌려받기 원한다. 백인백색이다. 그러다 보니 조합이 일사불란한 대오를 갖추기 힘들다.

반쪽짜리 '갑'

그런데도 시공사를 과소평가하고 조합은 과대평가하는 사람들이 여전히 있다. 계약서에는 엄연히 조합이 '갑', 시공사는 '을'로 되어 있기 때문이다. 중요한 것은 계약서에 '갑'으로 적혀 있는 게 아니라 '갑'으로서 온전한 권리가 계약서에 담겨 있느냐 여부다.

대부분이 초짜인 조합장들은 계약서를 꼼꼼히 따지기 힘들다. 노예 계약 혹은 반 노예 계약이 많다. 업무의 세부 사항 하나하나까지 계약서에 모두 담을 수 없으니 조합이 누락된 내용을 잘 파악해서 대응 능력을 갖추어야 하는데, 이것도 보통 일이 아니다.

엄밀히 말해 조합은 온전한 '갑'이 아니다. '반쪽짜리 갑'이다. 돈만 있고 능력은 없는 사장을 우리는 온전한 '갑'으로 존중하지 않는다. 앞에서는 고개 숙여도 뒤에서는 무시한다.

시공사에는 조합이 그런 존재다. 돈이 조합에서 나오니까 조합을 '갑'으로 대우하지만 건축에 문외한이고 자기들끼리 친조합이니 반조합이니 비대위니 사분오열되어 맨날 싸움만 하니까 '반쪽짜리 갑'으로 무시한다. 시공사는 조합의 돈을 받아서 사업을 하기에 '을'이지만 전문가 집단이므로 온전한 '을'이 아니다. 실질적으로는 그들이 '갑'이다.

'반쪽짜리 갑'인 조합이 '실질적인 갑'인 시공사와 상대

할 수 있는 무기는 명분과 논리다. 명분을 쥐어야 여론을 등에 업을 수 있다. 시공사는 평판 관리에 신경을 곤두세운다. 공중파 방송이나 메이저 종이 신문은 말할 것도 없고 인터넷 언론에라도 불리한 기사가 뜨면 최고 경영진에게 직보된다. 다른 조합에서의 수주전 승패에 영향이 있기 때문이다. 그러니 시공사는 여론 관리에 악영향을 미치는, 명분에 어긋나는 행위를 가급적 하지 않는다. 명분에서 밀린다 싶으면 협상 태세로 나온다. 그 순간을 잘 포착해야 한다.

시공사와 싸울 수 있는 또 하나의 무기는 논리와 근거다. 시공사는 조합이 걸어오는 이유 없는 싸움에는 강하지만 논리와 근거를 갖춘 조합의 요구에는 약하다. 실무 담당자가 결재 라인에 보고할 논리와 근거를 만들어줘야 한다. 실무자도 그것을 원한다. 논리와 근거가 있어야 그들도 윗선을 설득할 수 있기 때문이다.

조합 입장에서 시공사와 실무자는 다르다. 조합이 시공사와 싸워서 이기기는 힘들지만 실무자는 그렇지 않다. 얼마든지 궁지로 몰 수 있다. 그러나 막무가내로 우기기만 하면 효과가 없다. 조합이 자꾸 떼쓰고 악만 쓰니 힘들다며 제발 승인해달라고 윗선에 결재를 올릴 리가 없기 때문이다. 반면 조합의 논리와 근거가 충분한데도 버티고 우기면 조합의 압박에 자신만 힘들어지므로 이럴 때는 실무자가 조합의 도우미가 될 수 있다.

그러려면 조합 상근자가 공부해야 한다. 법과 판례도 연구해야 하고, 공법과 기술에 대한 지식도 있어야 한다. 다른 조합 사례를 수집해야 할 때도 많다. 이게 쉬운 일은 아니지만 시공사와 싸워서 이기는 것보다는 쉽다. 그러나 조합장 혼자 할 수 있는 일이 아니다. 외부 용역을 의뢰하거나 전문가 조합원의 도움을 받아야 한다.

잡힌 물고기의 선택

시공사와의 관계는 불가근불가원이다. 필요 이상으로 가까워지는 것도 경계해야 하지만 대책 없이 싸움만 하고 척지는 것도 피해야 한다. 재건축·재개발도 사람이 하는 일이라 관계가 나빠지면 될 일도 안 된다. 어느 조합장은 틈만 나면 시공사 욕을 하고 다녔다. 시공사와의 유착 의혹에서 벗어나려는 고육지책이었는지 모르겠지만 현명한 태도로 보이지는 않았다.

나는 조합장 선거에 나서면서 "시공사와 상생하겠다"고 했다. 그때만 해도 시공사에 대한 조합원의 감정이 안 좋아서 말하기가 조심스러웠다. 다행히 큰 반발은 없었다. 조합원도 시공사와 계속 척지고 가는 것은 위험하다고 생각하고 있었던 것이다.

조합이 시공사와 상생하기란 어렵다. 여당과 야당, 우리나라와 일본이 상생하는 것만큼 어렵다. 둘은 이해관계가 근본적으로 다르다. 조합은 최소의 비용으로 최고의 품질을 얻으려 하고, 시공사는 품질은 둘째 문제고 최대의 이윤 창출을 최우선으로 하기 때문이다.

어떤 시공사는 돈을 주면 준 만큼은 한다. 그러나 딱 준 만큼 하고 그 이상은 안 한다. 야박하거나 깍쟁이로 여겨질 수 있지만 비즈니스로는 깔끔하다. 우리나라 시공사가 이 정도만 돼도 상생을 논할 수 있다. 이게 흔치 않다는 게 문제다. 어느 시공사는 조합의 역량이 부족하면 욕심껏 뜯어간다. 대화가 어려운 시공사도 있고 처음에는 어렵지만 나중에는 대화가 가능한 시공사도 있다. 그러나 부모의 원수처럼 처음부터 끝까지 대화가 불가능한 시공사도 있다. 대장 상어가 되어 마음껏 뜯어 먹어도 지금 조합과 하는 사업은 이게 처음이자 마지막이고 나중에 또 볼 일이 없으니 뒷일은 걱정할 필요가 없다.

그러나 시공사도 약한 고리는 있다. 지금 조합과는 더 이상 볼 일이 없지만 다른 조합에서 수주하기 위해서는 평판 관리를 하지 않을 수 없다. 경기도 A 조합처럼 조합원들이 작심하고 달려들면 수주전이 치열하게 벌어지는 현장에서 고춧가루를 포대 자루로 뿌릴 수도 있기 때문이다.

여기서 조합과 시공사가 상생할 수 있는 고리가 만들어진다. 시공사는 이미 잡은 물고기인 우리 조합에 잘해줄 필요가 없다. 그러나 우리 조합원들도 평판을 떨어뜨려 시공사가 아직 잡지 않은 물고기를 못 잡게 할 수도 있다. 조합과 시공사 모두 상대를 궁지로 몰 수 있는 카드 하나씩은 쥐고 있는 셈이다. 우호적인 관계에 있는 쌍방이 더 나은 발전을 위해 손을 잡는 것만 필요한 게 아니다. 이해관계가 다르고 썩 내키지 않아도 협력하지 않으면 안 되는 상황도 있다. 그래야 피차 최악을 피할 수 있기 때문이다.

다행히 우리 조합과 시공사도 그 길을 택했다. 묵은 감정을 뒤로 하고 최악을 피하기로 했다.

"조합장 되면 열심히 싸울 줄 알았는데…"

나는 이전 조합과 이왕 계약된 것에 대해서는 인정하고 대신 앞으로의 업무에 집중하기로 했다. 과거에 계약된 것에 아무리 흠결이 있더라도 그걸 백지화하거나 뒤집을 수는 없다. 시공사 실무자는 물론이고 임원이 와도 안 된다. 옷 벗을 각오를 하지 않는 다음에야 사장한테 결재를 올릴 리 없다. 어느 조합에서 조합에 불리한 계약서 조항을 고쳤다고 알려지면 시공사의 모든 현장에 일파만파 소문나서 누구도 뒷감당할 수 없기 때문이다. 명백한 독소조항이라 외부에 알려졌을 때 평판에 지장이 있다면 다른 것에서 양보받는 협상을 할 수는 있겠지만 계약서 문구를 고치는 일은 어렵다.

그러나 이미 계약된 것은 어쩔 수 없다 해도 앞으로 남은 업무와 계약까지 잡은 물고기 취급하지는 못하게 했다. 시공사도 어느 순간부터 자세를 바꾸었다. 우리 단지를 랜드마크로 만들려고 했다.

그렇게 해서 우리 조합과 시공사는 공사가 끝날 때까지 비교적 원만한 관계를 유지했다. 소소한 갈등은 있었지만 대형 사고로 번진 적은 없었다. 보는 사람에 따라 우리의 결과물이 최선이었느냐 차선이었느냐 이견은 있겠지만 최악도 피하고 차악도 피한 것은 분명했다.

아무리 상생한다고 해도 갈등과 다툼이 없을 수는 없다. 이해관계가 근본적으로 다르니 상생하자 약속해도 사이좋게 그대로 갈 수는 없다. 다만 협력을 기본 기조로 하고 갈등 관리를 할 것이냐, 싸움과 갈등을 우선으로 하고 부수적으로 협력할 것이냐의 차이는 있다. 후자보다는 전자가 좋다. 도저히 대화가 안 되면 불가피하게 후자로 가야겠지만 전자의 방식을 우선적으로 검토하고 시도해볼 가치는 있다.

어느 조합원은 이런 나를 보고 실망스럽다고 했다.

"조합장 되면 시공사와 열심히 싸울 줄 알았는데 안 그래서 의외입니다."

많은 조합원은 내가 맨날 싸움만 할 것 같아 걱정이었는데 그는 너무 싸우지 않는 내가 불만이었다. 내가 80년대에 학생운동을 한 것은 상대가 절대악이었기 때문이다. 시공사가 아무리 미워도 절대악은 아니다. 조합이 절대선도 아니고 학생운동이 이익집단도 아니다. 그는 나에게 실망했지만 나는 그가 이해되지 않았다. 둘 간에는 교집합도 있지만 상극도 있기 때문이다.

모든 협상이 그렇듯 재건축·재개발에도 온건파와 강경파가 모두 있어야 한다. 둘 중 하나만 있어도 안 되고, 힘이 어느 한쪽으로 과하게 쏠려 있어도 안 된다. 그러나 조합에서 온건파의 입지는 좁다. 시공사에 대한 피해의식과 자기 힘의 한계를 모르는 자신감이 상승작용을 일으키기에 강공책을 선호하는 조합원이 많다. 온건파는 시공사한테 돈 먹은 놈, 회색분자로 매도되기 쉽다. 그러나 강경파가 득세하면 판이 깨질 수 있다. 일을 만들어 나가는 것도 강경파지만 일을 망치는 것도 강경파이기 때문이다. 온건파와 강경파의 균형을 잘 맞추어야 한다.

둘의 호흡도 중요하다. 서로 간에 긴장도 있고 불만도 있겠지만 역할 분담으로 이해하면서 가야 한다. 총론으로는 대체로 수긍한다. 각론이 문제다. 각론에서 차이가 드러나면 총론이라는 큰 틀에서의 합의 정신은 온데간데없고 집안싸움만 하느라 시공사 좋은 일만 시켜주게 된다.

수주하기 전과 후

아무리 이미 계약된 것은 존중한다고 해도 나중에 살펴보니 우리 조합과 시공사와의 계약에는 아쉬운 점이 많았다. 이전 조합이 계약 체결에 어떤 식으로 관여했고 협상 과정이 어땠는지는 모른다. 그러나 다른 조합의 계약서와 비교해 보니 조합에 불리한 조항들이 많았다.

시공사는 수주하기 전과 후가 다르다. 수주 전에는 수주가 목표고 수주 후에는 수익이 목표다. 즉 수주를 위해 가능한 한 저가로 입찰하고 수주 후에는 갖가지 이유를 대면서 수익을 높이려고 한다.

시공사는 계약하기 전에는 '을'이지만 계약 후에는 '갑'이 된다고 한다. 그런 행태를 규탄하고 성토하는 목소리가 많다. 하지만 물리적 겁박이나 강압 없이 협의를 통해 자신에게 유리한 계약을 체결한 기업을 도덕적으로 비난하는 것은 합리적이지 않다.

계약을 해서가 아니라 불리한 계약을 했으니 문제다. 계약을 어떻게 하느냐에 따라 시공사가 '갑'이 될 수도 있지만 여전히 '을'일 수도 있다. 뒤늦게 시공사를 원망하지 말고, 독소조항이라 못 지키겠다며 떼쓰지도 말고 사전에 조사하고 연구해야 한다.

몇 개 조합의 계약서를 비교 검토해 보니 계약서를 어떻게 쓰느냐에 따라 공사비의 5%는 좌우되는 것 같았다. 공사비가 1조 원이면 500억 원을 아낄 수도 있고 날릴 수도 있다. 시공사는 똑같은데도 두 조합의 계약서가 마치 다른 시공사와 계약한 것처럼 차이가 큰 경우도 있었다.

그러므로 시공사와 계약하는 조합은 여러 조합의 계약서를 비교 검토할 필요가 있다. 컨설팅을 받는 것도 좋다. 큰돈이 드는 것도 아니다. 10년 전에 어느 조합이 투자한 컨설팅 비용은 단돈 2,000만 원이었다. 시공사 계약서에 건축 외적 요소도 많으므로 변호사 의견을 구하는 것도 필요하다. 국토교통부의 표준계약서도 참조할 필요가 있다. 조합에 유리한 조항을 모두 관철할 수는 없겠지만 바가지를 쓰지는 말아야 한다.

가장 좋은 것은 조합에 유리한 조건을 입찰 서류에 미리 명시하는 것이다. 입찰이 끝난 후에 협상을 시작한다면 시간도 오래 걸리고 시공사의 노련한 기술을 당해내기 힘들다. 문제는 입찰 조건이 조합에 일방적으로 유리하다면 어느 시공사도 입찰에 응하지 않을 수 있다는 점이다. 코로나 이후 공사비 급등으로 사업성이 떨어진 요즘 같은 상황에서는 더욱 그렇다. 자기 조합의 사업성, 시장 분위기, 시공사의 반응을 두루 살펴서 적정선을 찾아야 한다.

POINT

- 시공사와의 관계에서 중요한 것은 명분과 근거다.
- 시공사와는 협력을 기본으로 하고 갈등 관리를 하는 게 좋다.
- 도급계약서는 조합의 가장 중요한 계약서이므로 여러 방면의 전문가와 다층적으로 검토해야 한다.

✓ 완벽 체크 01 시공사 계약서

- ☐ **입찰 자료와 계약서**   공문, 홍보 영상, 카탈로그, 입찰제안서에 담긴 사항이 계약서에 모두 포함되었는가?
- ☐ **입찰 방식**   ☐ 총액 입찰인가, ☐ 내역 입찰인가?
- ☐ **대안설계**   ☐ 대안설계는 가능성이 있나?
  ☐ 공사비는 적정한가?
- ☐ **물가 상승률**   ☐ 물가상승률 기산 시점이 언제인가?
  ☐ 물가상승률 적용 지수는 무엇인가?
- ☐ **공사비 검증**   계약서에 한국부동산원의 공사비 검증 결과를 수용한다는 문구가 있는가?
- ☐ **분양대금 인출 순위**   상환 순서가 유이자 대여금 → 공사비 → 무이자 대여금 순인가?
- ☐ **시공사와 설계도서**   시공사가 설계도서를 검토해야 한다는 의무조항이 있는가?
- ☐ **지체상금**   지체상금률과 지체상금 한도는 적정한가?
- ☐ **공사비 지급방식**   기간에 따른 균등 분할 상환인가, 입주 시 납부 조건인가?
  ☐ 기성불拂인가, ☐ 분양불인가?
- ☐ **분양경비**   분양경비는 누가 지불하나?
- ☐ **시공사의 협조 의무**   조합의 책임인 업무에 대한 시공사의 협조 의무를 명시했나?
- ☐ **통장 관리**   공사비 및 사업비 상환 완료 후 통장 명의가 변경되고 자동이체는 해지되나?

✅ 입찰 자료와 계약서

입찰에 참여하면서 시공사는 공문, 홍보 영상, 카탈로그, 입찰제안서를 통해 다양한 혜택을 제안한다. 공짜로 주겠다는 것도 많다. 그러나 정작 계약서에는 빠지곤 한다. 문서상에 상충되는 부분이 있을 때는 법적 효력의 우선순위를 따진다. 계약서가 입찰제안서보다 우선한다. 대표의 공문도 소용없다. 입찰 시점의 약속을 믿으면 안 된다. 공문, 홍보 영상, 카탈로그, 입찰제안서 중 조합에 유리한 사항은 모두 계약서에 넣어야 한다.

입찰제안서의 조항을 계약서에서 개악하는지도 살펴야 한다. 입찰제안서에는 "해야 한다"로 되어 있었지만 계약서에는 "할 수 있다"로 바뀌는 것도 그 예다. 의무사항을 선택사항으로 바꾸는 것이다. "할 수 있다"는 것은 하지 않을 수도 있다는 뜻이다.

✅ 총액 입찰과 내역 입찰

공사비가 중간에 오를 때 조합은 시공사에 내역을 달라고 한다. 그러나 시공사가 주는 내역이라는 게 종이 몇 장이 전부다. 사실상 없는 것이다. 근거도 없이 주먹구구로 돈 달라 한다며 조합은 반발한다.

증액 근거를 제시하려면 최초 공사비의 내역도 있어야 하는데, 입찰할 때 시공사는 경험치에 따라 이 정도 규모면 평당 얼마에 총공사비 얼마 식으로 총액 입찰을 했기 때문에 최초 계약의 내역, 즉 근거가 없는 게 사실이다. 애초에 조합이 총액 입찰을 한 것부터가 문제다.

이런 상황을 막으려면 처음부터 내역 입찰을 해야 한다. 내역 입찰을 하려면 계약서에 마감 수준을 상세하게 정해야 한다. 창호라면 총 두께와 각각의 유리 두께, 프레임 재질까지 지정하는 것이다. 모델 넘버를 못 박는 것도 좋다. 원목마루라면 총 두께, 원목 상판 두께, 폭, 길이를 명시해야 한다. 그런데 이렇게 내역 입찰을 하려면 시공사 선정을 뒤로 미뤄야 한다.

도시정비법상 시공사 계약은 조합 설립 이후부터 가능하다. 조합 설립 직후에 하는 조합이 있는가 하면 건축계획이 정해지는 사업시행계획 인가 이후에 하는 조합도 있다.

빨리 하느냐, 늦추느냐는 장단점이 있다. 계약 이전 시점에는 조합에 돈이 없기 때문에 사업 추진에 애를 먹는다. 급한 마음에 조합을 설립하자마자 시공사부터 선정해서 시공사 보증으로 사업비 대출을 받는다. 그러나 그때는 건축계획이 없다. 내역 입찰을 하고 싶어도 할 수가 없다. 총액 입찰밖에 못한다. 당장의 궁색함을 참고 건축계획이 나온 후에 시공사를 뽑아서 내실을 다지고 후환을 줄일 것인가, 초기 단계의 추진력을 위해 시공사부터 뽑을 것인가.

✅ 대안설계

시공사 입찰과 계약을 할 때 대안설계에 대한 방침도 정해야 한다. 대안설계는 디자인과 기능성 등에서 설계사의 원안 설계를 업그레이드한 안이다. 조합원은 혁신적인 설계안에 환호하면서 해당 시공사에 표를 몰아준다. 그러나 몇 달 후 날벼락을 맞는다. 인허가가 안 나오기 때문이다. 서울에서만도 이 문제 때문에 조합과 시공사가 갈등을 겪고 계약 해지까지 이른 사업장들이 있다. 시공사가 수주를 위해 서울시의 가이드라인이나 법적 기준을 무시한 탓이다.

대안설계가 무산되면 시공사가 어떻게 책임질지에 관한 안전장치를 마련해야 한다. 계약 해지는 물론이고 손해배상까지 하도록 해야 한다. 공문이나 입찰제안서의 약속으로 끝내면 안 된다. 반드시 계약서에 담아야 한다.

대안설계가 인허가를 받았어도 공사비 갈등이 생길 수 있다. 설계는 마음에 들지만 거기에 들어가는 공사비는 터무니없이 높게 책정했기 때문이다. 「정비사업 계약업무 처리기준」에 따르면 대안설계를 제안하는 시공사는 입찰서에 설계도서, 공사비 명세서, 물량산출 근거, 시공 방법, 자재사용서 등을 포함해야 한다. 조합은 이걸 토대로 시공 내역의 적정성을 검증해야 한다.

✅ 물가상승률 기산 시점과 지수

물가상승률을 언제부터 적용할 것인가, 지수를 무엇으로 할 것이냐는 협상하기 나름이다. 여기서 공사비의 2~3%는 좌우된다. 기산 시점은 시공사가 공사비를 산출한 시점, 시공사와의 도급계약 시점, 착공예정일 등이 될 수 있다.

시공사가 공사비를 산출한 시점은 진위 여부를 파악하기도 어렵기 때문에 피해야 한다. 계약은 공사비가 산출되고 몇 달 후에 이루어진다. 즉 계약도 안 되었는데 돈부터 미리 나가는 것이니 상식에도 안 맞다.

계약 시점부터 실 착공일까지로 할 수도 있다. 그런데 실 착공까지는 물가상승률을 적용하니까 시공사는 경기를 보면서 착공 시점을 저울질한다. 물가가 오르고 있으면 착공을 늦출 수도 있다. 시공사는 자체 연간 분양 물량도 고려한다. 특정한 해에 물량이 몰리거나 적은 것보다는 비슷하게 맞추는 게 관리에도 좋기 때문이다. 이런 상황을 막으려면 실 착공일을 정해야 한다. '철거 완료 후 며칠 이내 착공'으로 하는 것이다.

조합 귀책으로 상호 합의한 날짜에 착공을 못하고 늦어질 경우 착공예정일부터 실 착공일까지의 물가상승률만 반영하는 방법도 있다. 재건축·재개발 특성상 착공예정일을 정확히 정하는 것은 어렵지만, 계약을 최대한 늦춘 다음 자체 목표 시점을 잠정 설정해서 착공예정일을 잡는다면 물가상승률 적용 기간을 최소화할 수 있다.

어떤 지수를 적용할지도 중요하다. 소비자물가지수, 건설공사비지수, 두 지수의 평균값 등 계약하기 나름이다. 소비자물가지수의 상승률이 낮으니까 이것을 적용하는 게 좋다. 공사비 급등기에는 건설공사비지수 상승률이 소비자물가지수보다 3배 이상 높기도 한다. 공사비가 1조 원일 때 소비자물가지수를 적용하면 물가상승률로 100억 원을 내면 되는데, 건설공사비지수로는 300억 원 이상을 내야 하는 것이다.

✅ 한국부동산원의 공사비 검증 결과 수용 명시

계약 이후에도 조합원의 특화 요구에 따라 많은 설계변경이 생기고 이는 공사비 증액 사유가 된다. 최초 공사비보다 10% 이상 늘어나면 한국부동산원 검증이 의무지만, 시공사가 검증 결과를 반드시 수용해야 하는 것은 아니어서 분란의 대상이 된다.

이를 예방하기 위해서는 계약서에 조합과 시공사는 한국부동산원의 공사비 검증 결과를 수용해야 한다는 점을 명시해야 한다. 증액 규모가 10% 미만이어서 한국부동산원 검증이 의무가 아닌 선택일 때도 마찬가지다. 조합이 원할 때 시공사는 공사비 검증에 협조해야 하고 그 결과에 따라야 한다는 점을 못박는 것이다. 이때 "할 수 있다"가 아닌 "해야 한다"로 하는 게 좋다.

✅ 분양대금 인출 순위

분양대금이 들어오면 조합은 공사비도 갚아야 하고 시공사 보증으로 금융기관에서 빌린 대여금도 갚아야 한다. 대여금에는 유이자와 무이자가 있다. 이때 상환 순서를 어떻게 정할지도 중요하다.

A 조합은 공사비 → 유이자 대여금 → 무이자 대여금의 순으로 상환하고, B 조합은 유이자 대여금 → 공사비 → 무이자 대여금의 순으로 상환한다면 어디가 유리할까. 공사비는 확정된 금액이고 유이자 대여

대여금 상환 순서

금은 이자가 붙으므로 B 조합의 계약이 유리하다.

공사비와 유이자 대여금의 상환 비율을 정할 수도 있다. 예를 들어 입금된 분양대금이 100억 원이면 공사비 30%, 대여금 70%로 구분해서 상환된다. 그러면 대여금 중 70억 원을 미리 갚게 되고 그만큼의 이자는 추가로 발생하지 않아 조합은 사업비를 아낄 수 있다.

✅ 설계도서에 대한 시공사의 검토 의무

설계는 기본적으로 조합의 책임이다. 그러나 이는 불가능한 일이다. 법적으로는 조합의 책임이지만 실질적인 책임을 질 수는 없다. 설계사도 공종별로 하도급을 주기 때문에 개별 공종으로 들어가면 설계사의 담당 프로젝트 매니저Project Manager, PM도 잘 모른다. 하물며 조합이 책임질 수는 없는 일이다.

하자가 발생하면 시공사는 설계 오류라 하고 설계사는 오시공 문제라고 한다. 조합은 설계사와 시공사 사이에서 뺑뺑이를 돈다.

이를 예방하려면 계약서에 설계도서에 대한 시공사의 검토 의무를 넣어야 한다. 시공사는 공사 착수 전에 설계도서를 검토해서 설계도서의 내용이 불분명하거나 누락·오류가 있거나 시공에 불합리하거나 중대한 하자가 예상되거나 현장 상황과 상이한 부분이 있거나 설계도서 간에 상호 모순이 있는 등의 이유로 설계변경이 필요할 때에는 사전에 조합에 통지해야 한다는 점을 명시하는 것이다. 그러면 하자 책임은 시공사의 몫이 되어 설계사와 시공사가 핑퐁을 하는 것도 막고, 하자 예방에 시공사가 선제적으로 나서게 할 수 있다.

✅ 지체상금

계약서에는 지체상금 조항을 둔다. 약속된 날짜까지 준공되지 않으면 시공사가 지연 일수에 일정한 비율을 곱해서 보상금을 지급한다는 조항이다. 돈도 돈이지만 준공 날짜를 지키지 못하면 시공사의 신용에 치명적이므로 이런 일은 거의 일어나지 않지만 만약의 경우도 대비해야 한다.

국가를 당사자로 하는 계약에 관한 법률(국가계약법)과 다른 조합의 계약서를 두루 참고하면 좋다. 국가계약법은 계약 당사자가 국가일 때 해당되므로 조합 같은 민간 영역에 그대로 적용할 수 없지만 참고는 된다.

검토 해야할 사항은 두 가지이다. 준공 지체의 사유와 보상금 산정 방식이다.

국가계약법에 따르면 시공사의 책임 없는 사유로 계약 이행이 지체되었다면 해당 기간은 지체 일수에서 제외된다. 조합의 잦은 설계변경, 분양 일정 지연처럼 조합 귀책은 제외하는 게 타당하다. 그러나 '시공사의 책임 없는 사유'라고 하면 너무 광범위하다. 내란과 전쟁, 천재지변부터 시작해서 폭우·폭설 같은 기상 이변, 국가 물류 마비, 인근 주민의 소음·진동·분진 민원까지 모두 제외되고, 오시공에 따른 공사 지연이나 자재 미수급 같은 한정적인 것만 시공사의 책임이 되기 때문이다.

시공사의 귀책은 아니지만 조합의 귀책도 아닌 모든 사유를 조합의 책임으로 두는 게 합리적인가? 인근 주민의 소음·진동·분진 민원처럼 시공사의 책임이 없다고 할 수 없는 부분까지 제외하는 것은 부적절해 보인다. 사안에 따라 협의해서 책임 비율을 나눌 필요가 있다.

　　보상금 산정 방식에서는 지체상금률과 지체상금 한도를 고려해야 한다. 국가계약법에 따르면 공사의 지체상금률은 1,000분의 0.5이고, 지체상금 한도는 총 공사금액 중 미준공된 부분 공사금액의 30%이다. 공사금액이 1조 원이고 이 중 미준공 공사금액이 1천억 원이며 지연 일수가 30일이면 지체상금은 15억 원이다. 지연 일수가 아무리 많아도 300억 원을 넘지는 못한다. 미준공 공사금액의 30%가 한도이기 때문이다.

　　재건축·재개발의 실제 계약은 국가계약법과 차이가 있다. 재건축·재개발에서 지체상금률은 1,000분의 0.5가 아닌 1,000분의 1이 보통이고, 한도는 30%가 아닌 5~10%인 계약이 많다. 5%보다는 10%가 조합에 유리하다.

　　국가계약법보다 계약의 한도가 낮은 것은 정부 공사와 재건축·재개발 공사의 차이 때문인 것 같다. 정부 공사에 비해 변수가 무척 많아 리스크는 큰데 공사 규모는 최소 수십 배라 만에 하나 준공 날짜를 못 지키면 시공사로서는 치명적이다. 그래서 한도는 낮추고 대신 지체상금률은 높인 것으로 보인다.

✅ 분양대금 지급 방식

분양대금은 일정한 기간에 따른 균등 분할 납부가 기본이지만 입주 시 100% 납부 조건으로 하기도 한다. 그러나 후자의 방식은 시공사에 큰 부담이다. 입주 때까지 공사비 금융비용을 전액 자부담해야 하기 때문이다. 이 정도 사항이면 입찰 조건에 미리 명시해야 한다. 계약 시점에 협상으로 관철하기는 어렵다.

분할 납부에도 두 가지가 있다. 분양불拂과 기성불이다. 아파트 분양사업은 보통 일정 기간 간격으로 대금을 지급하는 분양불로 한다. 그러나 아파트를 제외한 다른 공사에서는 공사 진행 상황에 따라 지급하는 기성불이 일반적이다. 수백, 수천의 수受분양자들이 공정률을 확인하는 것은 불가능하니까 아파트 사업은 분양불로 정착이 되었지만 재건축·재개발은 조합에서 기성 확인이 가능하므로 반드시 분양불로 해야 하는 것은 아니다.

기성불이 분양불보다 유리하다. 초기에는 공사비가 적게 들고 뒤로 갈수록 많아지므로 조합원이 초기에 내야 하는 분양대금은 적어지고 그만큼 금융비용을 아낄 수 있다. 분양 대금을 대출로 내야 한다면 초기 대출 이자를 줄이고 자기 돈으로 낸다면 예금 이자 수입이 보존되기 때문이다.

✅ 분양경비

일반관리비, 광고홍보비, 인쇄물제작비, 분양계약 체결, 대금수납 등 분양에도 돈이 필요하다. 단지가 크면 수십억 원이 들어간다. 협의하기 나름이다. 조합이 할 수도 있고 시공사가 할 수도 있다. 반반씩 할 수도 있다.

✅ 조합의 책임인 업무에 대한 시공사의 협조 의무 명시

거주자 이주, 보류지 판매 같은 것은 조합의 고유 업무다. 이때 조합이 하는 것으로 하되 조합의 요청이 있으면 시공사도 협조해야 한다는 점을 밝혀 놓으면 좋다.

✅ 공동명의 통장 관리

조합원 분담금과 일반분양분 아파트 및 상가 분양대금 입금 통장은 조합과 시공사 공동명의로 만든다. 대금이 입금되면 이 돈은 시공사가 지정하는 계좌로 자동이체되도록 설정된다. 공사비와 사업비 등의 원활한 상환을 위해서이다. 원칙적으로는 조합 단독통장으로 분양대금을 받아 시공사에 넘겨주는 게 맞지만, 그럴 경우 배달사고가 날 수 있다. 통장에 수백 수천억 원이 있으면 조합장이 돈을 빼돌릴 수도 있고 시공사에 제때 입금을 안 해서 말썽이 생길 수도 있다.

문제는 상환 완료 이후이다. 공사비와 사업비보다 분양대금이 많으므로 상환 완료 이후에도 통장에는 돈이 계속 들어간다. 이 돈은 시공사가 아닌 조합 돈이다. 시공사 지정 계좌로 자동이체가 계속되도록 놓아두면 조합 돈을 시공사가 가져가는 꼴이 된다. 조합의 배달사고를 막기 위해 공동명의와 자동이체라는 틀을 만들었는데, 그러자 이번엔 시공사의 배달사고가 생기는 것이다.

이 돈이 수백억 원이면 이자만 해도 꽤 되어 시공사가 원금을 언제 조합에 돌려주는지, 이자는 어떻게 계산할지를 두고 다툼이 벌어진다. 명색이 대기업인 시공사에서 치사하게 이런 돈에까지 눈독을 들일까

싶은데, 그렇게 볼 일이 아니다. 시공사마다 사업장이 한두 군데가 아니라 이걸 다 합하면 이자 수입만 수십억 원이 될 수도 있다. 시공사로서는 손 안 대고 거저먹는 짭짤한 소득원인 셈이다.

상환 완료 후에는 통장을 단독명의로 바꾸고 자동이체도 해지 해야 한다. 시공사에 추가로 들어간 돈이 있다면 즉시 상환하도록 하고, 해당 금액만큼의 이자도 정산해야 한다.

실내 인테리어부터
공용부까지

시공사는 수주할 때 다양한 특화를 제안한다. 그러나 공사가 시작되면 또 한 번의 특화가 이루어진다. 이유는 여러 가지다. 시공사가 수주 때 제안한 특화가 실제 계약서에는 제대로 반영되지 않았을 수도 있고 시공사 계약 시점과 실 착공일 사이의 기간이 늘어져서 트렌드가 바뀌었을 수도 있다. 특화 제안이 모호하고 알맹이도 없어 애초부터 속 빈 강정인 경우도 있다.

    우리 조합도 착공 이후에 다양한 특화를 해야 했다. 실내 마감재를 시작으로 외관, 조경, 커뮤니티 등 공용부 전체를 특화했다. 추진 방식은 사안별로 차이가 있었다. 조합과 조합원이 한 것도 있고, 전문가와 조합이 한 것도 있다. 전문가의 안을 놓고 조합원의 이해를 구한 게 있는가 하면 조합원의 의견을 고려해 전문가의 안을 수정한 것도 있다. 전문가의 안을 조합원이 망칠 수도 있고, 전문가의 안이라고 곧이곧대로 맹신하면 안 되는 때도 있기 때문이다.

조합원의 힘으로

시공사한테 외관, 조경, 커뮤니티 같은 공용부와 실내 인테리어의 중요도는 다르다. 공용부는 외부인에게 노출되어 시공사 평판에도 영향을 미치니까 나름 신경을 쓴다. 실내 인테리어는 다르다. 시공사는 어차피 소유주들은 입주하면 다 뜯어내고 자신들 취향에 맞게 새로 공사할 테니 적당히 해도 된다고 보는 경향이 있다. 마음에 안 드니 자기 돈을 들여 공사를 다시 하는 것인데, 다시 공사할 것이니 애써 신경 쓸 필요가 없다고 거꾸로 생각한다.

  우리 조합과 조합원은 TF를 꾸려서 실내 인테리어를 전면적으로 바꾸는 특화에 나섰다. 시작은 순탄치 않았다. 모델하우스 오픈 직후 참다못한 조합원이 들고일어났고 일차로 여성 조합원 3명이 의기투합해서 TF를 만들었다. 그 뒤에 이사 2명이 합류했다. 이전 조합에서는 마땅치 않아 했다. 이사 2명이 포함되어 있는데도 TF를 지원하지 않았다. 조합이 새로 출범하고 나서야 본격적인 활동을 할 수 있었다. 이사 2명과 조합장이 추가로 가세해서 총 8명이 되었다.

각별했던 것은 여성 조합원 3명이었다. 전문가 1명이 포함되어 있었고, 다른 2명이 헌신적으로 활동했다. 모두 생업을 갖고 있었는데도 누가 보면 TF 활동이 생업인 줄 알 정도였다. TF는 조합원의 열렬한 박수를 받았으며 박수가 헛되지 않은 결과물을 만들어냈다. 3명 사이에는 역할 분담이 있었다. 자재 선정, 시장 조사, 법규 조사를 나누어서 했다. 오래전부터 손발을 맞춰온 것처럼 팀워크가 좋았다.

사실은 일반 조합원이 할 수 있는 일이 아니었다. 일부 조합원의 온갖 요구 때문에 감정노동은 극한의 수준이었고 업체와 유착하는 게 아니냐는 의심과 불안의 눈길도 견뎌야 했다. 수십 가지 자재와 기기의 질감과 컬러, 물성物性과 가격, 특성과 장단점까지 다 조사해야 했기에 투입해야 하는 시간도 엄청났다. 없는 시간을 쪼개서 직장과 조합을 서둘러 오가느라 회의 수당을 훌쩍 넘는 교통비를 지출한 조합원도 있었다. 나중에 합류한 이사 2명도 힘을 보탰다. 시공사와 막판 협의와 몇몇 주요 마감재에 대한 교통정리를 담당했다.

나중에는 시공사도 마감재 교체 작업에 협조했지만, 조합원 3명이 앞장서서 길을 트는 헌신을 하지 않았다면 현재의 결과물은 나올 수 없었을 것이다. 외부의 어느 전문가에게 맡겼어도 이만한 완성도를 만들어냈을까 하는 수준이었다. 긴가민가 불안과 의심의 눈길을 보내던 조합원도 최종 결과물에 대만족했다.

자칭 전문가

그러나 조합원의 참여는 대체로 조심해야 한다. 조합원이 주도한 실내 마감재의 결과물이 좋았다고 해서 결과물의 질을 담보하려면 조합원이 주도해야 한다고 할 수는 없다. 그것은 성급한 일반화의 오류다. 우리 조합의 TF는 예외적인 사례다. 온전히 조합원한테 맡기면 반대 결과가 나올 가능성이 더 크다. 안타까운 일이지만 어이없는 일은 아니다. 전문가를 자처하는 조합원이 있다면 정말 전문가가 맞는지 잘 따져봐야 한다.

상근 임원과 사무장, 그리고 외부 업체들과 함께 많은 단지를 견학했다. 틈나는 대로 다녀왔다. 외관도 보고 조경도 보고 커뮤니티도 보았다. 어린이놀이터와 조명도 보았다. 그런데 무언가 자연스럽지 않고 어색한 부분을 가진 단지가 여럿이었다. 주변 조경과 어울리지 않고 튀는 시설이 있는가 하면 여러 장식과 색상으로 눈이 어지러운 커뮤니티도 있었다. 어디는 외관에 아쉬움이 있고 어디는 조경, 어디는 커뮤니티가 약간씩 부자연스러웠다.

동행한 업체 관계자에게 "저 디자인은 좀 이상한데 왜 저렇게 한 것 같습니까? 전문가가 보기에는 어떤가요?"라고 물었다. 그는 자신의 경험을 들려주었다. 자칭 전문가라는 조합원이 개입해서 디자인을 망치는 경우가 왕왕 있고, 저것도 그런 사례일 수 있다는 것이다.

재건축·재개발이 잘못되는 이유는 두 가지다. 조합이 업체에 맡기고 방치할 때와 아마추어 조합과 조합원들이 원칙 없이 마구잡이로 간섭할 때다. 몰라서 그렇지 후자의 해악도 상당하다. 마구잡이로 개입하는 그 사람이 조합원한테 영향력이 있거나 임원 혹은 대의원이라면 그것을 차단하는 게 만만치 않다.

대부분 조합원은 건축에 문외한이다. 디자인을 잘 아는 사람도 극소수다. 디자인의 좋고 나쁨을 평가할 수 있더라도 자기 손으로 디자인을 직접 할 수 있는 사람은 정말 드물다. 보는 것과 하는 것은 다르기 때문이다.

그러나 누가 전문가고 누가 전문가가 아닌지를 판단할 수 없는 조합원들은 같은 조합원에 대해서는 무턱대고 신뢰하고, 조합 관계자나 외부 전문가에 대해서는 색안경을 쓰고 보곤 한다. 그런 판에 자신은 조합원을 위해 없는 시간을 쪼개서 봉사하겠다고 하는데 조합이 도와주지는 못할망정 재만 뿌린다고 떠들고 다니면 조합원은 십중팔구 조합을 의심한다.

나도 경험한 일이었다. 자신이 어떤 분야의 전문가라며 찾아온 조합원이 있었다. 몇 번 만나보니 사실이 아니었다. 조합에 일자리를 구하기 위해 전문가 행세를 한 가짜였다. 우여곡절을 거쳤지만 결국은 조합 업무에서 배제되었기에 다행이지, 안 그랬다면 골치 아팠을 것이다.

조합장은 얼치기가 아닌 전문가, 장사꾼이 아닌 기술자를 가려내야 한다. 아마추어 조합원이 전문가의 영역에 함부로 개입해서 훈수 두지 못하게 해야 한다. "조합이 조합원의 의견을 무시한다", "조합장이 불통이다"는 비난이 날아올 것이다.

그러나 조합원의 의견을 다 듣는 게 소통이 아니다. 사업을 올바로 진행하는 방향 위에서 이루어지는 대화가 소통이지, 되는 얘기 안 되는 얘기 따지지 않고 다 들어야 하는 게 소통이 아니다. 조합장은 조합원의 의견을 들어야 할 때와 듣지 말아야 할 때, 조합원의 협조를 받아야 할 때와 간섭을 막아야 할 때를 구분해야 한다.

잘못하면 독이 되는 조합원 참여

가짜 전문가 조합원도 문제지만 비전문가 조합원 다수가 숫자의 힘으로 전문가의 안을 망칠 수도 있다. 우리는 외관 특화에서 그런 일이 발생할 수 있었다. 우리 단지 외관 특화는 아난티ANANTI를 설계한 SKM이 디자인했다.

그런데 자칫 형평성 논란이 불거질 수 있었다. 모든 동에 특화를 적용한 것도 아니고, 특화 수준 또한 동일하지 않았기 때문이다. 비용도 감당할 수 없고 디자인으로도 부적절했다. 그러나 이것을 조합원이 어떻게 받아들일지 걱정이 앞섰다.

많은 단지에서는 저층부를 화강석으로 마감한다. 그런데 동별 층수나 입지별 차이는 배제하고 3층이면 3층, 5층이면 5층으로 일률적으로 공사한다. 높이를 다르게 하면 형평성 논란이 생기기 때문이다. 우리 단지는 화강석이 아닌 세라믹 타일을 사용했는데, 차등적으로 마감했다. 어느 동은 2층까지, 어느 동은 3층까지 했다.

측벽에는 합금 패널과 세라믹 타일을 설치했다. 경관 조명을 위해 고층까지 길게 올라가는 간접 라인조명도 달았다. 모든 동이 아닌 외부에서 잘 보이는 일부 동에만 선택적으로 적용했다. 나머지 동은 일반적인 페인트 도장으로 마감했고 조명도 없었다.

특화 수준이 낮거나 특화에서 배제된 동의 조합원은 서운했을 것이다. 차등적 적용과 선택적 적용으로 불이익을 받았다고 느낄 수 있었다. 그러나 차등적 적용은 받아들이기 나름이다. 형평성을 훼손한 것으로 볼 수도 있지만 획일성에서 벗어난 것으로 볼 수도 있다. 다행히 많은 조합원이 공감해주었다. 합금 패널과 세라믹 타일, 간접 라인조명으로 이루어진 측벽 특화를 선택적으로 적용한 것에 대해서도 반발은 없었다.

디자인도 전문 영역이므로 전문가의 판단을 존중해야 한다는 점, 하나씩 손대기 시작하면 나중에는 누더기가 된다는 점을 모두 이해해주었다. SKM 원안이 그대로 통과되었고, 다수의 비전문가 조합원에 의해 전문가의 안이 훼손되는 일을 피할 수 있었다.

전문가의 몫

애초에 우리 조합은 커뮤니티 인테리어 작업도 조합원 TF로 하려고 했다. 마감재 TF의 활약으로 이미 검증되었기에 커뮤니티 인테리어도 조합원의 힘으로 가능할 것이라 보았다. 그러나 두 가지 이유로 포기하고 전문업체에 맡겼다.

먼저 너무도 극한 업무였다. 마감재 TF가 활동을 시작할 때만 해도 우리는 순진했다. 조합 업무가 어떤 것인지를 몰랐다. 처음에는 의인義人이면 되는 줄 알았는데 알고 보니 용자勇者의 미덕까지 갖춰야 했다. 요구와 요청, 불평과 불만이 쏟아지고, 말이 되는 것과 안 되는 것을 구분하지 못하는 일부 조합원 때문에 견뎌낼 사람이 없었다.

게다가 업무가 너무도 방대하고 복잡해서 생업을 가진 조합원의 봉사로 할 수 있는 일도 아니었다. 피트니스, 사우나, 골프 연습장, 식당, 카페, 스카이라운지, 북 클럽, 독서실, 체육관, 키즈 클럽, 다목적 강당, 음악연습실 등의 규모, 용도, 이용 연령대는 다 다르다. 마감의 방식과 수준, 조명과 컬러, 장식과 패턴은 하나의 커뮤니티로서 연속성과 동일성을 가지면서도 공간의 쓰임새에 따라 어느 정도의 개성과 차이를 유지해야 한다. 복잡성이란 면에서는 호텔이나 리조트보다 몇 배 더 하다. 우리나라의 커뮤니티 역사가 짧고 경험치를 보유한 업체도 드물기 때문에 더욱 난해한 일이다.

조합원이 봉사로 할 수 있는 일이 있고 없는 일이 있다. 생업에 지장이 없어야 하고 업무량이 회의 수당에 알맞은 정도여야 한다. 그 이상의 성과를 만들어낸다면 다행이지만 말이 쉽지 어려운 일이다. 그것을 바란다면 그만큼 보상해주어야 한다. 그렇지 않으면 전문가에게 맡겨야 한다. 커뮤니티 인테리어는 시공사가 별도의 업체에 외주를 주었고 조합과 업체가 협업해서 진행했다.

설계 따로 시공 따로?

전문가에게 의뢰하는 것으로 끝나지 않는 업무도 있다. 전문가와 전문가가 결합했지만 그 사이에 빈틈이 생길 수도 있다.

건축에서 문제 중 하나가 설계 따로, 시공 따로에서 발생한다. 설계에서 뽑은 이미지는 이쁜데 시공의 결과물은 비슷한 것 같으면서도 달라지는 때가 많다. 이때의 달라짐은 예외 없이 진보가 아니라 퇴보다. 거의 대부분 나빠진다. 건축 디자인에서 설계보다 좋은 시공은 없다고 해도 과하지 않다.

설계사는 설계만 하고 시공에서는 빠지는 경우가 많기에 설계사는 시공을 고려하지 않고 이쁜 것만 뽑아내면 끝이고, 시공사는 시공의 편의성을 위해 설계를 바꾼다. 처음에 본 이미지와 실물이 달라서 당황하는 것은 이런 관계 때문이다. 아침에 일어나니 온 세상이 하얀 눈에 덮였는데 해가 뜨면 눈이 녹아

지저분한 진창이 되는 것, 재건축·재개발에서 설계가 시공으로 바뀔 때 벌어지는 일이 이와 유사하다.

그래서 디자인 감리가 중요하다. 시공까지 고려한 설계, 설계에 충실한 시공이 되도록 해야 한다. 설계와 다른 엉뚱한 결과물이 나오지 않게 하려면 설계사와 설계 계약도 하고 디자인 감리 계약도 해야 한다. 우리 커뮤니티 설계업체는 감리 계약까지 체결된 상태였고, 덕분에 설계 원안이 거의 그대로 시공으로 이어졌다.

스토리텔링의 힘

전문가에게 모든 것을 의뢰하고 의존해야 하는 것은 아니다. 전문가가 미처 생각하지 못하거나 전문가의 안을 우리 단지 사정에 맞게 적용해야 할 때도 있다.

직선 위주로 지어진 다른 단지와 달리 우리 단지에는 곡선이 많다. 문주도 곡선, 옥탑 장식물도 곡선, 측벽 패널도 곡선이다. 단지 내 공원, 산책로, 수로의 선형에도 곡선이 많다. 곡선은 바람을 형상화한 것이다. 대모산과 양재천 사이에 있는 우리 단지의 자연친화적 입지 특성을 반영했다. 직선은 딱딱하고 경직된 느낌이지만 곡선은 부드럽고 편안한 느낌을 주니 주거지에 잘 어울리기도 했다.

그런데 이 가운데 측벽 패널에 대해서는 이견이 있을 수 있었다. 측벽 패널에는 곡선이 적용되어 있어서 바깥쪽에서 안쪽으로 올수록 돌출이 많이 된다. SKM의 디자인 원안에서는 곡曲의 정도가 컸다. 패널이 설치된 동의 뒷동에 사는 사람의 시야를 방해할 정도였다. 그래서 SKM 원안의 부드러운 곡선 느낌을 살리면서 안쪽 동의 시야를 가로막지 않는 선에서 절충했다. 덕분에 큰 반발은 없었다. 전문가의 원안을 존중하자는 도식에 빠져서 곡의 정도를 그대로 유지했다면 큰 문제가 되었을 것이다.

전문가의 안에 단지의 사정에 밝은 조합의 아이디어가 더해지면 더 좋은 안이 나오기도 한다.

우리 단지의 조경 콘셉트를 어떻게 잡을지 설계업체, 시공업체와 오랜 시간 토의했다. 조합원은 스토리텔링이 있는 조경을 원했다. SKM의 외관 디자인에는 자연친화성이라는 스토리텔링이 있었다. 곡선을 다수 적용한 것도 그렇고 도장이나 세라믹 타일 색상도 자연의 느낌이 나는 것으로 골랐다. 원안이 그대로 유지된 데는 스토리텔링의 힘도 컸다.

조경 설계업체와 시공업체는 제주 팽나무 숲, 영양 자작나무 숲과 같이 우리나라 여러 지방의 명소 숲을 우리 단지에 재현하려고 했다. 산책하다 쉴 수 있도록 단지 곳곳에 야외 가든도 여럿 만들려고 했다. 다 좋은데, 숲은 몇 개로 하고 가든은 몇 개로 할지, 기준점을 어떻게 잡을지는 없었다.

상근 임원이 우리 단지의 지번 주소가 189인 점에 착안

해서 아이디어를 냈다. 단지 중간에 커다란 바람길(통경축)이 있으니 그게 1이고, 명소 숲은 8개, 야외 가든은 9개로 하자고 했다. 조경 콘셉트는 'greenery 189'가 되었다. 스토리텔링이 담기니 설계안에 대해 조합원도 직관적으로 이해할 수 있었다.

POINT

- 조합원의 협조를 받아야 할 때도 있지만 간섭을 막아야 할 때도 있다.
- 업체의 디자인이 시공 중 제대로 구현되는지 살펴야 한다.
- 전문가의 안은 존중되어야 하지만 맹신은 피해야 한다.
- 조합원은 스토리텔링이 있는 설계를 좋아한다.

✓ 완벽체크 02 실내 마감재

- ☐ 색 — 전체적인 톤을 맞추었나?
- ☐ 창호
  - ☐ 거실, 침실, 주방 창호는 충분히 큰가?
  - ☐ 창호 분절을 최소로 했나?
  - ☐ 창호 프레임 재질은 무엇인가?
  - ☐ 창호 컬러는 무엇인가?
- ☐ 마루와 타일 — 마루, 아트 월 대리석, 현관과 욕실 타일 크기는?
- ☐ 주방 상판 — 오염에 강한가?
- ☐ 욕실 상부 장 — 습기에 강한가?
- ☐ 거실 전기 콘센트 — 아트 월과 맞은편에 모두 설치되어 있는가?
- ☐ 다용도실 출입문 — 미닫이인가, 여닫이인가?
- ☐ 실내 가벽 — 소음을 충분히 차단하는가?

- 배색에서 전체적인 컬러의 톤을 맞추어야 한다. 특정 마감재나 재료의 색이 튀면 조화가 깨진다. 전체적인 색 조화를 통괄하는 책임자가 있어야 한다.

- 실내 마감재 중 가장 중요한 게 창호다. 비용도 가장 크다. 시공사는 창호를 넓히는 것에 부정적이다. 공사비 때문이다. 골조에 들어가는 비용보다 창호에 들어가는 비용이 큰 것이다. 그러나 창호는 최대한 크게 만들어야 한다. 시야의 확보뿐 아니라 일조와 통풍에도 영향이 있다. 위아래도 크게 하고 좌우도 크게 해야 한다. 거실, 침실은 물론이고 주방 창호도 큰 게 좋다.

- 창호 유리가 너무 크면 나중에 문제가 될 수 있다. 입주 후에 유리가 파손되면 교체해야 하는데, 유리가 너무 크면 엘리베이터에 싣지 못할 수도 있다. 그럴 경우 옥상이나 지상에서 장비를 동원해야 하는데, 비용도 들고 조경이 훼손될 위험도 있다.

- 창호는 분절을 최소화하는 게 좋다. 분절이 적을수록 조망view이 좋아진다. 난간을 쇠창살이 아닌 유리로 하는 단지도 많아지고 있다. 통풍에는 안 좋지만 조망에는 좋다.

- 창호 프레임 재질에는 알루미늄과 PVC가 있다. 창호 프레임은 오랜 시간 더위와 추위, 빗물과 바람에 견뎌야 하므로 내구성이 강한

알루미늄 재질로 하는 게 좋다. PVC보다 고가라는 점은 부담이다.

- ✓ 창호 유리의 컬러는 그린, 투명, 그레이 세 가지다. 얼핏 보면 구분이 안 되지만 멀리서 자세히 보면 색감 차이가 난다. 보통 그린 유리를 쓴다. 투명 혹은 그레이 유리를 쓰면 식상하지 않고 좋다. 컬러별로 가격 및 공급 속도에 차이가 나니까 미리 살펴봐야 한다.

- ✓ 마루의 각 판은 큰 게 좋다. 판과 판 사이의 틈이 적어 관리에도 편하고 보기도 좋다. 아트 월의 대리석, 욕실 벽면 타일과 현관 타일도 마찬가지다. 욕실 바닥 타일은 다르다. 배관, 배수구, 변기가 있어 많이 절단해야 하므로 큰 것을 설치한 효과가 떨어진다. 발코니나 다용도실 바닥 타일도 마찬가지다. 벽면 타일은 큰 것으로 하고 바닥 타일은 적당한 크기로 하는 게 좋다.

- ✓ 마루든 대리석이든 타일이든 클수록 비싸다. 인건비도 올라가고 크기에 맞게 절단한 후 버려지는 손실분이 많아지기 때문이다.

- ✓ 원목마루는 자연적인 느낌을 주어 많이 선호한다. 그러나 무늬와 색의 톤이 균질감 있게 설치되지 않아 입주 후에 민원이 많이 발생한다. 살다 보면 마루에 손상이 가서 교체하는 일도 생기는데, 이때는 더 문제가 될 수 있다. 이미 설치된 마루의 무늬나 색 톤과 어울리는 것을 구하지 못할 수 있다. 무늬와 색 톤이 균질감 있게 시

공되도록 관리해야 하고, 이후 자재 수급에 문제가 없는지도 미리 살펴야 한다.

- 마루의 컬러에 따라 실내 공간감이 달라진다. 작은 평형은 밝게 하는 게 좋다. 실면적보다 넓어 보인다. 큰 평형은 너무 밝지 않게 하는 게 좋다. 무게감이 더해진다. 너무 밝으면 오염에 약하고 짙으면 실내 분위기가 어두워지므로 톤 조절을 해야 한다.

- 주방 상판은 김치와 같은 음식물로 얼룩지지 않도록 오염에 강해야 한다. 색상이 이뻐도 물성物性 자체가 오염에 취약하면 상판으로 쓰면 안 된다. 보기에 이쁘다고 혹하지 말아야 한다.

- 욕실 상부 장은 습기에 강한 것으로 해야 한다. 습기에 약하면 문짝이 금방 틀어지거나 손상된다. 경첩은 녹이 슬지 않도록 방청 작업이 잘 된 것으로 달아야 한다.

- 욕실 가구나 도기는 모서리가 날카롭지 않은 것으로 골라야 한다. 바닥의 물기에 미끄러져서 부딪히면 큰 부상으로 이어질 수 있다.

- 조망에 따라 소파 배치가 달라지기도 한다. 아트 월 맞은편에 소파를 배치하는 게 일반적이지만 아트 월을 등지고 소파를 놓는 게 조망에 좋을 수도 있다. 전기 콘센트를 아트 월과 그 맞은편에 모두 설

치해야 소파를 조망에 맞게 자유롭게 놓을 수 있다.

- ✅ 마감재 옵션 규모는 적정 수준으로 하는 게 좋다. 시공하는 현장 입장에서 옵션은 적을수록 좋다. 조합원에겐 많을수록 좋다. 그러나 너무 많으면 시공 관리가 어려워 하자 위험도 커진다.

- ✅ 붙박이장이나 중문은 기본 품목이 아닌 옵션으로 하는 게 좋다. 조합원이 기호에 따라 선택할 수 있게 해야 한다.

- ✅ 다용도실 문을 미닫이로 할 것인가, 여닫이로 할 것인가도 고려 사항이다. 미닫이는 공간 활용도가 좋고 여닫이는 기밀성과 단열성이 좋다. 다용도실이 좁다는 점을 생각하면 미닫이가 좋지만 난방이 안 되거나 약한 다용도실 특성상 여닫이가 좋은 점도 있다. 일반적으로는 공간 활용도를 우선하는 조합원이 많으니 미닫이로 하되, 기밀성과 단열성에 유의해야 한다.

- ✅ 요즘 아파트는 리모델링을 수월하게 할 수 있도록 세대 내 벽을 가벽으로 설치한다. 가벽은 콘크리트가 아닌 석고보드와 소음 차단재로 만든 것이다. 가벽 두께가 충분한지, 가벽 내 소음 차단재가 충분히 채워지는지 확인해야 한다.

✓ 완벽 체크 03 조경

- ☐ 조화와 균형   단지 전체의 조화와 균형을 고려했나?
- ☐ 채움과 비움   채움과 비움의 조화가 되어 있나?
- ☐ 수목
  - ☐ 현장에서 수목 상태를 확인했나?
  - ☐ 수목의 운송 방식을 확인했나?
  - ☐ 높이와 굵기의 비율은 적절한가?
  - ☐ 수형은 좋은가?
  - ☐ 수목의 건강 상태는 어떤가?
- ☐ 다양성   다양한 풍광이 연출되는가?
- ☐ 고사
  - ☐ 토양과 배수 시설을 확인했나?
  - ☐ 나무가 고사하면 교체가 가능한가?
- ☐ 하부식재   하부식재는 양호한가?
- ☐ 일조와 채광   세대의 일조와 채광을 고려했나?
- ☐ 인공 구조물   인공 구조물이 과한 것은 아닌가?

- 조경은 세 단계로 진화해 왔다. "많이 심으면 된다"면서 수량에 치중하던 시기를 거쳐, "멋지고 이쁜 나무를 심어야 한다"는 시기가 있었다. 지금은 수종까지 다양하게 갖추어야 좋은 조경으로 인정된다. 즉 수량 중심에서 수량과 수형으로, 다시 수량과 수형과 수종으로 진화했다.

- 단지가 넓다면 좌우와 상하 간에 조화와 균형이 필요하다. 구역별로 조경의 품질 차이가 크면 형평성 논란이 생긴다. 이를 예방하려면 먼저 식재 부지를 넉넉하게 확보해야 한다. 땅이 없어 나무를 심고 싶어도 심을 수 없는 상황도 생긴다.

- 채움과 비움의 조화, 즉 밀식한 구역도 필요하지만 비워놓는 구역도 필요하다. 단지가 수목으로 빽빽하면 울창한 게 아니라 답답한 느낌을 준다. 조경이 잘되어 있다고 평가받는 단지를 가보면 비워놓은 구역이 꼭 있다.

- 밀식도 과유불급이다. 적당한 수준으로 해야 한다. 수목에도 숨 쉴 구멍이 필요하다. 너무 빽빽하면 생육에도 지장을 주고 보기에도 답답하다.

- 나무는 실물로 보는 것과 사진으로 보는 게 많이 다르다. 주요 수목은 현장을 방문해서 건강 상태나 수형을 직접 살펴보는 게 좋다.

- 수목 농원에서 봤을 때는 가지도 많고 잎도 무성하지만 단지에 식재될 때는 앙상해지는 경우가 있다. 업자가 운송 비용을 아끼려 했기 때문이다. 많은 수목을 한꺼번에 가져오기 위해 가지를 잘라버린 것이다. 수목을 선택할 때는 운송 방식도 확인해야 한다. 농원에서 본 원래 상태 그대로 가져오게 해야 한다.

- 조경에서 가장 돈이 많이 드는 게 소나무다. 좋은 것은 억대고 웬만한 것도 천만 원을 훌쩍 넘는다. 과거에 비해 조경에 대한 투자를 많이 해서 요즘은 단지에 이런 고가의 나무를 대량으로 심는다. 그런데 어느 단지는 키만 크고 잎은 꼭대기에만 있는 이른바 '상투 소나무'로 도배했다. 돈을 개념 없이 썼다. 앙상해서 볼품도 없는 것에 너무 큰돈을 투자한 것이다. 소나무도 다양한 높이와 다양한 수형으로 고르는 게 좋다. 구역 특성상 어디는 키 큰 소나무가 필요하지만, 어디는 적당한 높이의 소나무가 더 좋다. 우리나라에서 가장 비싼 어느 아파트 단지의 소나무는 모두 키가 안 크다. 고도 제한이 있는 구역 특성상 모든 동이 10층 내외로 비교적 낮은데, 덕분에 키 작은 소나무와 건물이 잘 어울렸다. 높이와 굵기의 비율도 생각해야 한다. 비율이 적정하면 키가 작아도 보기에는 더 좋다.

- 조경업체는 나무가 죽었느냐 살았느냐, 그리고 높이와 굵기를 주로 따진다. 수형은 그다음 문제다. 고사하면 향후 다시 심어야 하니 공사비가 추가로 들고, 높이와 굵기가 도면과 일치하지 않으면

법적인 문제가 된다. 수형은 다르다. 수형은 법적 사항이 아니라서 시공사의 우선순위가 아니다. 입주민 입장에서는 높이나 굵기가 작아도 수형이 멋진 게 더 좋다. 시공사도 주요 수목의 수형은 챙기지만 그렇지 않은 것은 소홀히 할 수 있다. 조합이 나서서 적극 챙겨야 한다.

- ✅ 요즘 많은 단지는 주차장을 지하에 만든다. 지상에 차가 다니지 않아 아이들 안전에도 좋고 소음과 매연에서도 해방된다. 조경 면적이 확보되는 것도 큰 장점이다. 지상에 주차장이 있는 단지보다 계절별로 다채로운 조경을 즐길 수 있다. 수목에는 치명적이다. 자연지반이 아닌 인공지반 위에 식재되기 때문에 안정적인 생육환경이 보장되지 않는다. 그럴수록 나무는 더 건강한 것으로 가져와야 한다. 단지의 상징목으로 삼겠다고 수령樹齡 삼백 년짜리, 오백 년짜리를 심는데, 그러다 고사하면 제거할 수도 없고 애물단지가 된다. 야심 차게 거액을 들여 수령 오백 년짜리 나무를 심어 홍보도 많이 했는데 그만 죽어버려 이러지도 저러지도 못하는 단지가 있다.

- ✅ 나무에 수령이 몇백 년이라는 표지판을 달아놓은 단지도 있는데, 그게 맞는지는 의문이다. 유전자 분석 등의 방법으로 수령을 측정하는 게 가능하긴 하지만 업체에서 실제로 그렇게 했는지, 표기된 수령이 진짜 맞는지 확인해봐야 한다.

- 다양한 풍광을 만드는 게 중요하다. 소나무 숲, 꽃밭, 잔디공원, 여러 형태의 수∗공간을 다채롭게 조성하면 조금만 이동해도 다른 느낌의 공간이 나와서 산책이 지루하지 않고 단지도 넓게 느껴진다.

- 과거에는 한 구역에 이 나무 저 나무를 섞어 심는 혼식이 많았다. 지상에 주차장도 있고 도로도 있었으니 식재 구역이 넓지 않아서 혼식해도 큰 흠이 되지 않았다. 주차장을 지하에 만들어 조경 면적이 비약적으로 확대된 지금은 혼식을 하면 어디나 다 풍광이 비슷해진다. 구역별로 테마를 정해 특정 수종을 군집 식재하면 좋다.

- 조경을 할 때는 토양과 배수시설도 확인해야 한다. 나무가 죽어 교체했는데 다시 죽는다면 토양이나 배수시설 때문일 수 있다.

- 교체 식재가 어려운 공간에 수목을 많이 심으면 나중에 죽었을 때 작업이 어려워진다는 점도 미리 고려하면 좋다.

- 수목에는 한대 수종, 중부 수종, 남부 수종이 있다. 자작나무는 한대 수종이고 배롱나무는 남부 수종이다. 우리나라 기후가 아열대화되고 있기 때문에 한대 수종을 심으려면 이 나무가 원래 어디에서 자랐는지 살펴봐야 한다. 처음부터 비교적 춥지 않은 지역에서 자랐다면 적응할 수 있겠지만 그렇지 않으면 고사할 위험이 크다.

- 수종을 고를 때도 살펴야 할 게 있다. 은행나무는 수나무를 심어야 한다. 열매 냄새가 있으니 암나무는 피하는 게 좋다. 장례식장 분위기가 난다며 흰 꽃을 꺼리는 사람들도 있다. 어느 단지든 흰 철쭉은 아주 적거나 없고 빨간 철쭉이나 분홍 철쭉은 많은 게 이 때문이다. 조경을 다채롭게 하기 위해 흰 꽃도 심되, 과하지 않는 선에서 심는 게 좋다. 측백나무는 음식물 처리장이나 저층 세대 프라이버시를 위한 차폐용으로 쓰이는데, 형상 관리를 잘해야 한다. 시간이 지날수록 무성해지는 게 아니라 잎이 듬성듬성 빠져 차폐도 안 되고 보기에도 나쁜 경우가 생긴다.

- 수종에 따라 적절한 식재 위치를 골라야 한다. 장미는 사람 손이 닿지 않는 구역에 심어야 한다. 아이들이 가시에 다칠 수 있다. 산딸나무는 십자 모양의 꽃잎이 이쁘다. 너무 큰 것보다는 꽃잎이 잘 보이는 높이의 것 혹은 낮은 지대에 심는 게 좋다. 복자기는 새빨간 단풍잎이 이쁘지만 수피樹皮가 지저분하다. 복자기 앞에 키가 작은 다른 수종을 심는 다층 식재로 수피를 가리는 게 보기에 더 좋다. 산책로의 수종은 나무 밑동에서 가지까지의 지하고枝下高가 높은 것이어야 한다. 배롱나무처럼 지하고가 낮은 수종은 부적절하다.

- 하부식재에도 관심을 가져야 한다. 조경업체는 대부분 교목을 위주로 한다. 정원에 대한 안목과 조예를 갖춘 전문가가 귀하다. 하부가 온통 철쭉으로 도배된 단지가 많은 게 그 때문이다. 공간이 나오지

않아 큰 나무를 심기 어려운 구역은 차선책으로 하부식재를 멋지게 해서 보완해야 한다.

- 교목, 관목, 초화류가 조화를 이루는 게 좋다. 큰 나무가 많다고 좋은 게 아니다. 돈만 들고 보기에도 별로다. 관목과 초화류에도 신경써야 한다.

- 저층 세대 중에는 프라이버시 보호를 위해 거실 앞에 나무를 많이 심어달라고 요구하는 경우가 있다. 보행자가 많은 산책로는 그럴 필요가 있지만 그 외는 조심스럽다. 프라이버시보다는 일조와 채광을 중시해 큰 나무를 꺼리는 세대도 있기 때문이다.

- 인공구조물이 과한 단지도 있다. 수목은 시간이 지날수록 무성해지는 반면 인공구조물은 부식되고 상하므로 적당한 면적에 적당한 크기로 설치하는 게 좋다. 조경의 본질은 나무, 꽃, 돌, 물이어야 한다. 인공구조물이 과하면 조경을 해칠 수 있다.

- 요즘은 수* 공간도 많이 만든다. 여름에는 시원하고 좋은데 겨울에는 동파 방지를 위해 물을 다 빼서 바닥이 보이니까 썰렁한 느낌을 준다. 겨울철 야외 공간의 미감을 생각한다면 수 공간은 적정 수준으로 만드는 게 좋다. 바닥을 자갈로 깔지, 매끈한 타일로 깔지도 고민해야 한다. 자갈은 자연적이고 타일은 모던한 느낌을 주

는데, 시간이 지나면 자갈이 굴러다녀서 어지러울 수 있으므로 관리해줘야 한다.

- ✅ 지피류 중에는 일조가 충분해야 하는 양수 수종이 있는가 하면 그 반대인 음수 수종도 있다. 잔디는 극양수다. 일조가 충분해야 살 수 있다. 이런 기본을 소홀히 해서 잎이 무성한 교목을 대량 심은 후 바닥을 잔디밭으로 해 놓은 실수를 범하기도 한다. 이런 구역에는 음수인 맥문동을 심어야 한다.

- ✅ 입주 후에 나무가 죽으면 교체하면 된다. 하자이기 때문에 시공사가 알아서 교체한다. 조합이 걱정할 일이 아니다. 그러나 높이나 굵기가 작아진다는 점은 문제다. 이는 대량 구매와 소량 구매의 차이 때문이다. 처음에 식재할 때는 대량으로 구매해서 싼값에 더 굵거나 큰 것을 가져올 수 있는데, 나무가 죽어 교체할 때는 소량만 가져오므로 상대적으로 비싼 값에 높이나 굵기가 작은 것을 가져오게 된다. 교체가 많을수록 조경이 나빠지는 것은 이 때문이다. 입주 후에 고민할 문제라며 미루지 말고 교체 수목의 높이와 굵기, 수형의 기준에 대해서도 시공사와 미리 협의해 놓는 게 좋다.

✓ 완벽 체크 04 커뮤니티

- ☐ 크기와 종류   이용자가 어떤 시설을 얼마나 선호하는지 수요 조사를 했나?
- ☐ 채광   채광은 충분한가?
- ☐ 오염   자재가 오염에 강한가?
- ☐ 시선 간섭   산책하는 사람이나 세대와의 시선이 차단되어 있나?
- ☐ 인테리어   마감재의 컬러와 재질이 조화로운가?
- ☐ 공조시설   급기, 배기, 환기 등 공조시설 설계를 확인했나?
- ☐ 방진, 방음시설   방진, 방음 시설은 충분한가?
- ☐ 미끄럼 방지   수영장, 사우나 같은 물기가 많은 시설의 바닥은 미끄럼 방지 자재로 되어 있나?
- ☐ 안전사고   안전사고 위험에 노출된 시설이 있나?

- 이용자는 적은데 공간이 크고, 공간은 작은데 이용자는 많은 시설이 만들어지기도 한다. 사전에 수요 조사를 제대로 안 했기 때문이다. 인근 단지의 커뮤니티 이용도를 조사해서 시설별로 적정 규모의 공간을 설계해야 한다. 설계사가 이런 것까지 일일이 조사하면서 설계하지는 않는다. 그것은 설계사의 업무 범위 밖의 일이다.

- 단지가 크지 않으면 커뮤니티 전체 면적도 작을 것이므로 여러 가지 시설을 잡다하게 만드는 것보다 선호도가 높은 몇 개 시설에 선택과 집중을 하는 게 좋다. 사우나, 수영장, 피트니스, 식당, 골프 연습장의 선호도가 높은데 모두 적잖은 공간을 필요로 해서 규모가 작은 단지에는 고민거리가 된다.

- 지하는 용적률에 들어가지 않기 때문에 커뮤니티는 지하에 만든다. 그러나 사방이 벽으로 막혀 있다면 시각적으로 무척 답답하다. 조명을 아무리 밝게 해도 자연의 빛을 대신할 수는 없다. 세 면은 벽으로 막혀 있더라도 중정을 만드는 등의 방식으로 한쪽 면은 해가 들어오게 하는 게 좋다.

- 단지에 단차가 있다면 커뮤니티 시설에 유리하다. 자연 채광이 되기 때문이다.

- 수천 명이 이용하는 다중시설이므로 고급스러운 것 못지않게 오

염에 강하고 오래가는 자재를 고르는 게 중요하다. 사업성을 위해 주기적으로 큰돈을 들여 투자하는 리조트나 호텔과 달리 아파트는 큰돈을 들여 리모델링을 하기 어렵다. 그렇다고 고급스러운 자재를 중간에 급이 낮은 것으로 바꿀 수도 없다. 입주민들 눈이 높아져서 반발이 크기 때문이다. 이러지도 저러지도 못한 채 낡을 대로 낡고 훼손될 대로 훼손된 자재를 그대로 방치하게 될 수도 있다.

- ✓ 커뮤니티가 산책로 주변에 있거나 세대 거실과 마주 보고 있다면 시선 간섭이 문제가 된다. 시선 간섭을 최소화하는 배치를 하거나 수목 등으로 차폐하는 설계가 필요하다.

- ✓ 화려하게 만든다고 재질도 다르고 컬러도 다른 자재를 이것저것 붙이는 경우가 있다. 그러나 시야에 들어오는 자재의 컬러와 질감이 각양각색이면 눈이 어지럽고 촌스러워진다.

- ✓ 커뮤니티는 대개 천장고가 높기 때문에 유리도 대형 사이즈로 설치한다. 이때 유리를 분절하게 되는데, 분절은 하단에 하는 게 좋다. 상단을 분절하면 조망을 방해한다.

- ✓ 사우나와 수영장은 습도가 높다. 피트니스는 운동하는 곳이기 때문에 환기가 중요하고 땀을 많이 흘리므로 습도도 높다. 식당은 음

식 냄새가 문제다. 일일 이용자 규모를 예측해서 급기, 배기, 환기 등 공조空調, 공기 조절시설을 잘 설계해야 한다. 공조시설이 미흡하면 습기 때문에 불쾌하고 자재에 녹이 슬거나 마감이 훼손된다.

- 체육관, GX Group Exercise, 단체운동 시설, 골프연습장, 음악연습실 등은 방진, 방음 시설이 충분한지 사전에 확인해야 한다. 나중에 보완하려면 몇 배의 돈이 든다.

- 사우나, 수영장 같이 물을 많이 사용하는 시설은 바닥이 미끄럽지 않도록 미끄럼 방지non slip 자재로 마감해야 한다.

- "우리 단지 커뮤니티는 5성 호텔급으로 만들었다"고 선전하는 조합이 있다. 문제는 유지 관리이다. 아파트에서 호텔급 시설을 유지하기 위한 개선과 보수, 재시공, 관리 인력 등 비용을 충당하기는 어렵다. 처음 설계 때부터 이 점도 염두에 둘 필요가 있다.

- "우리 단지 주방장은 ○○호텔 주방장 출신"이라는 홍보도 마찬가지다. 아파트 식당에서 호텔급 식사를 기대하기는 어렵다. 한 번 식사에 수백 명이 이용하는 단체 급식이라는 점, 입주민은 종사자의 인건비에 민감해서 급여가 높은 호텔 출신 주방장을 고용하기 쉽지 않다는 점 때문에 맛의 퀄리티를 호텔급으로 내기는 어렵다. 지출하는 식비는 호텔급이 아닌데 호텔급 식사를 제공한다는 것

부터 앞뒤가 안 맞는 말이다. 외출의 번거로움을 피하고 단지 안에서 편하게 식사할 수 있다는 점, 맛과 영양, 위생의 평균치가 웬만한 동네 음식점보다 좋으면서 값이 비싸지 않다는 점에 만족하는 게 좋다. 단지를 홍보하는 것은 좋지만 기대치를 너무 높이면 나중에 실망감을 주게 된다.

- ✅ 식당은 주방 시설을 갖추는 게 맞다. 식당 공간은 만들었는데 주방 시설이 없어 케이터링 서비스를 이용하는 단지도 있다. 그러나 몇 시간 전에 조리된 음식을 외부에서 가져와서 데워 먹어야 하는 특성상 아무래도 만족도가 떨어진다. 주방 시설이 있지만 협소해서 제대로 활용하지 못하는 곳도 있다. 주방 공간은 넉넉하게 만드는 게 좋다.

- ✅ 암벽등반 시설처럼 안전사고 위험이 있는 시설은 꼭 필요한지 심사숙고해야 한다. 안전요원을 배치해야 해서 운영비가 늘어나고 사고가 생겼을 때 책임 문제도 불거진다.

✓ 완벽 체크 05 어린이 놀이터, 운동시설, 조명

☐ 어린이 놀이터
- ☐ 아이들이 재미있게 즐길 수 있는 시설인가?
- ☐ 놀이터별로 차별화가 되어 있나?
- ☐ 소음 정도에 따라 위치를 정했나?
- ☐ 놀이터 디자인이 주변 조경과 어울리는가?

☐ 운동시설
신체 부위별 종합적 운동이 될 수 있나?

☐ 조명
- ☐ 조경 조명에 디자인이 접목되어 있나?
- ☐ 빛 공해가 있지는 않은가?
- ☐ 조명 컬러를 고려했나?

- 아파트에 아이들을 위한 시설은 거의 없다. 그나마 있는 게 놀이터다. 그러나 아이들에게 인색한 어른들이 있다. 그래서 애들 노는 거 시끄럽다고 작정하고 재미없게 만든 놀이터도 있다. 실제로 그 단지 아이들은 옆 단지에 가서 논다. 그래서 그 아파트는 조용한 게 아니라 적막해졌다.

- 웬만한 단지는 놀이터를 서너 개 이상 만든다. 이때 각 놀이터의 콘셉트를 달리 해서 적절히 배합하는 게 필요하다. 초등학교 고학년 아이들을 위해 어드벤처 즐거움을 가미한 시설도 만들고 미취학 어린이들을 위해 안전을 우선한 시설도 만드는 것이다. 미끄럼틀도 길이와 형태를 다르게 해야 한다. 여기서 지루하면 저기서 놀 수 있다.

- 어드벤처 매력이 강한 놀이시설에는 아이들이 떠드는 소음이 나기 마련이다. 그런데 세 면이 아파트 건물로 둘러싸인 구역에 이런 놀이터를 배치한 단지도 있다. 소음은 공명을 일으켰고, 자기가 내는 소리가 공명을 일으키는 게 재미있는지 일부러 소리를 지르는 아이들도 있었다. 이런 콘셉트의 놀이터는 건물로 막히지 않는 구역에 배치해야 한다.

- 물 놀이터를 만들 수도 있다. 여름철 한두 달만 쓰는 시설이긴 하지만 아이와 부모의 만족도가 무척 높으니 공간만 나온다면 이 정도

투자는 하는 게 좋다. 대신 아이들 소음 문제가 있다. 어드벤처 놀이시설처럼 주변이 건물로 둘러싸이지 않은 장소를 찾아야 한다.

- 아이들은 유치한 것을 좋아한다는 것은 편견이다. 어른의 편견으로 놀이시설을 자극적인 원색으로 알록달록 촌스럽게 칠하는 경우가 있다. 주변 조경과도 어울리지 않는다. 그러면서 놀이시설은 재미없게 만들어서 아이들은 없고 썰렁하다. 기능적으로는 아이들이 즐길 수 있는 시설로 꾸미고, 색채는 주변 조경과 조화를 이루게 한다.

- 교육 기능이 가미된 놀이시설도 있다. 어른들은 좋아하지만 정작 아이들은 싫어한다. 그래서 늘 썰렁하다.

- 운동시설도 놀이터처럼 배합을 맞추는 게 좋다. 노령층에게는 운동시설이 단순한 재미가 아닌 건강을 위한 필수 시설이니 세심하게 살펴야 한다. 상체와 하체, 근력과 유연성, 키가 큰 사람과 작은 사람을 위한 시설을 골고루 배치해야 한다.

- 아파트에 적용되는 조명에는 경관 조명과 조경 조명이 있다. 우리나라는 둘 사이의 불균등과 부조화가 심하다. 경관 조명에는 많은 돈을 들여도 조경 조명에 쓰는 비용에는 인색하다. 적당한 간격으로 높이가 다른 등을 여기저기 설치하면 그만이라는 경향이 많다.

경관 조명은 외부에 노출되는 게 목적이고 조경 조명은 입주민의 쉼을 위한 것이다. 후자가 전자보다 결코 덜 중요하다 할 수 없으므로 후자에 대한 투자도 필요하다.

- 우리나라 아파트의 조명은 길을 밝히는 일차적 기능에 머물러 있다. 길에서 헤매지 말라고 불 좀 밝히고, 밤이라 안 보이니까 나무 좀 보이게 하는 단순 도구적 수준, 가로등을 좀 많이 꽂아 놓는 수준이 대부분이다. 조명에도 디자인을 접목하는 게 좋다. 그러면 아파트의 밤이 낮과 다른 분위기를 자아내고 조경도 돋보인다.

- 화려하고 이색적인 풍광을 만들려는 의도였는지 빛 공해를 뿜어내는 시설을 갖춘 단지도 있다. 상업지구의 현란한 오색등을 흉내 낸 시설이다. 눈도 피로하고 마음도 심란하다. 아파트는 쉬는 공간이지 노는 공간이 아니다.

- 조명 컬러에는 화이트 톤과 옐로우 톤이 있다. 화이트 톤이 밤을 낮처럼 만든다면 달빛을 닮은 옐로우 톤은 밤을 밤답게 만들어준다. 조명이 들어갈 공간의 성격에 따라 어떤 컬러를 선택할지, 단지 전체를 원 톤으로 할지 투 톤으로 할지 고민할 필요가 있다.

권한은 많고
권위는 적은 감리

2022년에 고층까지 다 올라간 광주의 한 아파트가 일시에 무너진 충격적인 사건이 터졌다. 콘크리트가 굳기 전에 층을 올리다가 하중을 견디지 못하고 슬래브가 주저앉는 바람에 건물이 붕괴했다. 2023년에는 준공을 앞둔 인천 검단 아파트의 지하주차장이 무너졌다. 무량판 구조의 특성상 슬래브의 붕괴를 막기 위해 슬래브와 기둥의 접합 부위에 보강근이 설치되어야 하는데, 그게 누락된 게 주원인이었다. 설계상 누락된 것도 있지만 설계에 있는데 시공에서 누락된 것도 있었다. 콘크리트 강도도 설계기준보다 낮았다.

    시공의 잘못도 있지만 감리의 잘못도 있는 사건들이다. 전자는 감리가 시공 관리를 부실하게 한 것이고, 후자는 관리뿐만 아니라 도면도 제대로 검토하지 않은 것이다.

건축 현장은 수없이 많고, 이런 사건은 일 년에 한두 번 있을까 말까 하니 이 두 사건만 갖고 감리 업무가 전반적으로 부실하다고 말하면 안 된다는 반론도 가능할 것이다. 그러나 드러내지 않은 채 쉬쉬하면서 넘어가는 문제가 많다는 점까지 감안해야 한다. 감리는 검측 소홀이나 미확인으로 부실시공을 묵인하기도 하고 판단이 애매한 경우에 시공사에 유리한 결정을 내려주기도 한다.

설계사와 시공사는 조합이 뽑지만, 감리는 행정청에서 선정한다. 공공이 개입하는 것이다. 감리 업무를 법과 규정에 위배되게 하면 벌점을 받고 그러면 다음 일감을 수주할 수 없도록 하기 위함이다. 그러나 빈틈은 여전히 많다.

감리의 판단 기준은 도면

우리나라에서 감독자에 대한 신뢰는 전반적으로 낮다. 감리도 마찬가지다. 시공사에서 정년을 마친 사람들이 인생 2막으로 감리를 선택하는 경우가 많다. 한창 일할 나이의 현역한테 감리는 직업 선택의 우선순위에서 밀린다. 의욕을 갖고 성실하게 일하는 사람도 있고 유능한 젊은 직원도 있지만 다수라고 할 수는 없다.

감리의 시공 판단 기준은 도면이다. 도면의 법 위반 여부를 판단하고 시공이 도면대로 되고 있는지 아닌지를 판단하는 게 주업무다. 인천 검단 사태를 보면 감리가 도면 검토를 제대로 하는지에 대한 불신도 갖지 않을 수 없는데, 일단 감리의 법적 업무는 그렇다. 어떻게 보면 감리는 기계적인 작업이다. 더 나은 공법, 더 나은 자재에 대해서는 고민하지 않는다. 공사비 절감 방안도 연구하지 않는다. 도면 이외의 판단 대상이 하나 있다면 공기다. 공기가 늦어지면 감리한테도 책임이 돌아간다.

권한과 권위의 부조화

스포츠에서 감독의 권한은 막강하다. 그러나 선수단에게서 권위를 인정받지 못한 감독은 권한 행사도 어렵고 팀 성적이 좋을 리도 없다. 감리와 시공사의 관계에도 이와 비슷한 면이 있다. 감리는 시공에 대한 감독 권한을 갖고 있다. 그러나 시공사는 감리의 권위를 인정하지 않는다. 감리에게 정중하고 낮은 자세로 대하지만 감리의 권위를 존중해서가 아니다. 권위가 없는 감독의 지시를 선수들이 건성으로 듣고 개인플레이를 하는 것과 비슷하다.

상황이 이렇다 보니 감리에게 시공에 대한 감독을 온전히 맡길 수 없다. 권한은 많으나 권위가 없어 권한 행사가 어렵기 때문에 관리 감독이 부실해질 가능성이 높다. 조합이 개입하지 않으면 안 된다.

더 큰 문제는 법령과 도면에 건축의 모든 세부사항이 망라되어 있지 않다는 점이다. 법과 규정에도 빈틈이 있고 도면에도 빈틈이 있다. 부실시공과 하자는 이 빈틈에서 집중적으로 나타난다. 그렇다고 조합이 감리를 제쳐놓고 공사 전반을 관리할 수도 없다. 감리가 기본적인 시공 관리를 하게 하되 그걸 제대로 하는지도 관리해야 하고 조합이 별도로 시공 관리를 해야 한다. 이중 삼중의 관리가 필요한 것이다.

법과 규정에 빈틈이 있어 부실시공의 위험이 있는 사안에 대해 조합이 요구하면 감리가 거부하지는 않는다. 광의의 의미에서 감리의 역할은 품질 관리고, 행정청에 제재를 요청하는 등의 방식으로 조합이 감리에 대해 관리 권한을 행사할 수도 있기 때문이다.

우리 단지가 건축 중일 때만 해도 라돈radon은 관리의 사각지대였다. 라돈은 화강석, 대리석, 타일에서 나오는 1급 발암물질이다. 화강석이 제일 많고 타일이 제일 적다. 대리석이 그 중간이다. 우리 단지는 화강석을 배제했고 대신 타일을 많이 썼다. 타일은 걱정이 안 되었는데, 아트 월에 붙이는 대리석이 문제였다. 국토교통부와 환경부는 라돈에 관한 관리 기준을 법제화했다. 우리는 적용 대상이 아니었다. 우리 단지 인허가 시점은 법 발효 이전이었기 때문이다.

그렇다고 손 놓고 있을 수 없었다. 라돈이 사회문제화되어 있었고, 우리 단지가 한창 건축 중인 시점에도 라돈이 문제된 단지가 생겨났기 때문이다. 1급 발암물질이다 보니 조합원들의 걱정도 깊었다. 법정 기준치 이내의 자재가 들어오게 해 달라고 감리에 요구했고 그렇게 되었다.

이 사례는 감리에 대한 관리 업무를 어떻게 해야 하는지에 대한 방향성을 제공한다. 조합은 오시공과 하자 가능성이 있는 모든 사안에 대한 체크 리스트를 만들어야 한다. 라돈처럼 법과 규정, 도면에 빈틈이 있어 부실시공과 하자 가능성이 있는 사안에 집중하면 효율적이다. 시공사 및 감리와 회의도 자주 하고 문서로도 남겨놓아야 한다. 부실시공과 하자 관리를 위한 용역업체를 별도로 뽑는 것도 고려할 만하다.

감리비 기준은 공사비? 건축 연면적?

준공이 임박해서 감리는 추가 비용을 청구하곤 한다. 준공에는 감리 도장이 필수라는 점을 악용하는 것이다. 근거가 전혀 없는 것은 아니다. 행정청에서 감리를 선정할 때 기초가 되는 자료가 건축 연면적과 공사비다. 시공사는 연면적을 기초로 공사비를 책정하는데, 감리는 연면적과 공사비를 기초로 감리비를 산출한다. 여기서 문제가 생긴다.

조합의 요청에 따른 다양한 특화 때문에 감리 입찰 시의 공사비와 준공 시의 공사비는 달라진다. 감리는 공사비가 올랐으니 감리비도 올려야 한다고 주장한다. 조합 입장에서는 연면적이 동일해서 감리 업무량도 달라진 게 없으니 감리비를 올릴 수 없다고 맞선다. 준공 승인을 얻기 위해서는 감리의 도장이 필요하니 시간에 쫓기는 것은 조합이다. 할 수 없이 적당한 선에서 타협하기도 한다. 감리 업무량은 건축 연면적에 따라 규정될 뿐 자재가 저급이든 고급이든 똑같으므로 현명하게 대응해야 한다.

판례도 있으니 참고하면 좋다. 단 이 판결은 조합과 감리 사와의 계약에 근거해 내려졌다. 계약서에는 감리비는 공사비에 연동된다는 조항이 없었기 때문에 법원도 감리비는 연면적의 증감을 기준으로 해야 한다고 했다.

우리 조합도 공사 막판에 감리비 인상을 둘러싼 논란이 있었다. 오랫동안 협의했으나 정리가 되지 않았다. 운 좋게 A 조합이 이긴 판결문을 구할 수 있었다. A 조합의 소송을 이끈 법무법인이 마침 우리 조합의 자문 업체였고, A 조합의 감리 계약서와 우리 조합의 그것이 유사했다. 이 판례 덕분에 우리 조합은 감리비를 연면적으로 정산했고, 협상을 마무리할 수 있었다.

POINT

- 감리의 권한과 권위는 비례하지 않으므로 현장 관리에 대한 조합의 별도 대책이 필요하다.
- 부실시공과 하자 위험에 대해 조합이 체크 리스트를 만들어서 집중 관리해야 한다.
- 감리비는 공사비가 아닌 연면적을 기준으로 해야 하므로 감리 계약서에 이 점이 반영되어야 한다.

✓ 완벽 체크 06 감리

- ☐ **자재와 공법 검증**   자재 품질과 공법 안전성에 대해 감리의 확인을 거쳤는가?
- ☐ **타설**   우기와 동절기 타설 기준이 있는가?
- ☐ **배근**   배근 작업 상태는 양호한가?
- ☐ **밀도**   밀도 높은 작업이 중요한 공종의 작업 상태를 확인했는가?
- ☐ **물 관리**   구배와 배수는 양호한가? 방수 조치는?
- ☐ **소음, 진동 등**   소음, 진동, 냄새, 배기, 급기, 환기는 적정한가?
- ☐ **실내 인테리어**   세대 마감 관리를 잘 하고 있는가?
- ☐ **작업 수당**   야간, 휴일 작업 수당은 시공사에 청구하나?
- ☐ **조합 직발주**   조합 직발주가 있지는 않은가?

- 현장 점검은 횟수가 중요한 게 아니다. 현장 점검은 중요한 때, 포인트를 잡아서 하는 게 좋다. 조합 단독이 아닌 감리 및 CM과 함께하는 게 좋다.

- 감리도 경험에 의존하는 경우가 많다. 경험에 오류가 있어도 그것을 인지하지 못해 반복해서 오류를 범하기도 하고 법령 개정 사항을 미처 알지 못해 과거의 기준을 고집할 수도 있다. 감리의 지적이 법적으로 타당한지 확인할 필요가 있다.

- 건축에서 가장 중요한 게 안전이고 다음이 내구오염성이며 마지막이 미관이다. 건축 심의부터 특화까지 진행되는 일련의 과정에서 이 중요도가 바뀌면 안 된다. 안전불감증에다 눈에 보이는 이쁨에 혹할 수 있으니 조심해야 한다.

- 공사 현장에 새로운 자재와 공법이 적용되면 감리가 자재의 품질과 공법의 안전성에 대해 반드시 확인하도록 해야 한다.

- 시공사의 설계변경에 대해 조합이 일일이 확인하는 것은 불가능하다. 설계변경은 수시로 이루어지기 때문이다. 구조 변경, 하자 위험이 있는 것 등 중대한 사항에 집중해서 감리가 검토 보고서를 제출하도록 하는 게 좋다. 시공성 개선, 공기 단축, 비용 절감 등의 사유별로 분류해서 보고하게 하는 방법도 있다.

- 골조의 안정성에 직결되는 게 수분 함유량과 기온이다. 콘크리트에 빗물이 유입되거나 기온이 낮을 때 타설하면 강도가 약해지기 때문이다. 우기와 동절기의 콘크리트 타설 조건을 시공사, 감리와 공유해서 준수하도록 해야 한다. 강우량 얼마 이상, 기온 얼마 이하면 타설하지 않도록 하는 것이다. 그러나 시공사는 공기를 이유로 강행하고 감리가 묵인해주기도 하므로 주의가 필요하다.

- 철근 작업은 강도, 두께, 간격에 맞추어서 해야 한다. 철근 간격이 좁아지거나 멀어지지 않도록 위치를 고정하는 작업도 중요하다. 콘크리트가 타설되고 나면 철근 작업이 어떻게 수행되었는지 모른다. 도면과 시방서를 기초로 타설 이전에 배근 작업 현황을 확인해야 한다.

- 단열재, 콘센트 주변의 우레탄 폼 충전, 층간 차음재, 조적 공사 등은 빈틈이 없도록 빽빽하게 작업해야 한다. 그러나 철근 작업과 마찬가지로 마감 공사를 일단 하면 밀도를 확인할 수 없다. 마감 공사 전에 작업 상태를 육안으로 직접 확인해야 한다.

- 결로는 두 가지로 구분된다. 먼저 단열 부실이다. 단열 라인이 중간에 끊어지지 않는 연속적인 형태를 취해서 냉교 冷橋 현상을 차단하고 창호와 벽체 단열재 사이, 단열재와 단열재 사이, 콘센트 주변의 빈틈을 우레탄폼으로 촘촘하게 메꾸어야 한다. 유리에 결로가 맺

히는 것은 자연적 현상이지만 창호 프레임에 결로가 생기면 창호와 벽체 단열재 사이가 꼼꼼하게 메꾸어지지 않았기 때문일 수 있다. 단열 공사는 열 손실도 손실이지만 곰팡이 때문에 점검을 잘해야 한다. 결로는 신축 효과 때문이기도 하다. 신축 아파트의 콘크리트는 다량의 수분을 머금고 있다. 수분 증발에는 몇 년의 시간이 필요하다. 구축보다 신축에 결로가 많을 수밖에 없다. 이 수분이 유리에 달라붙어 결로가 생긴다. 신축일수록 밀폐력이 좋은 창호를 쓰는 것도 이유이다. 창호 밀폐력이 좋으니까 수분이 증발할 틈이 줄어든 것이다. 환기를 잘하면 되므로 하자는 아니다.

- ✓ 물 관리도 중요하다. 구배가 불량하면 세대 욕실에는 곰팡이가 피고 산책로에는 물웅덩이가 생긴다. 지하주차장에 누수가 생기면 빗물이 석회수가 되어 차량을 손상시킨다. 기후 변화의 시대를 맞아 기록적 집중 호우에 대비하기 위해서는 배수에도 신경 써야 한다. 배관도 땅 밑에 있는 것이라 일단 덮으면 확인이 어렵다. 미리 도면을 검토해서 배관 크기가 충분한지, 경사가 잘 잡혀 있어 빗물이 무리 없이 빠져나갈 수 있는지, 지하주차장 방수 작업 상태는 양호한지 확인해야 한다.

- ✓ 눈에 보이지 않는 것도 관리해야 한다. 보이는 것은 나중에라도 고치면 되지만 보이지 않는 것은 미리 바로잡지 않으면 수습이 어렵다. 소음, 진동, 냄새, 배기, 급기, 환기를 잘 챙겨야 한다.

- 엘리베이터가 지나가는 통로는 침실에서 멀어야 한다. 소음이나 진동이 발생할 수 있다. 설계상 불가피해서 침실 가까이 두었다면 방음, 방진 조치를 취해야 한다.

- 지하주차장에는 화재감지기를 설치한다. 그런데 지하에는 습기가 많고 밑으로 내려갈수록 더 많아진다. 화재감지기는 수분에 취약해서 오작동이 발생할 수 있다. 돈이 들더라도 방수형 제품을 설치해야 한다.

- 첫째 소음·진동, 둘째 냄새·환기, 셋째 단열·결로, 넷째 방수는 4대 주거 성능 공사이다. 특별히 관리해야 한다.

- 실내 인테리어 마감도 관리해야 한다. 창호·가구·대리석·타일의 수직과 수평, 대리석과 마루의 마감 재질과 광택의 균일성, 바닥과 걸레받이 사이의 이음매 마감, 욕실 구배, 각종 자재의 손상이나 오염도 등은 민원이 많이 나오는 공사이므로 감리가 제대로 검수하도록 해야 한다. 감리 업무는 도면이 기본이다. 다시 말해 자재의 수직 수평이나 톤의 균질감처럼 도면에 없는 사항은 소홀히 하기 쉽다. 넓은 의미에서 감리의 역할은 품질 관리이고 세대 마감도 품질 관리이므로 관리가 되도록 해야 한다.

- 조합의 요청 사항에 의한 게 아니면 야간, 휴일 작업 수당을 청구

할 수 없음을 분명히 해야 한다. 야간, 휴일 작업은 시공사의 작업 일정에 따른 것이기에 시공사에 청구해야 하는데, 시공사는 조합으로 미루고 감리도 조합에 청구하곤 한다.

- ✓ 건축 현장에서 자재를 공급하거나 시공하는 업체는 대부분 중소기업이거나 영세업체다. 재무 상태가 불안정하고 서비스 의식도 낮아 물건 납품하고 돈만 받으면 나 몰라라 하는 데도 많다. 그러므로 조합 직발주는 피하는 게 좋다. 직발주는 시공사에 관리 명목의 간접비를 주지 않으므로 비용을 아낄 수 있다. 그러나 비용을 아끼려고 직발주했다가 하자가 발생하면 보수 책임은 온전히 조합이 져야 하는데, 업체에서 나 몰라라 하면 대책이 없다. 간접비가 들더라도 모두 시공사에 맡겨야 한다. 간접비 조금 아끼려다 수습 불가 사태를 맞을 수 있다.

현장은 협조도 필요하고
관리도 필요

1군 시공사에서 일하는 친구 L에게 현장과 협상하는 방식에 대해 자문을 구했다. L은 현장의 공기 관리에는 꼭 협조해야 한다고 했다.

"시공사 본사와는 싸우더라도 현장과는 마찰을 적게 하고, 협조할 수 있는 것은 최대한 협조하는 게 좋다. 현장에서 제일 중시하는 것 중 하나가 공기 관리다. 현장은 수많은 시공업체와 자재업체를 관리해야 한다. 하나라도 삐끗하면 일정이 다 틀어지는 일이 비일비재하다. 그러다 보니 늘 시간에 쫓긴다. 현장에서 언제까지 의사 결정을 해달라고 조합에 요청하면 지켜주는 게 좋다. 조합도 현장에 아쉬운 소리 할 일이 많다. 현장의 협조를 받으려면 조합도 현장에 협조해야 한다."

공사 중단은 마지막 카드

조합이 시공사의 공기 관리에 도움을 주는 것은 어려운 일이다. 그러나 그것을 방해하지 않도록 노력하는 정도는 할 수 있다. 공사 중단과 같은 극한의 카드를 사용하는 경우가 있는데, 이는 정말 조심해야 한다. 잘못 사용하면 조합의 발목을 잡는 수준이 아니라 목을 죄게 된다. 우리 조합도 초기에는 시행착오를 거쳤다.

조합장 취임 이후 실내 마감재 교체를 두고 시공사와 협상을 했는데 여의치 않았다. 시공사는 대체로 부정적이었다. 시공사와 협상에서 주도권을 잡기 위해 어떤 방법이 가능한가를 놓고 여러 의견이 오갔다. 그중 하나가 공사 중단이었다.

시공사는 영업과 현장을 축으로 돌아간다. 영업은 우리 조합에 대한 총괄 담당자다. 계약부터 조합 관리, 자금 집행까지 권한이 많다. 모델 하우스 개선에 대해 영업과 협상이 제대로 안 되니 현장을 통해 우회적으로 압박하자는 의견이 나왔다.

마침 논쟁의 여지가 있는 공사가 하나 있었다. 시공사가 조합의 사전 승인 없이 진행하던 공사가 있었던 것이다. "이 정도면 최소 석 달은 공사를 중단시켜도 시공사가 할 말이 없을 것"이라고 누군가가 나서서 주장했다.

그러나 자세히 살펴보니 과거 조합의 잘못이었다. 시공

사는 오래전부터 공사 진행을 위한 절차를 밟아주기를 요청했는데 조합이 차일피일 미룬 것이었다. 이 문제로 공사 중단이 장기간 이어져 준공이 늦어지면 조합에 책임이 돌아올 수 있었다. 며칠 후 뒤늦게 사태를 파악하고 공사 재개 지시를 내렸다.

영업과 현장을 연계한 협상 전략은 잘못된 것이었다. 공사를 중단시키려면 중대한 오시공, 발주자의 승인 없는 중대한 설계변경 등 명확한 근거가 있어야 한다. 영업과 협상이 안 된다는 이유로 경미한 오시공을 지렛대로 삼거나 조합의 책임을 시공사에 전가하는 방식으로 공사 중단 지시를 내리는 행위는 삼가야 한다. 시공사와 감정적으로 틀어져 후유증이 크고 준공 지연에 따른 법적 책임도 져야 한다.

준공이 늦어지면 시공사는 지체상금을 문다. 돈도 돈이지만 시장에서 신용도 추락한다. 시공사에게 준공 일정은 목숨 걸고 사수해야 하는 지상 명령인 것이다. 바로 이 점을 시공사의 약점이라고 보고 공사 중단 카드를 사용하는 조합이 실제로 있었다. 그러나 그 조합은 시공사의 되치기에 당했다. 시공사에 준공 지연의 귀책 사유가 있어야 하는데 그런 것은 따지지 않고 막무가내로 질렀기 때문이다.

현장의 공기 관리에 협조해야 한다는 친구 L의 조언은 가깝게는 하자 관리를 위한 것이기도 하다. 공기에 여유가 있을 때보다는 시간에 쫓길 때 하자 발생 가능성이 크기 때문이다. 그러나 이것을 판단하기 어려운 때가 많다.

시공사는 늘 시간이 없으니 빠른 결정을 해달라고 요청한다. 현장 공정을 정확히 모르는 조합으로서는 그게 도대체 얼마나 급한 일인지 알 수가 없다. 엄살을 부리는 것 같기도 하고 진짜인 것 같기도 하다. 조합의 입장도 있다. 조합 또한 의사 결정을 하려면 자료 조사도 해야 하고 의견 수렴도 해야 하며 이사회, 대의원회 절차도 밟아야 한다. 시간에 쫓기면 의사 결정이 부실해질 수 있다.

즉 시공사와 조합은 시간에 관한 한 상충 관계에 있다. 빠른 결정을 해달라는 시공사의 요청은 조합의 부실한 의사 결정으로 이어지며, 조합이 충분한 시간을 갖고 의사 결정을 하면 시공사를 시간에 쫓기게 만들어 하자로 이어질 수 있다.

조합과 시공사가 협조하면서 공기를 관리하기 위해서는 상당한 신뢰가 있어야 한다. 조합은 시공사가 공기에 쫓기지 않게 하고, 시공사는 조합에 충분한 검토 시간을 주어야 한다. 지금의 풍토에서 하루이틀에 될 문제가 아니다. 그러나 방향성을 갖고 꾸준히 노력한다면 좀 더 나은 결과를 가져올 것이다.

어떤 경우든 돌관공사는 피해야 한다. 공사에는 선행과 중간과 후행 공정이 있는데, 시간에 쫓겨서 순서를 무시한 채 마구잡이로 공사하면 하자 위험이 커진다. 조합과 시공사가 갈등이 있더라도 돌관공사까지 해야 하는 상황만큼은 막아야 한다.

시공사와 현장은 투 트랙으로

시공사 본사와 각을 세울 수도 있고 영업과 각을 세울 수도 있다. 그러나 현장과 각을 세우는 것은 피하는 게 좋다. 시공사마다 현장에 부여하는 권한이 다를 수 있는데, 우리 단지의 현장은 거의 공사만 전담했다. 계약에 대한 협상 권한이나 공사비에 대한 결정 권한은 없었다. 조합과 각을 세울 일이 적었다. 이런 경우라면 하자 관리에 관한 게 아닌 한 현장과는 최대한 원만한 관계를 유지하는 게 좋다.

현장에서는 수시로 협상이 일어난다. 시공사는 시공성 개선, 공기 단축, 비용 절감 등 여러 이유로 설계변경을 요구한다. 하자 위험이 없고 공사비가 증액되는 게 아니라면 응해주는 게 좋다.

조합도 수시로 설계변경을 요구하게 된다. 착공 전에 충분한 시간을 갖고 미리 챙기면 좋았겠지만 그렇지 못한 경우도 많다. 미처 파악하지 못한 게 뒤늦게 발견되기도 하고 한번 고친 것을 다시 고쳐야 할 수도 있으며 이미 종결된 사안인데 추가로 요청해야 할 일도 많다. 한참 공사 중인데 설계변경이 이루어진다면 공정 관리가 어려워지므로 현장은 난색을 표하기 마련이다.

그러나 조합이 현장의 요구에 협조적이면 현장도 조합에 협조적이다. 인간적 신뢰가 있으면 어려움이 따르더라도 조합이 요구하는 것을 들어준다. 우리 현장에도 그런 일이 있었다. 조합이 요청한 사안 중에 들어주면 좋지만 안 들어줘도 뭐라 할 수 없는 사안이 있었는데, 조합의 입장을 이해하고 현장에서 응해주었다.

추가된 패키지 옵션

그것은 옵션의 추가였다. 그러나 품목 한두 개를 추가하는 게 아니었다. 우리 조합의 세대 옵션은 패키지 방식이었다. 조합원은 옵션 품목을 개별적으로 고르지 않았다. 조합과 TF에서 열 개 넘는 품목을 패키지로 묶었다. 마루, 아트월, 주방 상판, 욕실 도기, 욕실 상부장, 드레스룸, 화장대, 수전을 망라했다. 이 옵션은 주방을 대면형으로 바꾸는 것도 포함된 것이었기에 대면형 옵션으로 불렀다.

조합원들은 패키지를 선택할 것인가, 말 것인가를 고르는 식이었다. 도 아니면 모였다. 패키지를 선택하면 열 개가 넘는 마감이 다 바뀌고, 아니면 하나도 바뀌지 않는다. 이는 조합원 개인의 취향에 맞게 옵션을 고르는 게 아니라는 문제가 있었지만 당시에는 대안이 없었다. 착공한 지 한참 지난 후라서 세대별로 저마다 다른 옵션을 분류해서 공사하기에는 시간이 없었기 때문이다.

지금 돌아보면 이 방식의 장점은 컸다. 일반적인 옵션

방식은 치명적인 문제를 갖고 있다. 돈은 돈대로 쓰는데 결과물의 완성도를 장담할 수 없다. 디자인 안목이 뛰어나지 않은 대다수 조합원들이 저마다 알아서 옵션을 선택하면 하나하나의 자재는 좋아도 전체적인 배색과 질감의 조화가 깨지는 중구난방의 불협화로 옵션을 안 하느니만 못할 수 있기 때문이다. 실력은 있지만 개성 강한 선수들이 모인 바람에 팀워크가 엉망이라 성적이 안 나오는 스포츠팀과 유사해지는 것이다. 패키지 옵션은 전문가의 손으로 만든 것이기에 이런 위험을 피할 수 있었다.

가격도 착했다. 전용 $84m^2$ 기준 1,200만 원대였다. 개인이 했다면 4~5배 이상 들었을 것이다. 이는 세대 기본 마감이 일정한 수준 이상이기도 했지만, 가격 협상이 잘 된 덕분도 컸다. 낱개의 품목을 조합원이 알아서 고르는 일반적인 방식에서 조합은 가격 협상에 아무래도 소극적이다. 그러나 옵션을 패키지로 묶은 게 조합이니 가격 협상에 조합이 나서지 않을 수 없었고 협상력도 커졌다. 업체 입장에서도 대량 구매가 예상되니까 단가를 낮출 여지가 많아졌다.

아쉬운 것은 옵션이 대면형 옵션 하나였다는 점이다. 조합원들은 옵션의 추가를 원했다. 아무리 열 개 넘는 품목을 패키지로 묶었다 해도 선택지가 단 하나였으니 아쉬운 마음이 없을 리 없었다. 대면형 주방을 낯설어하는 조합원들의 아쉬움이 특히 많았다. 조합과 TF는 패키지 옵션을 하나 더 만들었다. 대면형 옵션처럼 열 개 넘는 품목을 묶은 것이었다. 주방이 원래대로 벽을 마주하는 방식이어서 이는 벽부형 옵션으로 불렸다. 현장에 이 옵션을 추가해달라 요청했다. 그러나 부정적인 답이 돌아왔다. 이미 공기에 쫓기는 상황이라 더 늦출 수 없다는 것이다. 아무리 얘기해도 요지부동이었다. 현장의 고충도 엄살은 아니어서 조합도 포기하고 있었다.

그런데 어느 날 현장 소장이 뜻밖의 제안을 했다. 추가된 패키지 옵션까지 진행하겠다고 한 것이다. 조합도 포기했으니 현장도 모른 척하고 넘어가면 그만이었는데 먼저 나서서 조합의 요구를 받아주었다.

벽부형 옵션을 선택한 조합원이 400명이 넘었다. 1,100명을 넘은 대면형 옵션 선택자보다는 적었지만 400명도 적은 숫자는 아니었다. 옵션 추가로 최소한 이 400명은 자신의 집에 자신의 선택을 담을 수 있었다.

재건축·재개발이 아무리 험해도 전쟁보다 험할 수는 없다. 전쟁터에도 휴머니즘이 있는데, 재건축·재개발에 손익 계산만 있어서야 되겠는가. 유불리를 따지지 않은 현장 소장에게 감사했으며, 이는 그동안 쌓아온 신뢰의 결과물이기도 했다. 옵션이 추가되면 시공사의 수익이 많아지고 현장 소장도 공을 인정받을 수 있으니 좋은 일이지만, 당장의 업무가 많아지니 책임자 입장에서 달가운 일은 아닌데도 조합의 요청에 응해주었다.

명절마다 떡을 돌리다

몇 년 전에 서울 재개발 사업장의 50대 현장 소장이 집에서 투신한 일이 있었다. 식물인간이 되었다고 한다. 소장은 공기 압박, 공정 관리, 하도급 업체 관리, 비용 절감과 같은 본사 요구에 늘 시달린다. 조합과 관계까지 틀어지면 상상을 넘는 압박을 받는다. 소장이 투신한 이유에는 조합과의 불화도 있었다고 한다.

우리 조합은 명절마다 현장에 떡을 돌렸다. 조합 돈이 아니라 조합원이 자발적으로 낸 기금으로 했다. 공사도 사람이 하는 것이니 인정이 빠질 수 없고 현장과는 최대한 우호적 관계를 유지하려고 했다. 초기에는 갈등도 많았지만 그 후에는 비교적 원만했다. 명절마다 떡을 돌린 것도 긴장과 알력을 누그러뜨리는 데 한몫했을 것이다.

현장에서는 여러 실수가 일어난다. 자잘한 사고도 나고 오시공도 한다. 구조적인 게 아니고 불가역적인 것도 아니며 자주 발생하는 게 아니라면 원만하게 처리하는 게 좋다. 현장의 실수를 약점 삼아 한몫 뽑겠다는 식의 속 보이는 접근은 안 하는 게 좋다. 거짓말을 하거나 은폐, 축소하는 행위에는 단호해야 하지만 일반적인 실수라면 너무 민감하게 반응할 일이 아니다.

현장의 위계와 절차도 존중해야 한다. 현장 지적은 소장을 통해서 하는 게 좋다. 소장을 통하지 않고 팀장에게 곧바로 하는 것은 월권이고, 장기적으로 현장 조직의 위계가 흔들려 소장이 관리하고 통제하는 데에도 부정적인 영향을 미친다.

현장은 새로운 자재, 새로운 공법 도입에 보수적이다. 타성에 젖어 있다고, 관성적이라고 폄하할 일도 아니고 전문성이 없다고 무시할 일도 아니다. 안 해 본 것이라 어떤 하자가 발생할지 모르기 때문이다. 우격다짐으로 하지 말고 다른 현장 사례를 제시하든 가능한 방법을 찾든 실타래 풀 듯 차근차근 풀어가는 게 좋다. 기술자의 자존심이 있어서 자신 없다는 말은 하지 않는다. 대신 충분한 검토 시간을 줘야 한다.

시야에서 사라지는 하자

그러나 부실시공과 하자 관리에 대해서는 태도가 분명해야 한다. 감리 혹은 현장에 온전히 위임하거나 말로 때우고 넘어가면 안 된다. 좋은 게 좋은 거라고 대충대충 넘어가는 것은 무책임이지 배려가 아니다.

우리 단지도 입주 후 몇 가지 하자가 발생했다. 요즘 하자 없는 아파트는 없다고 하지만 어떤 하자는 이해하기 힘들었다. 신축이든 구축이든 어느 단지에서도 볼 수 없는 하자였기 때문이다.

산책로 배수 문제였다. 2023년 입주 후에 큰비가 쏟아지자 산책로의 물이 제대로 빠지지 않는 일이 발생했다. 유례없는 집중호우였다 해도 다른 단지에서는 발생하지 않은 일이었으니 기상이변이라고 치부할 수 없었다. 라돈처럼 조합에서 관심을 갖고 요청하는 것은 법적 의무가 아니어도 신경 쓰지만, 그렇지 않으면 배수 같은 기본적인 것조차 관리가 부실했다. 이후 배관을 교체하고 수로를 변경하는 조치를 취했지만 애초부터 일어나서는 안 될 일이었다.

부실시공과 하자 가능성이 있는 사안에 대해서는 종류를 막론하고 선제적으로 시공사의 대책을 요구해야 한다. 구두로 지시하고 끝내면 안 되고 문서로 남겨놔야 한다. 현장에서 대책을 세웠다면 그것도 문서로 받아서 확인해야 한다.

눈에 보이지 않는 하자에 대한 대책이 특히 중요하다. 눈에 보이지 않는 것은 두 가지다. 하나는 철근, 단열, 조적, 층간 차음재, 배관처럼 후행 공정에 의해 시야에서 사라지는 것이다. 또 하나는 소음, 진동, 냄새, 배기, 급기, 환기처럼 시야에 아예 잡히지 않는 것이다.

후행 공정에 의해 시야에서 사라지는 것은 후행 공정이 시작되기 전에 눈으로 확인하고 바로잡아야 한다. 처음부터 시야에 아예 잡히지 않는 것은 준공이 다 되어야 확인 가능한 것들이어서 더 각별하게 챙겨야 한다. 방음 방진 조치가 충분한지, 욕실 도기 주변의 틈새가 충분히 채워져 있는지, 공조 시스템 설계가 제대로 되어 있는지 등을 확인해야 한다.

현장 점검은 조합이 주도해야

공정 회의와 현장 점검을 현장이 주도하는 방식으로 하는 것은 피해야 한다. 현장에서는 문제가 없는 것만 얘기하고 보여주기 때문이다.

하자 발생 가능성이 큰 공사를 중심으로 소장, 공종별 책임자, 감리가 참여하는 회의를 해야 하고, 현장 점검도 그것 위주로 해야 한다. 품질 관리에 있어서 법령상 빈틈이 있는 영역, 후행 공정에 의해 가려지는 공사, 준공된 후에 설비를 직접 돌려봐야 이상 유무가 확인되는 것 위주로 회의록도 남기고 공문도 주고받고 현장 점검도 해야 한다. 예를 들어 층간 차음재 공사가 다음 달에 시작되면 미리 회의 및 샘플 공사를 통해 표준적인 작업 방식을 공유해서 회의록으로 남긴 다음 공사가 시작되면 현장을 방문해서 사전에 공유된 방식대로 빈틈없이 작업하고 있는지 확인해야 한다.

현장 점검 동선도 조합이 짜야 한다. 현장이 계획한 동선대로 움직이는 것은 의미가 없다. 그렇다고 조합이 우르르 몰려가 여기저기 마구잡이로 헤집고 다니는 것은 피해야 한다. 작업에도 방해되고, 만에 하나 안전사고라도 발생하면 큰일이므로 현장도 받아들이기 어렵다. 점검 구역을 3배수로 받아서 조합이 그중에서 고르는 방법도 있다.

착공 후에는 설계변경을 최소화해야

하자 관리에서 정말 중요한 또 하나는 설계도면 최종본을 최대한 빨리 제공하고 일단 착공되면 설계변경을 최소화하는 것이다. 그러나 많은 조합이 그렇게 하지 못한다. 펑펑 놀다가 개학이 닥쳐서야 밀린 방학 숙제를 하는 학생처럼 착공을 앞두고 부랴부랴 설계변경을 하고, 공사가 한참 진행 중인데도 도면 검토에 여념이 없다.

우리 조합은 좀 더 심각했다. 착공 당시 우리 단지는 패스트트랙 방식을 적용하고 있었다. 이전 조합에서는 세대수를 늘리기 위해 대대적인 설계변경을 했다. 3,256세대에서 3,375세대로 늘어났다. 일반분양도 늘었고 임대주택도 늘어났다. 기존 34개 동이 35개 동으로 되었으니 동 배치도 조정해야 했다. 설계사의 업무도 대폭 늘어났다.

그런데 분양가 상한제를 피하려면 착공을 서둘러야 했다. 설계변경을 한참 하고 있는 와중인데도 착공하지 않으면 안 되는 상황이 벌어졌다. 할 수 없이 공사와 설계변경을 병행하는 패스트트랙을 하게 되었다. 현장에는 쪽 도면이 오갔다. 버전도 여러 가지였다. 그마저 제때 나오지 못하기도 했다. 현장과 감리는 어느 도면이 최종본인지 확인하느라 정신없었고 도면이 없어서 공사를 못 한다고 아우성쳤다.

여기에다 조합은 마감재 설계변경을 전면적으로 다시 하

겠다고 나서고 있었다. 골조 타설이 끝나 층이 올라가면 올라가는 속도에 맞춰 세대 내부 공사를 해야 하고 그러려면 미리 제품을 발주해야 하는데, 그럴 상황이 아니었다. 조합이 마감재를 머리끝부터 발끝까지 다 바꾸겠다고 했고, 창호의 두께와 크기 변경처럼 구조체에 영향을 미치는 것도 있었다. 대면형 주방처럼 내부 평면이 바뀌는 옵션까지 추가하겠다고 했다.

마감재가 끝나자 이번에는 외관, 조경, 커뮤니티를 다시 설계하게 되었다. 실내 마감재 협의가 늦어졌으니 도미노처럼 공용부도 늦어졌다. 기존 계획을 전면 수정하고 백지에 새로 그리는 수준이었고, 심지어 커뮤니티는 인테리어를 바꾸는 정도가 아닌 시설의 위치를 바꾸고 각각의 면적 또한 대폭 줄이거나 늘리는 대공사였다.

착공은 했는데 도면이 미비한 데다 특화로 자재와 공사 일정을 확정할 수 없었으니 현장도 고충이 많았을 것이다. 현장에서 일하는 업체는 수십 개다. 현장에서는 이들 업체와 자재 발주나 시공 일정을 맞추어야 한다. 하도급 업체 공사 관리도 해야 한다. 업체와 자재 관리에 집중해야 할 시간에 도면에 매달리고 있으면 현장 관리는 그만큼 어려워질 수밖에 없다.

그러나 건축계획이나 특화계획에 부족한 점이 있으면 이를 무시하고 넘어갈 수도 없다. 결국 설계변경과 현장 점검을 병행하는 방법을 마련해야 한다. 조합의 자원을 건축·특화 계획 설계 변경과 현장 관리로 이원화하는 것이다. 감리와 시공사의 생리상 조합이 앞장서지 않으면 많은 빈틈이 생기기에 이를 밀착 관리하는 한편 건축계획과 특화계획은 그것대로 챙겨야 한다.

그러나 조합 설립부터 착공까지 몇 년 동안 미뤄둔 방학 숙제를 한꺼번에 하려니 조합 업무에 부하가 걸리지 않을 수 없다. 시공사의 현장 관리에도 문제가 생긴다. 구조체에 영향을 미치는 건축계획과 특화계획은 착공 이전에 끝마치고, 그 다음에는 추가적인 설계변경 계획과 일정을 조기에 확정한 후 현장 점검에 전념해야 한다.

POINT

- 공사 중단 같은 극단적인 조치는 최대한 피해야 한다.
- 현장의 공기 관리에는 협조하는 게 좋다.
- 부실시공과 하자 체크 리스트에 대한 감리와 시공사의 답변은 문서화해야 한다.
- 설계도면 최종본을 최대한 빨리 제공하고 착공 이후에는 설계변경을 최소화해야 한다.

활용하기 나름인
공사비 검증 제도

우리 조합은 2021년 한국부동산원에 공사비 검증을 신청했다. 2019년 11월에 1,378억 원 증액한 공사비가 대상이었다. 검증 결과는 충격이었다. 조합도 시공사도 모두 충격받았다. 우리에겐 감액된 액수가 너무 적어 보였고 시공사에겐 너무 많아 보였다.

    검증을 신청한 금액과 검증 결과를 보면 우리 조합 공사비의 감액된 액수가 적은 것은 사실이었다. 그러나 검증 결과를 합했을 때의 총공사비가 최초 계약에 비하여 얼마나 늘어났느냐를 보면 감액된 액수가 많은 것도 사실이었다.

중도금 납부를 거부하다

공사비 검증 제도가 시행된 것은 2019년 11월이었다. 우리도 공사비 검증을 받겠으니 관련 자료를 달라고 시공사에 요청한 것은 2020년 6월이었다. 시공사도 조합도 경험이 없었다. 공사비 검증이 그동안의 깜깜이 공사에서 벗어나고 거품도 제거해줄 수 있는 것이기에 조합에 필요한 제도인 것은 분명한데, 처음 도입된 제도라서 얼마나 도움이 될지 감이 없었다.

시공사는 조합의 요청에 대해 소극적으로 나왔다. 검증을 안 받겠다고 할 수는 없고 받긴 받아야 하는데, 그들도 경험이 없다 보니 결과를 예측할 수 없어서 자료 제출을 계속 미루고 있었다. 조합도 덮어놓고 좋아할 일은 아니었다. 검증 제도가 소문만 무성하고 먹을 게 없는 잔치가 될지도 몰랐다. 한국부동산원이 검증을 어떻게 하는지, 이 제도가 얼마나 실효성이 있을지 불투명했다. 공사비도 깜깜이였는데 이를 검증하겠다는 제도도 깜깜이였다.

일단 시공사로부터 검증 자료를 받아야 했다. 손 놓고 기다릴 수 없었다. 우리는 초강수를 두었다. 한 조합원이 중도금을 내지 말자고 제안했고 이는 곧장 대세가 되었다. 내가 조합장이 되고 두 달 후인 2020년 7월에 총회가 있었다. 안건에 중도금 납부를 연기하겠다는 게 있었다. 많은 조합원이 은행 대출로 중도금을 납부하는데, 그러려면 조합이 주택도시보증공사 HUG에 대출 관련 서류를 접수해야 한다. 서류 접수가 안 되면 은행에서 대출을 실행해주지 않는다. HUG에 서류 접수를 언제 할 것이냐, 당장 할 것이냐 미룰 것이냐가 안건이었다.

시공사에 대한 협상력 강화를 위해 우리가 할 수 있는 최고 수위의 특단적 조치였다. 중도금을 늦게 내면 조합원은 연체료를 물지만 대신 시공사는 공사비 압박을 받는다. 대외적으로는 더 문제다. 시공사가 얼마나 지독하게 굴었으면 조합이 연체료를 물면서까지 중도금을 안 내겠다고 하느냐 하는 여론이 만들어지기 때문이다.

중도금 납부 연기에 찬성한 조합원은 89%였다. 무효표를 빼면 반대는 6.7%였다. 통과는 확실시되었지만 이 정도 몰표는 예상 밖이었다. 자기 희생적 동참자도 많았다. 대출이 아닌 본인 돈으로 중도금을 납부할 조합원은 조합의 HUG 서류 접수와 무관하게 납부하면 되었는데, 조합에 힘을 실어주기 위해 연체료를 무릅쓰고 거부 대열에 대거 동참했다. 그만큼 우리는 절박했다.

우리가 그다음으로 한 것은 청원서 제출이었다. 국토교통부 장관에게 청원서를 냈다. 이때도 많은 조합원이 동참했다. 중도금 연체료까지 감수하는 조합원에게 청원서를 내는 것쯤은 일도 아니었다. 시공사가 자료 제출을 미루면서 재건축·재개발의 투명성을 높이겠다는 정부 방침에 반하는 행태를 보이고 공사비 검증 제도를 유명무실하게 만들고 있으니 정부가 나서달라는 청원서였다.

이후 시공사는 공사비 검증 자료를 조합에 제출했다. 지금 돌아보면 시공사도 공사비 검증을 거부할 의도는 아니었던 것 같다. 우리 조합이 내역 입찰이 아니라 총액 입찰을 했으니 시공사에도 상세 내역이 없었고 조합이 요청한 이후 부랴부랴 자료를 만들었을 것이다.

그러나 당시는 시공사의 진의를 몰랐기에 우리도 행동하지 않을 수 없었다. 시공사는 중도금 납부 거부라는 조합의 초강수에 놀랐다. 89%라는 동참자 비율도 대단하지만 대출 없이 자비로 납부하는 사람들까지 기꺼이 동참하는 결집도에 더욱 놀랐을 것이다.

이후 상황이 종결되고 시공사와 협의해서 납부가 지연된 기간만큼 은행 이자에 상응하는 금액은 내되 연체료는 물지 않는 것으로 했으니 조합과 시공사 누구도 금전적 손해를 보지는 않았다. 그러나 당시에는 이를 알 수 없었다. 연체료로 생돈을 물어야 할 수 있었던 자비 납부자의 동참은 고무적이었다. 재건축·재개발이라고 돈이 전부가 아니라는 점, 그렇게 했을 때 사업의 성공 가능성도 더 높아진다는 점을 보여준 장면이다. 이는 공사비 검증뿐만 아니라 시공사와 전반적인 관계를 재설정하는 전환점이기도 했다. 그전에는 시공사가 '갑', 조합이 '을'이었으나 이 사건 이후 조금씩 재편된 것이다.

20개월 만의 공사비 검증

2021년 4월 시공사는 공사비 검증 자료를 조합에 제출했다. 요청한 지 10개월 만이었다. 조합은 검증 자료를 보고 거품이 있는 항목에 대해 시공사와 사전 협의했다. 자료 검증은 숨은 그림찾기였다. 시공사는 여기저기에 거품을 숨겨 놓았다. 물량이 안 맞기도 하고 금액이 안 맞기도 했다. "도면과 비교해 보니 물량이 너무 많다"고 이의를 제기하면 시공사는 조정된 물량을 갖고 왔다. 그러자 이번에는 금액이 안 맞았다. 어떤 품목은 시장가보다 터무니없이 높았다. "이건 왜 이렇게 비싼가. 우리가 조사한 다른 회사 제품보다 너무 비싸다"고 따지면 "그 회사 제품은 원래 비싸다"는 답이 돌아왔고, "그럼 우리는 다른 업체 제품으로 하겠다"고 하니 "그건 안 된다"는 실랑이가 이어졌다.

이런 식으로 1차 사전 검증을 했고, 많은 금액을 빼거나 줄일 수 있었다. 시공사와 협의가 안 되는 것은 한국부동산원의 검증을 받는 것으로 했다. 시공사로부터 검증 자료를 받은 게 2021년 4월이고 한국부동산원에 검증 자료를 최종 제출한 것은 11월이었다. 사전 검증에 매달린 기간이 7개월이었다.

한국부동산원의 검증 절차는 다음과 같다.

① 시공사는 한국부동산원과 면담해서 접수에 필요한 자료 목록을 전달받는다.

② 서류가 미비하면 한국부동산원은 시공사에 보완 요청하고, 서류가 완비되면 검증에 착수한다.

③ 우리 조합의 검증 기간은 75일이고 10일 연장이 가능했다.

④ 한국부동산원은 75일 동안 조합과 시공사를 상대로 중간 설명을 1회 한다. 한국부동산원이 산정한 감액 규모의 적정성에 대한 쌍방 의견을 청취하는 것이다.

⑤ 이후 보완과 수정을 거쳐 가제본을 만든 후에 시공사에 한 번의 소명 기회를 준다.

⑥ 한국부동산원은 소명 자료를 분석해서 재보완을 거친 후 보고서 최종본을 만든다.

⑦ 최종본이 나오면 그걸 갖고 조합과 시공사가 협상한다.

시작부터 중간 설명까지, 다시 중간 설명부터 가제본의 기간 동안 한국부동산원은 조합, 시공사와 수시로 소통한다. 그래야 검증 결과에 대한 이견과 논란이 최소화되고 검증의 권위도 확보되기 때문이다. 물량은 설계도면을 통해 객관적으로 파악되고, 단가는 표준품셈, 물가자료, 견적서, 유사 사례 단가를 통해 교차 검증되기 때문에 시공사가 검증 결과를 부정하기는 어렵다는 게 한국부동산원의 설명이었다. CM과 관련 자료를 준비해서 한국부동산원의 중간 협의 때 의견을 제시했다.

한국부동산원의 검증 결과가 나온 것은 2022년 2월이었다. 시공사에 자료 제출을 요청한 게 2020년 6월이었으니 20개월 만이었다. 검증 결과가 나오기 전후로 다른 조합의 검증 결과 5개를 입수할 수 있었다. 우리 조합의 결과물이 좋은지 아닌지 비교 검토했다. 조합마다 사정이 다르니 동일선상의 비교는 아니지만 차선은 되는 방법이었다.

A 조합	B 조합	C 조합	D 조합	E 조합	개포4 조합
2.52	4.47	8.63	2.18	6.68	1.64

한국부동산원 검증 신청 금액 대비 감액 비율 (단위: %)

감액된 비율로는 우리 조합이 1.64%로 가장 적었다. 5개 조합 모두 우리보다 감액 비율이 컸다. 적게는 2.18%, 많게는 8.63% 감액되었다. 마침 우리 검증 결과가 나오기 직전에 E 조합의 결과가 나왔는데 감액 비율이 6.68%로 우리의 네 배가 넘었다. 우리로서는 충격이 아닐 수 없었다.

그러나 평가의 잣대를 바꾸자 결론이 달라졌다. 최초 계약 대비 감액된 금액이 반영된 총공사비 증가 비율은 우리가 가장 적었다.

A 조합	B 조합	C 조합	D 조합	E 조합	개포4 조합
25.06	25.93	16.44	29.3	28.53	13.18

최초 계약 대비 총공사비 증가 비율 (단위: %)

우리는 13.18% 증가했다. 다른 조합의 증가 폭은 적게는 16.44%였고, 나머지 4개 조합은 20% 중후반이었다. 가장 많이 증가한 조합은 30%에 가까운 29.3%였다. 감액 규모가 우리의 네 배가 넘었던 E 조합은 28.53%로 두 번째로 컸다.

중요한 것은 얼마나 감액되었느냐가 아니었다. 검증 결과가 반영된 총공사비가 얼마나 늘어났느냐가 중요했다. 처음에는 감액된 액수가 적어 실망했던 조합원들도 나중에는 큰 반발 없이 결과를 받아들였다.

시공사의 꼼수와 착시효과

공사비 검증에서 주의할 점은 세 가지다. 첫째, 착시효과에 휘둘리지 않아야 한다. 자칫하면 시공사의 꼼수에 속는다. 두 가지 개념을 구분해야 한다.

① 검증 신청 금액 대비 검증 결과 감소 폭
② 최초 계약 대비 검증 결과가 반영된 총공사비 증가 폭

언론에서는 ①번 개념만 보도하고 조합원의 관심도 얼마를 검증 신청했는데 얼마가 줄었는지에 집중된다. 여기에 시공사의 거대한 꼼수가 있다. 정작 중요한 것은 검증을 신청한 금액이 적정했는가, 거품이 얼마나 있었는가다. 한국부동산원

에 제출하는 공사비 자료는 검증을 위한 것이므로 시공사는 신청 금액에 거품을 왕창 집어넣는다. 애초에 거품이 많았으면 감액 폭도 클 것이기에 감액이 많았다고 무턱대고 좋아할 일이 아닌데, 속아 넘어간 조합도 있고 다른 조합에서는 부러워한다.

검증의 적정성은 ②번 개념, 즉 최초 계약 대비 검증 결과가 반영된 총공사비 증가 폭으로 유추할 수 있다. ①번이 아닌 ②번 개념이 중요한 것이다. 검증을 바라보는 우리의 우선 순위를 바꾸어야 한다.

둘째, 시공사 자료를 조합이 사전에 검증해서 걸러야 할 거품을 미리 걸러야 한다. 검증을 요청하는 주체는 조합이므로 시공사는 공사비 인상 내역을 조합에 제출하게 되어 있다. 즉 시공사가 조합 몰래 검증 절차를 밟을 수는 없다.

조합은 시공사가 만든 자료를 한국부동산원에 바로 제출하면 안 된다. 시공사가 제출한 내역에는 거품이 잔뜩 들어 있으니 이것을 사전에 면밀히 검증해서 최대한 걷어내야 한다. 우리 조합은 사전 검증을 7개월 동안 했다. 이게 생략되거나 부실하면 한국부동산원에서 감액 폭은 커지고 조합원은 좋아한다.

사실은 좋아할 일이 아니다. 시공사의 눈속임에 넘어간 것이다. 거품 전체가 아닌 일부만 걷어낸 결과일 수 있기 때문이다. 한국부동산원에 검증 자료를 제출하는 것은 조합의 사전 검토가 끝난 다음이어야 한다. 조합이 보기에는 거품이지만 시공사는 인정하지 않는 것을 객관적 제삼자인 한국부동산원을 통해 최종 판단을 받는 것이다.

셋째, 한국부동산원에 전적으로 맡겨놓고 처분만 기다리면 안 된다. 시공사가 감액 협의를 거부한 자재에 대해 시장 조사를 해서 한국부동산원에 감액되어야 하는 근거를 계속 제시해야 한다. 한국부동산원 검증팀도 건축 출신이라 시공사와 유착할 가능성을 의심할 수 있겠지만, 내 경험상 그렇지는 않았다. 근거가 없으면 민원을 아무리 넣어도, 시위하고 언론을 통한 여론전을 해도 소용없다. 근거가 확실하면 한국부동산원이 거부하지 않는다.

증액된 공사비만 검증

그러나 모든 제도에는 한계가 있다. 공사비 검증도 마찬가지다. 만능이 아니므로 거품이 전부 제거되지 않는다. 어느 정도는 제거되니까 거기에 만족해야 한다. 그게 싫으면 시공사 선정 초기부터 잘 챙겨야 한다. 우리 조합은 시공사가 선정되고 한참 지난 모델 하우스 오픈 시기에 각성하는 바람에 때를 많이 놓쳤다.

공사비 검증 제도의 가장 큰 한계는 검증 대상이 증액된 공사비뿐이라는 점이다. 최초 계약된 공사비는 검증 대상이 아니다. 최초 계약 금액이 총공사비의 80~90%이니 대부분은 검증에서 제외된다. 이미 쌍방이 날인을 마쳤기에 법적 효력을 가진 계약을 제삼자가 왈가왈부할 수 없기 때문이다. 한국부동산원이 공공기관이라고 해도 마찬가지다. 그 결과 10~20%의 미계약된 금액만 검증할 수 있다.

만약 최초 계약 금액이 8,000억 원이고 증액 금액이 800억 원이면 8,000억 원에 대해서는 감액할 수 없고 800억 원만 가능하다. 8,000억 원이 거품이 많은 엉터리 계약이었다 하더라도 계약은 계약이기 때문이다.

한국부동산원은 800억 원이 증액된 공종에 국한하여 최초 계약 금액도 들여다본다. 가령 800억 원 증액에 마루 공사비가 포함되어 있다면 최초 계약의 마루 공사비까지 본다. 마루에 대한 최초 계약 금액에 거품이 있었다면 증액된 공사비의 한도에서 감액할 수 있다. 그러나 800억 원 증액에 타일 공사비가 없다면 최초 계약에서 타일 공사비는 보지 않으며, 이 금액에서의 거품도 줄일 수 없다.

예를 들어보자. 최초 계약에 B급 마루가 예정되어 있었고 공사비는 50억 원이었다. 조합은 B급 마루를 A급 마루로 교체했다. 시공사는 10억 원을 더 달라고 해서 총 마루 공사비가 60억 원이 되었다. 그런데 B급 마루 공사비에는 15억 원의 거품이 들어 있었다고 하자. 60억 원을 검증 신청했다면 한국부동산원 검증 결과는 어떻게 나올까. 상식적으로 보면 15

억 원의 거품이 있으니 최종 마루 공사비는 45억 원이 되는 게 맞다. 그러나 이미 계약된 금액은 50억 원이다. 이는 법적으로 유효한 금액이다.

거품이 있는 것은 사실이니 한국부동산원은 감액하지 않을 수 없다. 그러나 50억 원 미만으로는 거의 하지 않는다. 한국부동산원이 감액하는 최대치는 10억 원이 되고, 최종 마루 공사비는 50억 원이 적정하다고 판단한다. 조합으로서는 거품이 제거되었으니 좋지만 거품을 모두 제거한 것은 아니니 불만이다.

그러나 이 정도만 되어도 최악은 피한 것이다. 증액 공사비에 타일은 없었으므로 타일 공사비는 확정 금액이 되고 거품 또한 줄일 수 없지만 마루 공사비의 거품은 어느 정도 걷어 냈기 때문이다.

이즈음에서 시공사의 새로운 작전이 시도될 수 있다. 한국부동산원의 검증 방식이 이미 노출되어 시공사도 대책을 마련할 것이기 때문이다. 시공사는 최초 계약된 공사비의 총액만 맞추면 된다. 거품을 어느 항목에 넣든 상관없다.

마루는 증액이 이루어지고 타일은 증액이 없다면 공사비 검증 대상에는 마루만 포함되고 타일은 제외된다. 그렇다면 마루 공사비에 대해서는 거품을 뺀 금액을 제출하고 그 거품을 타일에 얹으면 된다. 거품의 총량은 똑같아지고 시공사는 초과이윤을 가져가게 된다. 특화에 돌입하기 전 시공사에게서 미리 공사비 내역서를 받아 놓는다면 이러한 꼼수를 방지할 수 있다.

깎아준 공사비도 다시 산입

한국부동산원이 공사비를 검증할 때는 시공사의 일식─式 일괄 감액도 다시 공사비로 산입하여 인정한다. 일식 감액의 금액은 무상으로 무엇을 해주겠다고 사전에 시공사와 조합이 합의했거나 시공사가 예전에 협상으로 양보한 금액의 합이다. 한국부동산원은 투입된 원가를 모두 인정하기에 시공사는 부동산원에 이 금액을 제출한다.

예를 들어 시공사가 처음 제출한 공사비가 8,000억 원인데 조합과 시공사가 협상해서 100억 원이 감소했다면 조합이 시공사에 줄 금액은 7,900억 원이 된다. 그러나 시공사가 한국부동산원에 자료를 제출할 때는 공사비가 다시 8,000억 원이 된다. 100억 원은 조합과 협상에서 양보한 것일 뿐 공사 원가로 들어갔다는 것이다.

한국부동산원에서 공사비 거품을 50억 원 찾았다면 실질적인 감액은 없게 된다. 그렇다고 시공사에서 7,950억 원을 다 달라고 하지는 않고 협상을 통해 사전에 조율된 7,900억 원으로 결정된다. 일반적으로 검증 금액은 시공사 자진 감액보다 크니까 이런 경우가 발생하지는 않지만 이론적으로 불가능한 것은 아니다.

결정 기관 아닌 중재기관

한국부동산원의 검증은 법적 구속력이 없는 권고 사항일 뿐이다. 한국부동산원은 사법부가 아닌 중재기관이기 때문이다. 그 결과 이미 계약된 금액을 제외한, 추가되는 금액 중에서 시공사와 조합 쌍방이 수용 가능한 금액을 제시한다는 인상을 받게 된다. 정무적 판단이 작용하는 것이다. 어떻게 보면 원칙이 없는 것이고, 달리 보면 한국부동산원의 검증 결과에 법적 강제력을 부여하지 않았고, 또 부여할 수도 없는 것이라서 해당 기관에 책임을 물을 수 없는 사항이다.

그러다 보니 공사비를 둘러싼 분쟁을 해소하겠다는 제도의 취지와는 달리 실제로는 검증 결과를 두고 다툼이 많다. 우리 조합도 시공사와 오랫동안 씨름했다. 결국은 시공사가 검증 결과를 받아들였는데, 무려 두 달 걸렸다. 그러나 이 정도면 그나마 빠른 편이었다. 경기도의 어느 조합은 6개월 넘게 시공사와 결론도 못 내리고 대치 상태에 있었다. 시공사가 검증 결과를 순순히 인정한다면 삭감액이 수용 가능한 범위 안에 들어왔기 때문일 것이다. 조합으로서는 검증의 효과를 제대로 못 보았을 가능성이 크다.

독이 든 성배

공사비 검증은 조합이 해야 할 가장 어려운 일 중 하나다. 한두 사람이 할 수 있는 일도, 한두 달 만에 끝낼 수 있는 일도 아니다. 봐야 할 자료, 찾아야 할 자료도 많다. CM, 시공사, 한국부동산원과의 협의만도 수십 차례다. 가장 큰 부담은 검증 결과가 조합원의 기대치에 못 미쳤을 때의 후폭풍이다. 조합이 일을 제대로 못했다, 어느 조합은 얼마 깎였는데 왜 우리는 이것밖에 안 되냐, 조합이 시공사한테 돈 먹은 것 아니냐는 성토와 의혹이 잇따른다.

공사비 검증은 매우 전문적인 영역이다. 조합원은 검증이 얼마나 잘되었는지 사실 잘 모른다. 검증이 부실했음을 주장하려면 데이터가 있어야 하는데, 그걸 구하기가 어렵고 용케 구했어도 전문 영역이라 부실 여부를 증명하기는 어렵다. 그러나 증명은 못해도 의심은 남으며, 재건축·재개발에서는 의심의 위력도 무섭다.

그러다 준공되면 최종 평가가 내려진다. 다른 단지와 비교되기 때문이다. 가장 간단한 것은 평당 공사비 비교다. 다른 조합의 총회 책자만 구하면 건축 연면적과 총 공사비에 따른 평당 공사비를 알 수 있고, 자기네 조합의 그것과 비교할 수 있다. 특화 수준은 시장의 평가로 판가름 난다. 비슷한 시기에 지어진 옆 단지보다 평당 공사비는 높은데 시장의 평가는 박하다면 조합원들로서는 억울한 일이 아닐 수 없다.

그러므로 조합장에게 공사비 검증은 독이 든 성배다. 덮어놓고 좋아할 일이 아니다. 만약 조합원의 특화 요구를 최대한 담은 도면을 바탕으로 시공사를 입찰하고 속전속결로 착공하면 공사비 증액은 없고 검증 또한 안 해도 된다. 그러나 이는 거의 불가능하다. 입찰 내역은 허술하고 사업이 장기간 지연되면서 트렌드가 바뀌어 특화는 필수 코스가 되기 때문이다.

따라서 준비를 잘해야 한다. 제대로 못하면 독이 든 잔을 정말로 마시게 된다. 돈도 써야 한다. 외부 용역도 발주하고 내부 인력도 배치해야 한다. 사전 검증, 한국부동산원과의 중간 협의, 검증 결과에 대한 시공사와의 최종 협상 등을 위한 물리적 시간도 여유 있게 확보해 놓아야 한다.

POINT

- 감액 규모가 아닌 최초 공사비 대비 증가 규모가 중요하다.
- 시공사 증액 자료를 조합이 사전 검증해서 거품을 걷어내야 한다.
- 한국부동산원의 처분만 기다리지 말고 조합이 추가 감액 근거를 계속 제시해야 한다.
- 특화 이전의 시공사의 최초 공사비 내역서를 확보해야 한다.

선택 아닌 필수,
CM 계약

CM은 건설사, 설계사, 감리 등 다양한 분야에서 건축 경험을 보유한 전문인력이 건축, 토목, 설비, 조경 등 분야별로 팀을 이루어 시공사, 설계사, 감리를 상대로 조합을 지원하는 역할을 한다. CM도 감리처럼 건축인으로서 인생 2막을 시작하는 직종이다 보니 연령대가 낮지 않다. 조합이 CM과 계약하는 게 아직 일반적이지 않아서 재건축·재개발에 경험 있는 능력자가 많은 것도 아니다.

그러나 조합이 하기 나름이다. CM 업계에 경험 많은 능력자가 많은 것은 아니지만 전혀 없는 것도 아니다. 건축 비전문가 조합장은 물론이고 건축 전문가라 해도 혼자서 그 많은 공종을 다 알 수는 없으니 CM을 쓰는 게 좋다.

기울어진 운동장의 균형추

시공사는 조합이 CM을 선정하는 것을 반기지 않는다. 자신에게 유리하게 기울어진 운동장의 균형이 맞추어지는 게 달가울리 없다. 그러나 이는 조합의 고유 권한이다. 시공사의 눈치를 볼 일이 아니다.

감리가 있는데 CM을 왜 또 뽑아야 하는지 의문이 있을 수 있다. 그러나 감리와 CM은 다르다. 감리는 시공사가 도면대로 건축하는지 관리한다. 도면에 법령에 위배되는 점이 있으면 설계변경을 지시하지만, 주된 업무는 공사가 도면대로 되는지 아닌지를 보는 것이다. 도면대로 공사하면 나중에 하자가 발생할 수 있어도 감리는 무시하고 넘어갈 수 있다.

이와 달리 CM은 법적인 문제뿐 아니라 더 나은 대안을 연구한다. 공사비 절감이나 하자 최소화를 위한 설계변경을 제안하고 가성비가 좋은 다른 자재나 공법을 제시할 수도 있다. 업무 범위는 계약할 때 정하기 나름이다.

간단하게 요약하면, 도면에 동그라미로 되어 있다면 감리는 시공사가 세모나 네모로 공사하지 않도록 감독한다. CM은 동그라미가 최선인가, 세모나 네모가 더 낫지 않는가를 비교 분석한다.

우리 조합의 CM 선정

우리 조합이 CM과 계약한 것은 착공하고 1년이 지나서다. CM 선정에 반대하는 의견도 있었다. 착공까지 된 마당에 타이밍을 놓쳤으니 헛돈만 쓰게 된다는 것이다. 그러나 늦었지만 포기할 정도는 아니었다. 실제로 CM은 조합에 유무형의 많은 이익을 안겨주었다.

시공사와 유착 가능성을 걱정하는 의견도 있었는데, 조합이 관리만 제대로 하면 걱정할 일은 아니다. CM을 선정한 덕분에 조합과 시공사의 유착 의혹이 줄어드는 가외의 소득도 있었으며, CM에 극구 반대하는 것은 거꾸로 조합과 시공사의 유착 의혹을 키울 수도 있다.

기술이사가 CM 업무를 대신할 수 있지 않느냐는 의견도 있었다. 그러나 업무량이 방대해서 비상근 이사가 감당할 수 있는 일이 아니다. 직장을 다니면서 프로스포츠 선수로 뛰라는 말과 같다. 프로스포츠가 취미로 할 수 있는 일이 아니듯, 비상근 이사가 CM을 할 수는 절대 없다.

조합장 취임 전후에 3개 사 CM과 미팅했다. 그때까지는 나도 CM이 어떤 업무를 하는지 몰랐다. 몇 차례 면담하니 감이 왔고 CM을 뽑아야겠다고 마음먹었다.

CM 업무를 수행한 경험을 가진 조합원이 입찰서 초안을 만들고 건축을 전공한 이사가 다듬어서 입찰 서류를 만들었다. 입찰에는 4개 사가 들어왔다. 이사회에서 서류 심사를 거쳐 상위 2개 사를 추렸다.

    CM 선정은 총회 안건이었다. 임원이나 대의원도 CM에 대해 모르니 조합원은 말할 것도 없었다. 그렇다고 깜깜이 투표를 할 수는 없었다. 최대한 투명하게 선정하려고 했다. 마침 조합에는 공용부 및 특정 평형에서 몇 가지 설계변경 이슈가 있었다.

    2개 사 CM 담당자를 카페 회원으로 등록시키고 조합원과 질의 응답하도록 했다. 회사 소개 및 실적, 공사비 검증, 몇 가지 이슈에 대한 설계변경 가능성 등을 두고 20일 동안 질의 응답이 오갔다. 조합원도 CM에 대해 어느 정도 이해했고 깜깜이 투표에서 벗어날 수 있었다.

    총회에서 선정된 CM은 그 후 자재 및 공법 검토, 현장 점검, 인허가 관리, 공사비 검증, VE Value Engineering, 설계와 시공에서 가치와 생산성 제고, 기부채납 공사 입찰 자료 제작 및 공사 관리를 수행했다. 기부채납 공사는 입찰 지침서에 포함되지 않은 것이었다. 조합 요청으로 사후에 추가되었다. 원칙적으로는 용역비를 올려야 했지만 CM에서 무상으로 하기로 양해해주었다.

    CM은 공사비 검증에서 큰 역할을 했다. 업무가 방대해서 4명의 상주 인력만으로는 감당할 수 없었다. 본사 비상주 인력이 대거 동원되었다. 시공사, 설계사, 감리와 협의할 때도 많은 자문을 했다. 마감재, 외관, 커뮤니티, 조경에 대한 기술적 지원도 해주었다. 사업시행계획 상의 기부채납 공사와 행정청의 다양한 요구사항 전반을 검토해서 누락된 업무가 없는지도 살펴보았다.

　CM 선정은 투명하게 했지만 CM이 무슨 일을 어떻게 하고 있는지 조합원이 모르면 의미 없었다. 그래서 업무 보고에 CM의 업무 진행 상황도 포함했다.

　CM은 보고서를 제작했다. 후반 몇 달은 격월간이었지만 계속 월간으로 제작되었다. 평균 200쪽이 넘었다. 용역 기간 29개월 동안 발간된 보고서가 21권이었으니 합하여 4,000쪽이 넘었다.

　입찰 지침서에는 인센티브 조항이 있었다. 최대 5억 원 한도에서 CM 업무로 절감된 금액의 1%를 인센티브로 지급한다는 것이었다. 이 조항에 따라 CM에 2억 원을 지급했다. CM도 조합에 성의를 표했다. 커뮤니티 북 클럽의 도서 구입 비용으로 조합에 1억 원을 기부했다.

　CM이 모든 것을 알아서 해주는 것은 아니다. 모든 용역이 그렇듯 CM이 성과를 내느냐 못 내느냐, 성과를 낸다면 얼마나 낼 수 있느냐는 조합이 하기 나름이다. 지불한 것의 수십 배 이익을 가져올 수도 있지만, 돈만 버리는 결과로 끝날 수도 있다.

　CM을 선정한 A 조합은 시공사와 관계가 극한으로 치달았다. 조합은 그 책임의 일단을 CM에 물었다. CM이 잘못된 자문을 했다는 이유로 계약을 파기한 것이다. CM은 조합에 계약 무단 파기에 대한 손해배상 소송을 제기했다. 조합이 자신들의 자문을 무시하고 독단으로 처리한 결과일 뿐이라고 주장했다.

사실 A 조합에 CM을 선정하도록 권한 것은 나였다. A 조합장이 나한테 와서 여러 가지를 논의하는 와중에 CM 이야기를 해주었다. 그도 나처럼 건축에 비전문가이기에 내 경험을 설명하면서 CM 선정을 권했다. 그러나 우리 조합과 A 조합의 결과는 하늘과 땅처럼 정반대였다. 조합이 어떻게 하느냐에 따라 CM 선정이 문제 해결의 열쇠가 아니라 또 다른 분란의 씨앗이 될 수 있음을 보여주는 사례다.

공사비 검증 전문가는 귀한 몸

CM 계약은 설계사 선정 시점에 하는 게 좋다. 설계 하자를 예방할 수도 있고 더 나은 대안을 제안할 수도 있다. 그 단계를 놓쳤다면 시공사 선정 시점에 하고, 그 단계도 지났으면 우리 조합처럼 착공 이후에 할 수도 있다. 빠를수록 좋지만 늦었다 해도 안 하는 것보다는 낫다.

계약은 사업 단계별로 나누어서 하는 게 좋다. 설계사 선정 시점에 계약해서 준공까지 일괄 계약하는 게 아니라 설계 단계와 시공 단계로 나누어 선정하는 것이다. 기부채납 공사를 과업 범위에 넣는 것도 고려해야 한다. 도로, 공원, 학교, 공공청사 등 기부채납 공사가 많으면 조합이 감당하기 힘들다.

CM의 중요한 업무 중 하나는 공사비 검증이다. 공사비 검증이라는 단일 과업으로 CM을 선정하는 조합도 있다. CM이 공사비와 마감재 단가 검증을 할 수 있는 것은 실행 내역서를 입수할 수 있기 때문이다. 실행 내역서는 수급사가 하도급 업체에 실제 지급하는 금액이다. 이것은 시공사의 대외비 자료이지만 노출도 되고 입수도 된다. CM은 대부분의 시공사 현장의 실행 내역서를 입수할 수 있다.

조합에 건축 전문가가 없으면 물론이고 전문가가 있어도 CM의 이 역할은 매우 중요하다. 공사비 검증은 아무나 할 수 있는 일이 아니다. 조합원 중에는 자신이 시공사 출신이라며 공사비 검증도 충분히 할 수 있다는 사람이 있는데 그렇지 않다. 포수를 했던 선수가 자신이 야구를 했으니 투수도 할 수 있다는 소리와 같다. 토목, 설비, 건축, 조경 등에 관한 공사비 전반을 종합적으로 관리한 경험이 많고 관련 법령에도 밝은 사람만이 할 수 있다. 시공사 출신 중에도 이 역량을 갖춘 사람은 극히 일부며 귀한 몸이다.

학습 능력과 의지가 중요

우리나라에서 설계의 발주자는 시공사다. 대기업에서 턴키 Turn-Key 입찰해서 계열사 사옥이나 공장을 짓는 경우가 많기 때문이다. 턴키 입찰은 발주자가 시공사만 선정하면 시공사가 알아서 설계사도 뽑고 공사도 하는 방식이다. 발주자는 키를 받고 구멍에 넣고 돌리기만 하면 된다고 해서 턴키 공사라고 한다. CM을 선정할 때 해당 업체가 CM만 전문적으로 하는지, 설계도 하는지 살펴보는 게 좋다. 설계도 한다면 시공사와 관계에 대해 신경 쓰지 않을 수 없고, CM 업무에도 영향을 줄 수 있다.

CM 인력 대부분은 시공사나 감리 출신이다. 우리나라는 CM업의 역사가 짧아 CM에서 역량을 갈고 닦아 성장한 사람은 적다. 시공사 출신이면 해당 시공사의 자재와 공법만 알고 있을 가능성이 크다. 다방면의 포괄적인 경험과 지식이 부족한 것이다. 어떻게 보완할지, 학습 능력이나 의지가 얼마나 있는지 살펴봐야 한다.

특히 CM이 취약한 분야가 인테리어다. CM에는 인테리어 전문가가 드물다. 조합이 별도로 챙겨야 한다. 우리 조합도 CM을 통해 커뮤니티 인테리어를 하기 위해 백방으로 알아봤으나 CM이 보유하고 있는 인력도 없고 이쪽 분야의 네트워크도 없었다.

CM은 상주 조건으로 계약하는 게 좋다. 조합과 일상적으로 소통해야 하기 때문이다. CM 업체 중에는 비상주로만 계약하는 곳도 있는데, 업무 효율을 얼마나 낼 수 있는지 검토해야 한다. 조합 사무실에 여유 공간이 없다면 상주 인력의 사무실 비용을 조합이 낼지, CM이 자체 조달할지도 입찰 지침서에 명시해야 한다.

> **POINT**
>
> ✦ CM 계약은 빠를수록 좋다. 단, 성과 여부는 조합이 하기 나름이다.
> ✦ CM 계약은 설계, 공사, 공사비 검증 등 단계별, 업무별로 나누어서 하는 게 좋다.
> ✦ CM 과업에 기부채납 공사를 넣는 것도 고려해야 한다.
> ✦ CM은 대부분 시공사 현장의 공사비와 마감재 단가(실행 내역서)를 입수할 수 있다.

세 마리 토끼…
절차, 형평성, 사업성

재건축·재개발은 세 개의 공을 갖고 하는 저글링이다. 세 개의 공은 절차, 형평성, 사업성이다. 절차라는 공을 바닥에 떨어뜨리면 법적 책임을 져야 한다. 사업성이라는 공을 떨어뜨리면 욕을 먹는다. 형평성은 둘 다이다. 법적 책임을 지거나 욕을 먹게 된다.

어떤 공도 떨어뜨리면 안 되지만 재건축·재개발이 처음인 조합장한테는 무리한 요구다. 의결에 필요한 절차를 일일이 지키고, 수백 수천 명 조합원 사이의 형평성을 고려하면서 돈을 아껴서 사업성을 높여야 하는데, 두 마리도 아니고 세 마리 토끼를 모두 잡아야 하니 난해한 일이 아닐 수 없다. 어딘가에서 사고가 터져도 이상할 게 없다.

삐끗하는 순간 사업을 중단시키는 '절차'

A 조합은 사업 초기 단계라 시공사를 선정하지 않았다. 그러면 조합에는 돈이 없다. 조합의 사업비는 시공사 보증으로 금융기관에서 대출받아 조달하기 때문이다. A 조합장은 대의원회 의결을 거쳐 설계사에게서 돈을 빌려 사업비로 사용했다.

B 조합장은 시공사와 뜻이 안 맞아 총회 의결을 거쳐 계약을 해지하고 다른 시공사와 계약했다. 그런데 원래의 시공사가 계약 해지 무효 소송을 했다. B 조합은 패소해서 수십억 원의 손해배상금을 물게 되었다.

두 조합장은 처벌받을까? A 조합장은 처벌받고 B 조합장은 처벌받지 않는다. A 조합장의 의도는 순수했고 돈도 용도에 맞게 사용했다. 조합에 손실을 끼친 것도 없다. 그러나 사업비 조달에 관한 사안은 총회 의결사항이다. 대의원회 의결로 갈음할 수 없다. A 조합장은 벌금형을 받고 조합장 자리에서도 물러나야 했다. 당사자로서는 억울한 일이지만 법이 그렇다. B 조합장의 시공사 계약 해지는 막대한 돈을 물어야 하는 나쁜 결과를 가져왔다. 그러나 총회에서 의결된 것이므로 죄는 없다. 결과가 나빴으니 조합원의 원성은 높겠지만 조합장이 법적으로 책임지지는 않는다.

도시정비법은 절차법이다. 조합 업무는 정해진 절차를 지켜서 집행해야 정당성을 갖는다. 결과의 좋고 나쁨은 따지지 않는다. 의도가 좋아도 절차를 무시하면 처벌되지만, 결과가 나빠도 절차만 지키면 누구도 책임을 물을 수 없다.

그런데 절차를 일일이 밟는다는 게 말처럼 쉽지 않다. 총회 한번 하려면 수천만 원에서 수억 원이 든다. 총회에서 반드시 의결해야 하는 사안을 깜빡하고 놓쳤다면 총회를 다시 할 수도 없고, 시급한 안건은 다음 총회까지 기다릴 수도 없다. 낭패가 아닐 수 없다.

재건축·재개발은 속도전이라는 말이 있다. 그러나 법과 정관의 절차를 준수하면서 속도를 내는 것이지 속도가 중요하니 절차를 건너뛰어도 되는 것은 아니다. 업체 입장에서는 조합이 절차를 밟을수록 좋을 게 없다. 중간에 변수가 생겨 일이 틀어질 수 있으니 계약을 서두른다. "이 정도는 조합장이 결정할 수 있다. 다들 그렇게 한다"고 꼬드기지만 넘어가면 안 된다.

법에 정해진 강제 사항이 아니면 대의원회 의결로 집행하고 총회에서 추인받아도 된다. 그러나 가능하면 대의원회에 위임한다는 총회 의결을 미리 받아두는 게 좋다. 법적으로는 문제가 안 되더라도 시빗거리는 되기 때문이다. 그러려면 다음 총회 때까지 앞으로 1년 동안 어떤 사업이 있는지 미리 살펴서 다가오는 총회 때 대의원회 위임 안건으로 올려야 한다. 보기보다 어렵고 까다로운 일이다. 조합에 행정 전문가가 필요한 이유다. 꼼꼼하기도 하지만 재건축·재개발의 전 과정, 우리 조합의 앞으로의 사업 내용 전반을 알고 있어야 하기 때문이다.

재건축·재개발을 규율하는 도시정비법이 절차법이다 보니 매사 절차를 중시하는 풍토가 만연해 있다는 것도 어려운 점이다. 법에 정해진 게 아니므로 동의나 의결을 받을 필요가 없는데도 조합원은 일일이 절차를 따진다. 만약 절차를 밟았다면 이번에는 "조합원한테 공지를 정확히 했느냐", "나는 몰랐는데 어떤 공지를 언제 어떻게 했느냐"고 항의하기도 한다.

잦은 민원의 대상 중 하나가 설계변경이다. 바꾸는 순간 문제가 될 수 있다. 커뮤니티 출입구 위치가 원래 왼쪽이었는데 여러 가지를 고려한 결과 더 적절하다고 판단되는 오른쪽으로 위치를 바꿨다면 문제가 될 수 있다. 왼쪽을 좋아하는 조합원도 있기 때문이다. 가장 좋은 것은 설계변경을 하지 않는 것이다. 그러려면 건축계획과 사업시행계획 때 미리 세심하게 살펴야 한다. 놓친 게 있어서 꼭 바꿔야 한다면 조합원한테 미리 안내도 하고 대의원회 의결도 받아 놓아야 한다.

경계도 판단도 애매한 '형평성'

절차는 도시정비법에 정해진 것이니 적법과 위법을 구분하기 쉽지만 형평성은 애매한 때가 많다. 조합원의 정당한 권리인지 과도한 욕심인지 경계가 종종 불분명하다. 경계가 불분명한 만큼 한번 불이 붙으면 오랫동안 꺼지지 않고 타오른다.

감정평가도 한 예다. 많은 조합에서 감정평가의 적정성을 두고 싸움이 벌어진다. 종전자산이든 종후자산이든 적정 금액이 얼마인지 자로 잰 듯한 평가는 애초부터 불가능하다. 더구나 조합은 복마전이고 조합장은 믿을 수 없는 존재다. 그러다 보니 내 종전자산은 다른 조합원의 그것보다 싼 것 같고 내가 분양 신청한 종후자산은 다른 평형보다 비싸 보인다. 조합장이나 유력 임원이 자기 분담금에 유리하도록 감정평가사에게 압박을 가했다는 소문이 돌기도 한다.

조합에서 토 달지 말고 감정평가사가 처음 가져온 원안대로 해야 하며 조합은 조합원이 이해할 수 있도록 충분히 설명해야 한다. 감정평가라는 게 수학이나 과학처럼 자명한 규칙이나 법칙으로 이루어지는 게 아니라서 논란을 잠재울 수는 없지만 줄일 수는 있다.

평형별 단지 배치도 논란이 된다. 특정 평형의 동이 소음이 심한 대로변에 많이 있는지, 조망이 좋은 구역에 많이 있는지에 따라 다툼이 생긴다. 30평형을 대로변에 많이 배치하고, 40평형은 단지 안쪽 조용한 구역이나 조망이 좋은 구역에 많이 배치했다고 하자. 30평형을 신청할 조합원은 불만을 가질 수밖에 없다.

층수가 문제 될 수도 있다. 층수가 높을수록 고층 조망을 누리는 세대가 많아져서 조합원이 선호한다. 특정 평형은 모두 30층 이상이고 다른 평형은 모두 20층 이하라면 문제가 된다.

천장고를 놓고 평형 간에 분란을 빚기도 한다. 천장고가 높을수록 공간이 넓어 보이기 때문에 다들 욕심을 낸다. 대형 평형일수록 더 그렇다. "면적은 넓은데 천장고가 낮으면 면적이 넓은 장점이 살지 않는다"며 "천장고를 올려달라"고 한다.

그런데 천장고를 올리면 일반분양 수입은 줄어든다. 정비계획에는 최고 높이가 정해져 있어서 각 층의 천장고를 조금씩 올리면 천장고를 올리지 않았을 때에 비해 맨 위 1개 층을 짓지 못할 수 있고 그만큼 일반분양을 줄여야 하기 때문이다. 천장고가 올라간 대형 평형에서 1개 층의 일반분양 수입만큼 분담금을 더 내야 하지만 그 정도의 돈을 더 낸다는 것을 전제로 천장고를 올려달라는 사람은 드물다. 결국 혜택은 내가 받고 공사비와 분담금은 조합원 전체에 n분의 1로 떠넘기는 님비NIMBY를 용인해달라는 모양새로 흘러간다. 이익의 사유화, 손해의 사회화인 것이다.

건설사가 시행까지 맡아서 모든 물량을 분양한다면 평형별로 천장고를 다르게 하는 것도 가능하다. 그러나 조합이 시행사인 재건축·재개발에서는 간단한 일이 아니다.

평형별로 각자 자기 평형에 더 고급스러운 마감재를 넣어달라고 요구하기도 한다. 대형 평형 조합원은 "단지 전체의 시세를 리드하는 대형 평형에 조합이 더 많이 투자해야 한다"고 역설한다. 세대수가 많은 평형에서는 "세대의 중심인 우리 평형에 더 많이 투자해야 한다"는 입장이다. 소형 평형은 "약자에 대한 배려"를 주장한다. 모두 님비에 불과한 억지이므로 들어주면 안 된다.

어느 조합은 마루 기본 품목을 소형 평형은 강마루, 중대형 평형은 원목마루로 차별해서 소형 평형 조합원의 반발을 자초하더니 결국 원목마루로 통일했다. 어차피 안 될 일인데 왜 매를 버는지 이해하기 어려웠다. 천장고 문제와 마찬가지로 조합이 시행사인 상황에서는 어려운 일이다.

불만의 지속성이라는 면에서는 조경을 따라갈 게 없다. 감정평가는 전문 영역이라 개인이 관여하기에 한계가 있고 단지 배치나 마감재는 이미 끝난 사안이라 손 쓸 여지가 없다. 그러나 조경은 언제든 개입할 수 있고 입주한 후에도 조합원의 눈에 항상 보이기에 불만이 가라앉지 않는다.

특정 조경 구역에 예산을 많이 들여 선택과 집중을 할 것인가, 모든 구역에 골고루 나눌 것인가. 단지 전체를 생각하면 전자가 좋지만, 내 집 앞의 가치를 우선하는 조합원도 많다. 맞은편 동 앞에는 우람한 소나무가 있고 내 집 앞에는 왜소한 산수유가 있다면 불만이 없을 수 없다. 이성적으로는 단지 전체를 위한 선택과 집중이었구나 하고 이해하려고 맘먹어도 심정적으로는 용인되지 않는다. 특화 구역과 비특화 구역의 차이를 최대한 납득 가능한 수준으로는 맞추어야 한다.

형평성 문제는 법정 싸움으로 번지기도 한다. 법원에서는 관리처분계획이 합리적으로 수립되었다면 조합에 재량권을 부여해서 조합원 간에 어느 정도 형평성이 훼손되는 것은 인정해준다. 그러나 상당한 수준의 형평 훼손이 있으면 제재한다. 관리처분계획 인가가 취소되는 최악의 사태에 처할 수도 있다. 이런 사안은 보통 대법원까지 가므로 시간 지체에 따른 손실도 크다.

어떤 단지에 상가와 유치원이 함께 있었다. 조합은 상가와 협의해서 상가 건축비는 자체적으로 부담하기로 했다. 조합은 상가와의 형평성을 내세우며 유치원 건축비도 자기 부담으로 해야 한다고 했으나 합의가 안 돼서 결국 법정으로 갔다. 법원에서는 상가는 일반분양이 있어서 건축비 조달이 가능하지만 유치원은 그렇지 않아 유치원 건축비는 조합이 내야 한다며 관리처분계획 인가를 취소했다. 상가와 유치원의 상황이 다르므로 동일한 기준을 적용하면 안 되며, 같은 것은 같게, 다른 것은 다르게 대우하는 게 형평성에 맞다는 것이다. 형평성은 중요한 문제이므로 관련 법령이나 판례를 잘 살펴야 안전하다.

변수 많아 예측 어려운 '사업성'

사업성을 높이려면 수입을 늘리고 지출을 줄여야 하는데, 불확실성이 많다는 점이 최대 문제다. 관리처분계획 단계에서는 수입과 지출의 총합이 나오고 조합원 분담금도 결정된다. 그러나 이후에도 여러 변수가 등장해서 사업성이 춤을 춘다. 수입은 분양 물량뿐이라 뻔하지만 지출은 자꾸 늘어난다. 조합은 여러 변수를 고려해 예산을 넉넉하게 잡아 놓지만 예상치를 벗어나거나 미처 예상하지 못한 상황이 발생해 결손이 늘어나는 일이 많다.

가장 큰 불확실성은 일반분양을 할 때의 부동산 시장 상황이다. 상승기라면 분양가도 높이고 미분양 위험도 없어서 사업성이 개선되지만 하락기라면 반대가 된다. 분양가도 낮춰야 하고 미분양도 발생한다.

조합 사업에는 보류지라는 것도 있다. 조합원 누락이나 착오 등에 대비하기 위해 예비로 남겨둔 물량이다. 잔여 물량은 보통 입주 전후에 시세대로 분양한다. 입주 시점의 시장 상황에 따라 매매가를 높일 수도 있고 낮춰야 할 수도 있다. 하락기라면 할인 분양을 해야 하므로 사업성이 떨어진다.

조합 사업에는 다양한 소송이 따라온다. 아파트 조합원과 상가 조합원뿐만 아니라 인근 학교나 단지에서 일조가 침해되었다며 소송한다. 패소하면 수억 원에서 수십억 원의 비용이 나간다. 사업 초기 단계에 소송이 들어오고 판결까지 나오면 관리처분계획에 반영하면 되지만 이후 단계에서 소송이 들어와 패소하면 예산이 틀어지고 추가 분담금이 늘어난다.

정부의 세금 정책 변화도 변수다. 관리처분계획 단계 이후 세법이 개정되는 바람에 예상보다 많은 세금을 내거나 없던 세금이 추가되기도 한다. 관리처분계획 단계 이전에 세법이 바뀌었어도 미처 인지하지 못했다면 역시 세금이 늘고 사업비가 추가된다.

　오수관 같은 토목공사는 원래부터 비용을 예상하기 어렵다. 세대수가 늘어났고 기존 관은 노후되었기 때문에 행정청에서는 오수관을 새로 설치하라고 요구한다. 이때 관 주변에 지장물이 있으면 이설 비용이 추가된다. 공사를 시작하기 전에는 지장물이 얼마나 있는지 정확히 알기 힘들어 비용을 예상하기 어렵다.

　단지의 특수한 사정 때문에 추가되는 공사도 있다. 그중 하나가 우수관 공사다. 빗물은 단지 외부에도 떨어지고 내부에도 떨어진다. 둘은 별개의 우수관으로 처리해야 하고, 전자는 행정청의 몫이어야 한다. 그런데 과거에는 그것을 단지 지하에 설치하곤 했다. 공용시설을 사유지인 단지의 땅 밑에 설치한 것이다. 지금은 지하에 주차장을 설치해야 하므로 그 우수관을 단지 주변으로 돌려야 한다. 조합의 필요 때문에 하는 공사이므로 철거와 재설치의 책임은 조합에 있다는 게 행정청의 입장이다. 단지가 크면 수십억 원이 들고 그만큼 사업성이 나빠진다. 공용시설이므로 처음부터 단지 외부에 설치되었다면 들어가지 않았을 돈이니 조합으로서는 억울한 일이 아닐 수 없다. 그런데 모든 단지가 그러는 것은 아니다. 지하에 우수관이 없는 운 좋은 단지들도 있다. 복불복이다.

세 개의 공으로 하는 저글링

절차도 지키고 형평성도 훼손하지 않고 사업성까지 높이면 좋지만, 어려운 일이다. 두 손으로 세 개의 공을 저글링하는 게 어디 쉬운가. 조합 상근자에게는 높은 집중도와 여러 업무를 동시에 수행하는 멀티태스킹 능력이 요구된다. 서로 다른 두 요소가 충돌하기도 해 머리가 더욱 복잡해진다.

먼저 절차와 사업성이 충돌되는 때가 있다. 가령 보류지를 분양하려면 분양가에 대한 대의원회 의결을 받아야 한다. 이렇게 의결된 분양가는 하한가여서 그 가격 밑으로 팔면 안 된다. 부동산 상승기라면 상관없다. 시장 상황이 좋아 그 가격 이상으로도 팔 수 있기 때문이다. 하락기라면 문제가 된다. 매수 희망자에게는 그 가격이 상한가다. 어떻게든 깎으려고 한다. 조금만 깎아주면 거래가 성사될 것 같고 하락기가 끝날 조짐도 없어서 조금 낮춰 파는 게 조합에 이익이라 하더라도 팔 수 없다. 대의원회 결의에 반하는 도시정비법 위반이기 때문이다.

형평성과 사업성이 충돌하기도 한다. 요즘은 외관 특화의 일종으로 동 하부를 화강석 같은 석재로 마감하곤 한다. 그런데 단지에 35층짜리 동도 있고 10층짜리 동도 있다고 하자. 층수가 다른데도 하부 석재를 똑같은 높이로, 가령 4층까지 일률적으로 마감해야 하는가, 아니면 층수에 따라 차등화할 것인가 하는 문제가 생긴다. 후자로 한다면 10층짜리 동 조합원들은 안 그래도 층수가 낮아 고층 조망을 누리는 세대도 적은데 외관 특화까지 차별한다며 반발할 수 있다. 균등하게 하면 비용도 더 들고 디자인 측면에서도 안 좋아 사업적 가치는 떨어지지만, 해당 동 조합원은 상대적 박탈감에 분개하며 형평성을 지키라고 항의한다.

가장 우선해야 하는 것은 절차다. 절차를 준수하지 않으면 집행부가 날아가고 사업이 멈출 수도 있다. 다행인 것은 조합원도 이를 알기 때문에 절차를 밟느라 사업이 지연되는 것까지 문제삼지는 않는다는 점이다. 까다로운 것은 형평성이다. 갈등의 본질이 어느 한쪽의 권리를 침해하는 형평성의 문제인지, 여건과 상황의 차이를 무시하는 획일화의 문제인지, 혹은 조합원이 과한 욕심을 부리는 것을 형평성의 문제로 포장하는 것인지 구분해야 한다.

재건축·재개발은 사업이므로 효율을 앞세워야 하지만 우선순위에서 절차에 밀린다. 효율을 형평성보다 뒷전에 놓아야 할 때도 많다. 절차도 따지고 형평성도 따져서 효율은 후순위로 두어야 하니 재건축·재개발은 고약한 사업이다.

POINT

- 절차를 위배하면 법적 문제가 생기므로 최우선으로 챙겨야 한다.
- 형평성이 중대하게 훼손되면 소송에 휘말린다.
- 사업성은 외부 요인에 의해 큰 등락이 생기니 예산을 여유 있게 편성해야 한다.

기부채납 공사와
민원공화국

　행정청은 용적률을 높여주고 반대급부로 기부채납을 요구한다. 조합은 아파트와 상가 말고도 이런 기부채납 공사도 해야 한다. 도로와 공원이 되기도 하고 학교와 공공시설이 되기도 한다. 임대주택 공사도 있다. 사업시행계획 인가 및 세부 협의를 하면서 행정청은 오수관이나 우수관 같은 관로 공사도 요청한다. 단지가 클수록 기부채납도 많아진다. 이 비용만 500억 원 이상인 단지도 많다. 정비기반시설이 낙후된 재개발 사업은 말할 것도 없다.

　과거에는 이 공사도 모두 시공사가 했다. 요즘처럼 아파트와 상가만 하지 않았다. 그러나 행정청과 협상의 어려움, 다수의 지장물 공사에 따른 공사비의 변동성, 돈은 안 되는데 손은 많이 가는 저효율성 때문에 기피한다. 시공사가 하는 기부채납 공사는 임대주택 건축이 유일하다. 나머지는 조합이 별도로 업체를 뽑아서 해야 한다.

봉이 김선달

'기부채납'이란 말에서 '기부'는 어폐가 있다. 조합의 자발적인 기여가 아니라 행정청에 의해 반$\#$ 강제된 것이기 때문이다. '채납'(세금을 미납한다는 뜻의 '체납'이 아님)은 승인하여 받아들인다는 뜻이다. 즉 '기부채납'은 '민간이 기부하겠다는 것을 정부가 인정한다'는 의미여서 현실과 맞지 않는 용어다.

행정청을 봉이 김선달이라고 하는 사람들도 있다. 용적률 상향은 대동강 물과 같아서 행정청이 투자하는 몫은 제로인데 기부채납 시설은 공짜로 받기 때문이다. 사실은 봉이 김선달보다 더하다. 대동강 물은 아무리 내다 팔아도 표가 안 나지만 용적률을 높이면 일조가 나빠지고 영구음영 세대도 등장한다. 시선 간섭에 따른 프라이버시 침해도 심해진다. 답답할 정도로 아파트가 빽빽해져서 도시 미관으로도 마이너스다. 용적률 상향 정도를 낮춰서 조합원 부담을 늘리더라도 주거의 쾌적성을 높이고 기부채납 공사는 아파트 신축 공사와 연동되는 것으로 한정하는 방안을 검토할 필요가 있다.

임대주택과 공사비

　임대주택 마감재는 일반분양분과 동일해야 한다. 일반분양 마감재가 좋아질수록 임대주택 공사비도 늘어나는 구조인 것이다. 행정청에서 공사비를 지급하지만 자체 기준으로 산출된 금액이기에 실제 투입되는 공사비보다 많이 부족하다. 차액은 조합이 내야 한다. 조합이 임대주택을 공급하는 것까지는 좋은데, 행정청에서 최소한 공사비 원가는 보전해주어야 하지 않느냐는 의견도 있다.

　　　　　임대주택 평형 배분도 신경써야 한다. 임대주택 건립 총면적은 동일해도 평형을 어떻게 배분하느냐에 따라 공사비가 달라진다. 작은 평형을 많이 배치해서 세대수를 늘릴수록 공사비가 많이 든다. 반대로 큰 평형이 많아 세대수가 줄수록 공사비는 줄어든다. 평형이 크든 작든 설치해야 할 설비, 가구, 벽체 등의 세대당 공사비는 비슷한데, 작은 평형이 많아 세대수가 늘어날수록 설비, 가구, 벽체도 많아지면서 총공사비가 비례해서 늘어나기 때문이다. 15평짜리 200개보다 20평짜리 150개를 설치하는 게 공사비가 적게 들어가는 것이다.

고무줄 공사비와 막무가내 업체

아파트 공사와 기부채납 공사가 다른 것은 공사비에 대한 예측 가능성이다. 아파트 공사는 조합의 설계변경만 없다면 시공사에 계약 금액만 지불하면 된다.

기부채납 공사는 그렇지 않다. 행정청의 요구에 따라 여러 가지 시설이 추가되고 비용도 늘어난다. 오수관과 우수관 공사도 그렇다. 노후도에 따라 교체 여부가 달라지고 공사비가 늘면 늘지 줄어들지 않는다. 관로 주변의 통신선에 대한 이설 비용도 조합이 내야 한다. 이런 토목 공사는 원래 변동성이 큰데다 행정청이 수시로 요구를 추가하면서 변동성은 더욱 커진다.

행정청은 세대수가 많아졌으니 오수관도 크게 하고, 이왕 하는 김에 정비구역 밖에 있는 오수관도 교체하라고 할 수도 있다. 인근 하천에 있는 차집관까지 연결되는 오수관을 일괄 교체하는 것이다. 행정청의 요구사항은 자꾸 늘어나서 우수관 공사도 하라고 할 수 있다. 도로 공사도 비용 예상이 어렵다. 신호등도 늘어나고 가로수, 가로등도 늘어난다.

설계사, 시공사, 감리를 각각 별도로 뽑아야 하는 공사도 많은데, 모두 대의원회 의결과 입찰까지 거쳐야 하니 조합이 챙겨야 할 행정 업무도 늘어난다. 학교 착공 시기를 놓쳐 제때 개교하지 못하는 황당한 사태가 벌어지기도 한다.

업체가 늘어날수록 관리 업무도 많아진다. 공사 규모가 작다 보니 영세한 업체가 많이 한다. 자금 사정이 넉넉하지 않은 기업들이라 관리가 더욱 힘들다.

최악은 공사비 더 달라고 막무가내로 떼를 쓰는 경우다. 조합은 예정된 기한에 모든 공사를 마쳐야 한다. 그래야 이전 고시도 하고 조합도 해산할 수 있다. 조합의 이런 속 타는 사정을 꿰뚫고 있으니 업체가 '갑'이 되기도 한다. 시공사는 대기업이라 평판 관리를 위해서라도 조합의 눈치를 보는데, 영세한 업체들은 그런 것 없다. 당장 먹고살아야 하니 평판이고 뭐고 없다.

시공사도 기피하는 기부채납 공사

조합이 기부채납 공사를 전부 직접 챙기는 게 쉬운 일이 아니다. 일부 공사만이라도 아파트를 건축하는 대기업 시공사에 맡기는 게 좋다. 기부채납 공사를 전담하는 영세업체들 입장에서 볼 때 조합은 아마추어고 다시는 만날 일 없는 뜨내기 손님이지만, 대기업 시공사는 전문가집단이고 다른 현장에서 만날 수도 있으므로 만만하게 대하지 못한다.

기부채납 공사를 아파트 시공사에 맡기려면 계약서에 명기해야 한다. 이런 공사는 시공사가 기피하므로 계약서에 못 박지 않으면 나중에 추가하기 어렵다.

공사비는 늘어난다. 대기업과 중소기업의 인건비가 다르고, 대기업 시공사에 관리비용 명목의 간접비를 추가로 주어야 하기 때문이다. 그러므로 모든 공사를 맡기는 것은 지양하는 게 좋다. 단독 건축물 같은 공사는 조합 직발주로 하고, 관리가 어려운 공사만 맡기는 것도 방법이다.

조합엔 '갑', 조합원에겐 '을'

모 공공기관은 A 조합에 이미 합의한 것 외의 추가 사항을 자꾸 요구했다. 담당자는 이런 말까지 했다.

"아파트값도 많이 올랐으니 이것도 해주시죠. 조합에서 이 정도 돈은 돈도 아닌데."

민간이 할 일과 공공이 할 일의 구분이 없는 담당자의 요구에 A 조합장은 어떻게 답을 해야 할지 난감했다. 담당자 요구를 수용하자니 이사회와 대의원회에 어떻게 설명해야 할지 곤혹스러웠고, 거절하자니 인허가에 지장이 있을까 걱정되었다.

합의서가 있으면 합의서대로 해야 한다. 합의서는 법적 효력이 있으니 행정청도 함부로 합의서 이상의 요구를 할 수 없다. 합의서 내용을 초과하는 요구가 있으면 이사회, 대의원회 의결 절차를 다시 밟아야 하는데, 그것은 행정청에도 부담이다. 민원이 생기기 때문이다.

행정청은 '갑'이면서 동시에 '을'이다. 행정청은 인허가권을 갖고 있으므로 조합에는 '갑'이지만, 민원에 응대해야 하는 입장이므로 주민에 대해선 '을'이다. 더구나 합의서 이상을 요구하는 것은 권한 남용의 소지도 있으므로 민원으로 끝날 일이 아니다. 행정청이 조심하지 않을 수 없다.

관련 법령이나 조례도 꼼꼼히 살펴야 한다. 법령이나 조례에 없는데 담당자들이 잘 모르고 관행적으로 요구하기도 하기 때문이다. 공무원이 법령이나 조례에 반하는 요구를 할 수는 없으니 이럴 때는 협상이 순조로워진다.

합의서 이상의 요구를 하거나 거듭해서 무리한 요구를 하거나 법령이나 조례에 반하는 주장을 하면 민원을 고려해야 한다. 시공사에 대해 건건이 시위나 제보로 대응할 수 없듯 행정청과 협상도 제대로 안 하고 민원을 내는 것은 적절하지 않다. 하지만 대화가 정 안 되면 마지막 수단으로 민원도 내고 시위도 해야 한다.

사람 잡는 민원공화국

그러나 민원을 무기로 행정청과 각을 세우는 것은 신중해야 한다. 우리나라는 민원공화국이다. 교사도 죽이고 공무원도 죽인다. 민원이 뭐라고 죽기까지 하느냐 할 문제가 아니다. 당해보지 않은 사람은 모른다. 공무원이 민원에 약하다는 점을 무기로 근거나 자료도 없이, 혹은 이견 조정이 필요한 상황인데도 조합원을 동원해 집단으로 악성 민원을 가열차게 내면 안 될 일도 된다고 굳게 믿는 사람들이 있다. 그러나 담당자가 늑장을 부리거나 업무를 태만하게 해서 그러는 건지, 법령에 명확한 규정이 없거나 유사 사례가 없어서 그러는 건지 확인하는 게 우선이다. 후자라면 공무원도 난감해진다. 우긴다고 될 일이 아니다. 공무원이 부담 없이 결재할 수 있도록 근거와 자료를 잘 찾아서 제공할 필요가 있다.

담당자도 다 아는 것은 아니다. 실수도 한다. 이것을 약점으로 잡고 괴롭힐 대로 괴롭히곤 하는데, 어리석은 행위다. 당장은 조합이 득을 얻는 것처럼 보이겠지만 업무 실수는 조합이 훨씬 자주 범한다. 그때 담당자는 당한 것의 몇 배로 돌려준다. 법이나 업무지침에서 벗어난 월권행위까지 할 필요도 없다. 한 치의 여유도 없이 규정과 원칙대로만 처리해도 조합은 괴롭다.

공무원 중에도 여러 유형이 있다. 인허가권자로 군림하는 사람도 있지만 가이드로서 조력자가 되어주는 사람도 많다. 일도 못 하면서 힘쓰기 좋아하는 사람은 그것대로 대처해야 하지만 최대한 대화로 푸는 게 좋다. 공무원에 대한 선입견과 피해의식에 사로잡혀 사사건건 날을 세우면 대가를 치르게 된다. 한두 번은 통할 수 있지만 궁극적으로 조합은 인허가권자를 이길 수 없고, 가이드이자 조력자로 역할하는 사람까지 멀어지게 한다.

민원이 필요한 예외적인 상황도 있다. 법령으로 허용된다는 규정도 없고 허용하면 안 된다는 규정도 없는 상황이 그렇다. 허용 규정이 없는데도 인허가를 해주면 특혜를 준 것으로 오인되고 감사 지적사항이 될 수 있어 담당자는 몸을 사리게 된다. 그러나 민원이 발생해 해소 차원에서 인허가를 해주었다고 하면 책임에서 벗어날 수 있는 최소한의 근거는 마련된다. 과거에는 특혜 시비와 행정 비리가 많았기에 감사가 엄격해진 것까지는 좋은데, 지금은 그 수준을 넘어 민원 예방을 위한 적극 행정조차 가로막는 반대 편향이 존재한다는 점을 참고하면 좋다.

POINT

- 기부채납 공사는 변수가 많다. 예산을 넉넉하게 잡아야 한다.
- 기부채납 공사를 담당하는 업체는 영세하고 숫자도 많으므로 관리에 유의해야 한다.
- 행정청과는 법령과 규정에 따라 협상하는 게 중요하다.
- 행정청을 상대로 한 집단민원이나 시위는 마지막 수단이어야 한다.

3부

주인과 투자자

죽네

못해

편의점처럼 많은 비대위

재건축·재개발을 안다고 할 수 있는 기준선은 도시정비법 같은 법령, 건축, 사업시행계획이나 관리처분계획 같은 절차에 대한 지식이 아니다. 도박판이나 선거판처럼 재건축·재개발에는 사람으로 하여금 제정신을 유지하지 못하게 만드는 고유의 분위기가 있는데, 그것을 아느냐 모르느냐가 더 중요하다. 도박의 룰과 선거의 룰을 알아도 그걸 모르면 도박판이나 선거판을 안다고 할 수 없다. 재건축·재개발도 마찬가지다. 재건축·재개발을 알기 위해 필요한 것 중 하나가 비대위다. 그들은 이 바닥을 난장판으로 만드는 주범 중 하나다.

    재건축·재개발에서 비대위는 편의점처럼 많다. 어느 동네를 가도 편의점이 있는 것처럼 모든 사업장에는 비대위가 있다. 2022년 정비구역 지정 기준 전국의 사업장은 약 3,000개다. 조합장·추진위원장도 3,000명, 비대위도 3,000개 있다고 보면 된다.

비대위는 청렴, 투명, 공정, 소통, 봉사 같은 아름다운 말을 즐겨 사용한다. 재건축·재개발을 잘 모르는 조합원은 이런 말만 듣고 이들을 정의로운 세력이라고 믿는다. 재건축·재개발을 좀 알면 이들의 주장이 얼마나 타당한지, 얼마나 실현 가능성이 있는지 따질 수 있는데, 잘 모르는 조합원은 근사한 말에 혹해서 지지자가 된다. 그러나 세상에 존재하는 좋은 말은 다 갖고 와서 떠드는 사람들치고 제대로 된 사람은 없다. 그것은 습관처럼 몸에 스며들어 자연스럽게 드러나야 하는 것인데, 몸으로 보여줄 수 없으니 말로 때워서 속이는 게 목적이기 때문이다.

비대위는 때로는 집행부 교체에 성공한다. 비대위에 현혹된 조합원은 환호한다. 그러나 그것도 잠시이고, 이제부터가 시작이다. 무능하다고 일제히 규탄하던 구조합은 맛보기일 뿐이고 그때부터 헬게이트가 열려서 막장의 진수가 본격적으로 펼쳐진다. 대책도 없이 반대만 일삼던 무리가 책임져야 하는 자리에 덜컥 앉았으나 그렇다고 이제 와서 현실을 직시하고 포기할 것은 포기하자고 태세 전환할 수도 없다. 낭떠러지 외길만 고집하다 사업은 미증유의 파행으로 치닫는다.

조합을 파산 직전까지 몰아간 비대위

A 조합의 시공사는 일단 저가에 수주하고 그 후 계약 변경을 통해 공사비를 올리고 있었다. 조합장은 일반분양가를 높이면 올라간 공사비를 충당할 수 있다고 하면서 총회에서 승인받았다. 그러나 조합장이 제시한 금액은 일반분양가를 산정하는 HUG가 제시한 금액보다 높아서 가능한 주장이 아니었다. A 조합의 비대위는 시공사와 조합장을 싸잡아 비난하면서 조합을 장악했다. 여기까지는 모두가 수긍할 수 있었다. 이런 시공사와 조합을 그대로 둔다면 그게 비정상이다.

그다음부터가 문제였다. 신조합은 시공사와 연일 각을 세웠다. 처음에는 공사비 증액의 타당성을 문제 삼더니 시공사에 설계도면도 안 줘서 공사도 안 되게 했고, 일반분양 일정까지 미루면서 사태를 키웠다. 그렇게 하면 현장에서 압박을 느끼고 공사비 절감 협상에 나설 것이라는 계산이었다.

그러나 현장은 꿈쩍도 하지 않았다. 대치 상태가 계속되었다. 급기야 신조합은 총회를 열어 조합원들의 압도적인 찬성으로 공사비 증액 변경 계약을 파기했다. 그들은 이 강수가 시공사를 굴복시킬 묘수라고 자신했으나 사실은 자멸을 재촉하는 악수였다.

시공사는 적법하게 체결된 계약을 일방적으로 파기하는 조합의 결정을 인정할 수 없다며 공사 중단과 유치권 설정으로 맞섰다. 시공사가 보증을 서준 사업비 대여금의 만기가 다가오고 있었고 공정률이 50%에 달했는데 공사비를 한 푼도 주지 않은 것도 빚이었으니 쫓기는 것은 조합이었다.

그러자 신조합은 시공사 계약마저 해지하려고 했다. 다른 시공사를 데려오면 사업비 대여금이든 공사비든 다 해결된다는 주장이었다. 신조합과 시공사는 강경 대치를 계속했다. 그러나 사업비 대여금 만기가 다가오자 조합은 파산 위기에 몰렸다. 아파트 전체가 통째로 경매에 넘어갈 판이었다. 신조합은 백기를 들었다. 법적 정당성도 없고 실현 가능성도 없는 주장으로 일관했으며 시간에도 쫓기고 있었기 때문에 파국은 정해진 수순이었다.

그제서야 조합원은 사태의 심각성을 깨닫고 신조합에 대한 지지를 철회했다. 신조합은 해산되고 새로운 집행부가 들어섰다. 조합원이 집행부에 힘을 실어주면서 구사일생으로 사업이 정상화되었다.

피해망상과 과대망상

공사비 증액 계약은 적법한 것이었다. 조합장 혼자 한 게 아니라 총회에서 결의된 것이기 때문이다. 구조합의 조합장이 일반분양가를 올려서 만회하면 된다고 한 것은 HUG 방침에 반하는 것이기에 가능성이 없었고, 조합원이 분노하는 것은 당연했다. 그러나 이는 조합 내부의 문제일 뿐이기에 시공사와의 계약 파기를 정당화해주지 못한다.

시공사 교체는 가능성이 거의 없었다. 착공 초기도 아니고 공정률이 50%에 달한 사업장에는 어떤 시공사도 들어오지 않는다. 하자가 발생할 위험이 크고 하자 발생 때 책임 소재 규명이나 하자 보수의 어려움 같은 부담도 크기 때문이다. 강성 조합에 대한 불안감도 크다. 적법한 계약을 일방적으로 파기할 정도로 대책 없는 조합과 손잡는 것은 무모한 일이기 때문이다.

그런데도 신조합이 막판까지 조합을 장악한 배경에는 선동꾼들이 있다. 선동꾼은 조력자들을 포섭해서 아군으로 만든다. 이들은 조합원의 두 가지 망상을 건드린다. 우리가 조합장과 시공사에 당하고 있다는 피해망상, 우리가 단결해서 싸우면 조합장도 이기고 시공사도 이길 수 있다는 과대망상이다.

다수가 필요한 것은 아니다. 상자 안의 사과를 곪게 하는 게 사과 한 알인 것처럼 조합을 망치는 것도 일부다. 소수만 똘똘 뭉쳐도 천하무적이다. 똘똘 뭉쳐 있는 1%는 흩어져 있는 99%를 이긴다. A 조합에도 무리지어 다니는 선동꾼이 있었다. 그들은 자신에게 반대하는 글이 올라오면 조직적으로 악플을 달고 조리돌림을 했다. 논리는 필요 없다. 설득이 아니라 제압이 목적이고 그러려면 똘똘 뭉쳐 있는 1%로 조리돌림을 해버리는 게 효과적이다.

누군가가 나서 "공사비 증액 계약은 총회 의결을 거친 것이니 우리의 과실 아닌가?"라고 물으면 그들은 "공사비를 증액한 구조합의 잔당"이라고 공격했다. "공사를 이미 한참 진행한 상태라서 다른 시공사가 들어오는 게 불가능한 것 아닌가?"라고 따지면 "현 시공사의 앞잡이라서 시공사 교체를 반대한다"고 몰아갔다. 많은 사람들이 오랫동안 지워지지 않을 불도장 같은 내상을 입었을 것이다. 지켜보던 사람들도 험한 꼴을 당하지 않으려면 침묵해야 했다. 그 사이 선동꾼과 조력자들은 판을 장악해 나갔다. 뭐가 뭔지 모르는 사람들은 대세를 따라갔다.

아무리 그래도 대세에 동참한 숫자는 놀라웠다. 공사비 증액 계약 취소 안건에 대한 총회 찬성률이 무려 94.5%였다. 상대방이 있는 계약을 어느 한쪽이 일방적으로 취소한다고 취소되는 게 아님을 그 많은 사람들이 몰랐다는 사실은 믿기 힘들었다. 재건축·재개발이 얼마나 군중심리에 지배되는지, 명색이 조합의 최고 의결기관인 총회가 사실은 얼마나 요식적인 행위인지 여실히 보여주었다.

구조합은 여러 가지를 잘못했다. 시공사에 너무 끌려다녔고 조합원에겐 희망고문을 했다. 그러나 신조합처럼 조합을 파산 직전으로 몰고 가지는 않았다. 구조합의 잘못이 징계감이라면 신조합은 제명감이었다.

비대위는 변수 아닌 상수

비대위는 A 조합만의 일이 아니다. 재건축·재개발에서 비대위는 변수가 아닌 상수다. 등장 자체를 원천적으로 막을 수는 없다. 비대위는 조합을 장악하기 위해 수단 방법을 가리지 않는다. 망설임이 없다. 심야의 폭주족처럼 거침이 없다. 재건축·재개발이 처음인 사람은 이들의 무논리, 비이성, 무지막지함에 질리게 된다.

비대위가 애용하는 메뉴 중 하나가 조합장의 비리 이슈다. 밑도 끝도 없이 조합장을 비리 의혹으로 물고 늘어지고, 하나만 걸리면 된다는 식으로 닥치는 대로 고소 고발한다.

B 조합은 오랜 내분으로 소문이 자자했다. 조합장에 대한 고소 고발이 끊이지 않았다. 개인정보보호법, 명예훼손, 횡령, 배임, 절도 등 혐의도 다채로웠다. 그러나 모두 무혐의 처리되었다. 한두 개도 아니고 시시때때로 고소 고발을 남용하는 세력은 비대위다. 조합장 스스로 지쳐 나가떨어지게 하는 것이다.

선을 넘는 행위도 한다. 조합장의 손발을 자르기 위해 주변 인물을 괴롭힌다. 가족도 건드린다. C 조합의 비대위는 조합장 주변 인물들의 직장이 어디인지 찾아내 투서를 보내곤 했다. "귀사의 모 직원이 비리 의혹이 있는 조합장과 가깝게 지내고 있다", "회사 일은 안 하고 조합 일만 한다"는 등 떠든다. 재건축·재개발에 대해 선입견을 가진 이들의 편견을 파고드는 것이다. 웬만한 사람은 부담을 느껴 조합장을 멀리하게 된다. 몸통을 치기 어려우니 손발부터 자르는 식이다.

가족도 예외가 아니다. C 조합장의 아내는 어느 날 전화 한 통을 받았다. 모르는 번호였다. 조합장의 전화번호를 물어보았다. 조합장 아내의 번호도 아는 사람이 조합장의 번호를 모를 리 없으니 용건은 그게 아니었다. "내가 당신을 지켜보고 있다. 당신의 개인정보도 갖고 있다. 알아서 처신하라"는 협박이었다. 귀곡산장의 주인장 같은 음산한 목소리였고 섬뜩함을 느꼈다고 한다. 다행인 것은 영리한 사람이 아니어서 꼬리를 남겼다는 점이다. 번호를 추적해보니 C 조합장도 아는 인물이었다.

안 좋은 상황이 펼쳐지면 이유 여하를 막론하고 조합장의 문제로 몰아가기도 한다. 목표는 조합원의 불안감을 자극해 조합장을 고립시키는 것이다. 상황 개선은 안중에도 없다.

D 조합은 시공사 선정 단계였다. 그러나 코로나와 전쟁으로 공사비도 급등하고 D 조합의 사업성도 낮아 흥행에 실패했다. 입찰에 들어온 시공사가 없었다. 다른 조합도 파리 날리는 것은 마찬가지였다. 시장 상황이 나빠져서 그런 것이었지 조합장의 문제는 아니었다. 그런데 조합장이 무능하기 때문이라고, 이런 상황도 예상하지 못한 채 대책도 세우지 않은 조합장이 문제라며 프레임을 바꾸는 사람들이 나타났다. 상황 개선을 바란다면 대안을 제시하면 된다. 공사비가 낮아 시공사

가 들어오지 않은 것이었으니 공사비를 얼마나 올릴지 중지를 모으면 된다. 그러나 비대위는 이런 이야기는 쏙 빼고 조합장의 문제로 프레임을 설정한다. 사업 진행이 아니라 조합장을 궁지로 몰아넣는 게 목적이기 때문이다.

의견이 다르면 소통해서 다수결로 처리하면 된다. 그러나 비대위는 의견 차이를 적대적 싸움으로 몰아간다. E 조합장은 고급주택을 표방했다. 마감재도 최상급으로 쓰고 중대형 평형도 최대한 많이 만들었으며 필로티도 과감하게 적용했다. 고급화에 투자하면 투자한 이상의 가치가 돌아온다는 논리였다. 그러자 반발하는 조합원이 생겨나기 시작했다. 주머니 사정이 넉넉하지 않은 조합원이 많았으니 이해도 되었다.

비대위는 다르다. 조합장에 대한 불만이 많아진다는 게 그들에겐 호재다. 집값에 미친 조합장이 투기를 부추긴다며 조합장과 조합원을 이간질했다. 고급주택을 만들 것이냐, 조합원의 주머니 사정을 고려해서 적당한 수준의 단지를 만들 것이냐는 선택의 문제지 정답과 오답이 있는 문제는 아니다. 그러나 비대위는 끊임없이 필요 이상의 갈등을 조장했다.

비대위는 늘 조합의 실수를 기다린다. 그러나 조합이 실수할 때까지 손 놓고 있기만 하는 것은 아니다. 사냥꾼이 되어 덫을 놓기까지 한다.

F 조합은 한 차례 조합 설립이 취소되는 사태를 겪었다. 비대위의 노림수에 걸렸기 때문이다. 조합을 설립하려면 동의

서를 걷어야 한다. 동의서 하단에는 서류를 제출하는 날짜를 기록하게 되어 있다. 조합 서류에는 보통 '월'은 기록되어 있는데, '일'은 공란으로 되어 있다. 조합원마다 제출 날짜가 다르기 때문이다. 행정청에 서류를 내기 전 조합 실무자가 동의서를 살펴보니 '일'에 날짜 표기가 없는 게 수십 장이었다. 단순 착오라 생각한 실무자는 별생각 없이 '일'에 날짜를 적고 서류를 냈다. 며칠 후 조합 설립 인가가 나왔다.

그런데 행정청에서 갑자기 조합 설립을 취소해야 한다고 연락이 왔다. 사문서 위조라는 것이었다. 내막을 알아보니, 비대위 인사들이 행정청에 찾아가서 자신은 동의서에 날짜 표시를 안 한 것 같은데, 서류가 어떻게 되어 있는지 보자고 한 것이다. 동의서를 보니 한 사람의 필체로 날짜가 적혀 있는 게 확인되었다. 당사자가 아닌 제삼자가 썼으니 사문서 위조가 되어 조합 설립이 취소된 것이다.

비대위는 왜 많은가?

비대위는 사업 초반에도 생기고 중간에도 생긴다. 후반으로 갈수록 시들해진다. 먹을 게 없어지기 때문이다. 거꾸로 말해 먹을 게 많은 초반이나 중반에는 거침이 없다. 비대위의 산파 역할을 하는 전문 꾼들도 있다. 이들은 여기저기 사업장을 찾아다니며 비대위를 조직하는 데 열심이다. 비대위가 조합을 장악하면 업체를 연결해주는 브로커 역할을 해서 돈을 챙긴다.

조합원은 사분오열되어 있어 하나로 뭉치기가 태생적으로 힘들다. 조합에 대한 신뢰도 낮고 재건축·재개발에 대한 지식도 부족하다. 무엇을 어떻게 해야 좋을지 모르니 팔랑귀가 되어 여기저기에 휩쓸린다. 조합의 업무 처리도 미숙해서 불안과 의심을 더하게 된다.

초기 조합 집행부는 보통 단지에서 많이 알려진 사람들 위주로 구성된다. 능력이나 성품이 아니다. 그 결과 업무도 미숙하고 소통이 안 되는 경우도 많다. 실수도 한다. 이때 비대위가 민주투사가 되어 등장한다. 업무 미숙을 무능함으로, 소통 미흡을 제왕적 조합장으로, 의도치 않은 실수를 비리나 업체 유착으로 둔갑시켜 공격을 퍼붓는다.

그러면서 조합이 하는 모든 일에 사사건건 반대하고 딴죽을 건다. 조합이 고급화를 추구하면 "조합원들 형편은 생각도 안 하고 시공사에 퍼주기만 한다"고 욕하고, 조합이 고급화에 미온적이면 "단지를 싸구려로 만든다"고 비난한다. 조합이 속도를 올리면 "속도보다 제대로 가는 게 중요하다"고 태클 걸고, 조합이 만전을 기하느라 속도가 나지 않으면 "은행 이자에 조합원은 등이 휘는데 조합장은 천하태평"이라며 매도한다.

모르긴 몰라도 재건축·재개발의 3,000개 사업장 중 매년 수십 명의 조합장이 해임될 것이다. 조합원은 앓던 이가 빠진 것처럼 흥분해서 새 조합장을 뽑는다고, 이제 우리 조합에도 서광이 비치기 시작한다고 희망에 부푼다. 일부 조합은 그동안 꼬인 실타래를 하나씩 풀고 정상화의 길로 접어든다.

그러나 다 그러는 것은 아니다. 쿠데타가 밥 먹듯 일어나는 아프리카 국가처럼 간판만 바뀔 뿐 막장에 난장판에 아수라장으로 날밤을 지새우는 조합도 많다. 공약도 안 지키고 소통도 안 한다며 조합장을 쫓아냈으나 자신들 또한 공약도 안 지키고 소통도 안 해 욕을 먹고 쫓겨나는 악순환이 반복된다.

희망 고문과 정신 승리

재건축·재개발은 이파전 아니면 삼파전이다. 집행부와 비대위로 나뉘는 이파전은 기본이고, 삼파전이 벌어지는 조합도 있다. 그런데 조합에 반대하는 사람을 모두 비대위라고 규정하는 것은 삼가야 한다. 그중에는 건전한 대안세력도 있기 때문이다. 조합원은 이 둘을 잘 구분해야 한다. 맞는 얘기, 틀린 얘기, 반은 맞고 반은 틀린 얘기들이 뒤섞여서 소음화되는 바람에 어려움이 따르겠지만 어쩔 수 없다.

우리 조합도 삼파전이었다. 조합과 비대위 외에 카페 운영진이 있었다. 전임 조합장이 보기에는 자신에게 반대하는 모든 조합원이 비대위였겠으나 카페 운영진은 비대위와 달랐다. 유치원과의 소송, 부실한 모델 하우스, 깜깜이 공사비 증액 내역 등의 현안에 대해 근거와 자료를 준비했고 조합원과 소통하고 공유했다. 아니면 말고 식으로 누구를 공격하지 않았으며 직장 투서처럼 선을 넘는 행위를 한 적도 없었다. 비판을 위한 비판도 하지 않았다. 가능하면 대안을 제시하려 했고, 되돌릴 수 없는 사안이라 대안을 제시하는 게 무의미하면 문제점이라도 정확하게 지적하려 했다. 이런 노력이 있었으니 주류가 될 수 있었다.

유불리를 우선하느냐, 현실을 우선하느냐도 중요한 판단 기준이다. 조합에 유리해도 안 되는 것은 포기하고 조합에 불리해도 수용해야 할 사안들이 있다. 현실을 먼저 따지고 다음에 최선의 길을 찾아야 한다. 이 순서가 바뀌어 있느냐 아니냐에 따라 비대위인가, 건전한 대안 세력인가를 판단할 수 있다. 조합원은 냉정한 현실주의자가 되어야 한다. 현실 가능성은 따지지 않은 채 달콤한 이야기만 하는 사람들에게 조합을 넘겨주면 나중에는 피눈물을 쏟는다. 그렇다고 누구를 원망할 수 있는 일도 아니다. 희망 고문에 넘어가는 것은 사업에 대한 무지와 나태의 산물이자 자기 욕심을 투사한 결과이므로 하는 사람뿐 아니라 당하는 사람의 책임도 크기 때문이다.

I 조합 임원 선거에서는 시공사의 공사비 증액이 이슈가 되었다. 증액 규모가 적정하냐, 얼마를 올리는 게 맞느냐를 갖고 갑론을박이 오가는 와중에 어느 후보자는 공사비는 올릴 게 아니라 오히려 깎아야 한다고 했다. 협상의 주도권을 잃고 시

공사에 끌려다니기만 했다고 현 조합을 비판했다. 시공사 출신의 전문가인 자신이 협상했다면 공사비는 대폭 낮아졌을 것이라고 큰소리쳤다. 조합원은 환호하며 당선시켜 주는 것으로 화답했다. 결과는 달라지지 않았다. 공사비는 깎인 게 아니라 올랐고 그는 아무 역할도 못했다.

외부 정보를 취사선택하는 일차적 기준이 유불리인 사람들이 있다. 현실 가능성은 뒷전이고 유리한 정보는 일단 받아들이고 불리한 정보는 거부하는 식이다. 당선을 위해 조합원을 속였으니 일차적 책임은 그 후보자한테 있지만 속은 조합원들에게도 책임이 없을 수 없다. 정신 승리에 대한 책임은 져야 한다.

J 조합장이 선거운동을 하는 와중에 어느 조합원은 공기 1개월 단축을 공약으로 걸라고 했다. 시공사와 얘기를 해봐야지 공기를 조합장 마음대로 결정할 수 있느냐 반문하니까 예상하지 못한 답이 돌아왔다.

"공기 단축이 목적이 아니라 조합장 당선이 목적이다. 조합원은 나중에는 다 까먹는다. 정 안 되면 시공사가 거절해서 안 됐다고 하면 된다. 욕은 시공사가 먹는다."

조합원이 다 까먹는다는 말은 일단 사실이 아니다. 조합원은 저런 공약은 절대 잊지 않는다. J 조합장이 공약으로 하지 않았으니 망정이지, 공약을 지키라고 득달같이 몰아세우는 비대위에 임기 내내 발목을 잡힐 뻔했다.

만약 저 공약을 내걸었으면 J 조합장의 득표율은 높아졌을 것이다. 대신 조합원한테는 거짓말로 희망 고문하고 비대위에는 먹잇감을 주며 자신은 궁지에 몰리고 시공사는 욕받이가 되어 조합과 사이가 틀어지는 대가를 치러야 했을 것이다. 사업이 잘못되면 조합원도 고스란히 피해를 본다. 무책임한 주장을 한 사람한테 책임을 물을 수는 있지만 사후적인 조치일 뿐이다. 피해를 예방하고 손해를 줄이려면 저런 허무맹랑한 주장은 조합원이 알아서 걸러야 한다.

비대위도 아마추어

사업이 극한의 파행으로 치닫는 것은 시공사 때문이 아니다. 집행부가 엉망진창이거나 집행부와 비대위의 갈등이 막장으로 치달을 때 사업이 망가진다. 시공사는 최대한의 이윤을 뽑으려 하지 사업이 망가지는 것은 원하지 않는다. 최소한의 이윤도 뽑지 못하게 되기 때문이다.

   조합이 아무리 잘해도 비대위는 등장하지만 비대위가 극성을 부리는 데에는 조합의 책임도 크다. 조합이 어떻게 하느냐에 따라 비대위는 조합을 위협하는 세력이 될 수도 있고 근근이 명맥을 유지하는 수준에 머물 수도 있다. 조합에 대한 상습적인 반대자까지 없앨 수는 없지만 세력화는 막아야 하고 실제로 막을 수 있다. 막지 못한다면 조합의 책임이므로 운영

방식에 대한 깊은 성찰이 필요하다. 비대위의 출현은 상수지만 세력화 여부는 조합이 하기에 따라 달라지는 변수인 것이다.

다행인 것은 비대위도 재건축·재개발을 모른다는 점이다. 자리 욕심만 가득할 뿐 학습이나 연구를 하지 않는다. 아무것도 모르는 사람들한테는 대단한 전문가처럼 보이지만 속내를 들여다보면 그들도 눈감고 코끼리 다리를 만질 뿐이다. 실력이 없으니 조합이 제대로만 하면 비대위가 위협적인 세력으로 커지는 것은 막을 수 있다.

우리 조합의 비대위도 세력화에 실패했다. 내가 취임한 초기에만 잠깐, 그것도 음지에서 활동했다. 서너 차례에 걸쳐 조합원에게 익명으로 괴유인물을 살포했다. 익명이니 누구인지 알 수 없었고 자신들의 신원이 드러나지 않으니 가짜 뉴스로 도배해서 양껏 뿌려댔다. 그러나 그뿐이었다. 조합원의 호응이 없자 몇 번 하더니 제풀에 지쳐 나가떨어졌다.

나를 고소 고발한 적도 없었다. 조합장을 한 지 만 3년쯤 되었을 때 어느 중앙일간지 기자가 찾아왔다. 여러 가지 이야기를 하다가 뜬금없이 나에게 개인적으로 걸린 소송이 몇 개인지 물어보았다. 하나도 없다고 대답하니 놀라워했다. 소송에 걸리지 않은 조합장이 거의 없다는 것이다. 비대위는 나를 해임하려는 시도도 한 적이 없다. 조합장 해임은 어느 정도 세가 있어야 시도라도 할 수 있는데, 그들한테는 그것도 벅찼다. 잊을 만하면 한두 명이 단톡방에서 한마디씩 던지는 게 고작이었다.

괴물이 되지 말아야 한다

비대위의 득세를 막기 위해 고려해야 할 게 몇 가지 있다. 가장 중요한 것은 조합원의 지지다. 비대위와 싸우는 것은 그다지 중요하지 않다. 조합원의 지지를 얻기 위해 노력하는 것이 곧 비대위와 싸우는 것이다. 조합이 조합원의 절대적인 지지를 받으면 비대위도 함부로 움직이지 못하기 때문이다.

조합원의 지지를 받는 데 가장 필요한 것은 소통이다. 한 달에 최소 한 번 정도는 진행되는 상황, 진행된 결과, 앞으로의 주요 일정 등에 대해 조합원에게 알려야 한다. 요점 정리가 아니라 상세히 알릴수록 좋다. 재건축·재개발이 복잡하므로 아무리 상세하게 설명해도 조합원에게는 어려운 게 현실이다. 그러나 조합장이 소통한다는 사실만으로도 많은 조합원은 안심하고 일부 조합원은 열심히 연구해서 하나씩 알아가기도 하므로 무용한 일이 아니다.

소통하려면 결과도 좋아야 한다. 결과가 좋아서 소통하는 게 아니라 결과가 좋아야 소통할 수 있으므로 소통은 조합장에게 사업 성과를 높이도록 강제하는 장치이기도 하다. 결과가 완전히 만족스럽지 않더라도 납득할 수 있는 수준으로는 만들어야 한다.

조합원의 지지가 있어도 비대위는 활동을 멈추지 않는다. 직접적인 대응을 해야 할 때도 있다. 그러나 조합장이 나서는 것은 자제하는 게 좋다. 비대위의 노림수는 조합을 진흙탕으로 만드는 것이므로 조합장이 싸움에 나설수록 비대위한테는 호재다. 싸우다 보면 흥분하고 격해져서 실수도 하게 되고 시간도 뺏기고 조합 업무에 집중하지도 못해서 사업이 부실해지기 때문이다. 그게 바로 비대위가 노리는 점이다. 비대위는 말이 통하는 사람들이 아니어서 효과도 없다. 꼭 필요할 때 필요한 정도만 상대하고 업무에 집중해야 한다. 괴물과 싸우면 괴물이 된다. 괴물이 되지 않도록 조심해야 한다.

우리 조합에서는 다른 사람들이 나서주어 비대위를 상대했고 내가 나서지 않아도 될 때가 많아서 가능했다. 아무도 나서지 않고 방임했다면 상황은 달라질 수도 있었다. 상대가 누가 됐든 싸움을 한다는 게 피곤하고 부담스러운 일인데, 때로는 방패가 되고 때로는 창이 되어 준 사람들이 많았다.

조합장은 <트루먼 쇼>의 주인공

내부 갈등을 원만하게 수습하는 것도 필요하다. 조합원은 불안해하고 비대위가 이 틈을 비집고 들어와 확성기에 대고 떠들기 때문이다. 우리 조합 임원진에도 몇 가지 문제가 있었지만 외부에 알려지지 않게 조용히 정리했다. 노출을 피하는 게 목적이 되어 곪아 터질 때까지 방치하다 수습 불능 상태가 되면 안 되지만 작은 일만 있어도 다 오픈해서 여론으로 해결하려 들면 잃는 것도 많다.

조합장의 권한을 어디까지 행사할 것인가도 고려 사항이다. 권한을 120%로 행사하는 조합장도 있다. 법망을 교묘하게 피하거나 위법과 준법 사이에서 곡예를 한다. 한두 번이면 모를까, 힘자랑에 맛을 들인 조합장은 한두 번이 서너 번이 되고 서너 번이 습관이 되어 제 무덤을 판다. 이견이나 반대가 있으면 망신을 주고 비난의 표적으로 만든다.

독재는 능력이 있어야 가능하고, 규정을 넘는 조합장의 권한 행사도 실력이 따라야 한다. 뚜렷한 성과가 있으면 용인되기도 하기 때문이다. 그러나 그것도 시한부일 뿐 영원하지 않다. 하물며 성과도 없으면서 함부로 힘자랑하면 마지막이 불행해진다. 살면서 여러 번 목격했고 일상에서도 자주 경험하는 일들인데, 이걸 잊는 사람들이 많다.

선택지는 두 개다. 권한의 80%만 행사할 것인가, 규정에 반하지 않는 선에서 최대치로 행사할 것인가. 어려운 일이다. 80%만 가동하면 만만하게 보이고 늘 최대치로 하면 반감을 사기 때문이다. 격의 없이 소통하되 만만하게 보이지 않아야 하고 공감을 얻어야 한다. 그러기 위해서는 권한의 80%만 행사할 때와 최대치를 행사할 때를 잘 가려야 한다. 전자든 후자든 꼭 좋은 것도, 꼭 나쁜 것도 아니다. 사안과 상황에 따른 적절한 선택지를 고르는 게 중요하다.

실수를 줄이는 것도 중요하다. 그러려면 매사 서두르지

않아야 한다. 조합장에게 재건축·재개발은 속도전이 아니다. 속도가 더뎌도 실수를 줄이고 정확하게 하는 게 좋다. 그게 결국은 속도도 빠르게 하고 비용도 줄이는 길이다.

비대위를 제어하기 위해서도 필요하다. 성과가 없어도 실수를 안 하면 버틸 수 있지만 성과가 있어도 실수가 잦으면 위태로워진다. 정상적인 업무 추진이거나 불가항력에 따른 것이어도 손실과 피해가 생기면 이유 불문하고 조합의 책임으로 몰아가는 게 비대위다. 그러므로 실수임이 분명하고, 그것도 여러 차례 반복되면 조합이 코너에 몰리는 것은 순식간이다. 공功이 많아도 그것이 허물을 덮을 순 없다. 과過에 대한 우리의 반응성은 공에 대한 반응성보다 열 배는 크기 때문에 비대위의 선동에 넘어가는 조합원이 많다.

조합장은 〈트루먼 쇼〉의 주인공이다. 사람 만나는 것, 만나서 하는 말, 통화와 단톡이 모두 드러난다고 생각하는 게 좋다. 통화는 모두 녹음되고 간담회 같은 걸 할 때도 누군가가 몰래 녹음한다고 생각하는 게 좋다. 말도 조심하고 톡도 조심해야 한다. 비대위가 현미경으로 들여다보고 있으니 오해의 여지가 있는 말, 빌미가 될 수 있는 톡은 삼가야 한다.

조합장의 약점을 잡기 위해 주변을 서성이는 사람도 있다. 조합을 조종하는 데 그것만큼 효과적인 수단도 없기 때문이다. 조합장 주변 인물을 탐문해 건수를 찾아내거나 자신과 가까운 사람을 조합장 주변에 두어 안테나 역할을 맡기기도 한다. 그러므로 조합장에게 말이나 톡을 조심하는 것보다 더 중요한 게 사람을 조심하는 것이다. 언제 누구를 만났고 무슨 일을 했는지 일지로 남길 필요도 있다. 사실관계를 확인해야 할 때도 있고 행적을 증빙해야 할 때도 있다. 알리바이를 대지 못해 누명을 쓰고 곤경에 처할 수 있다. 나도 일지를 기록했다.

투자자와
봉사자

무난하고 준수하게 사업을 마무리한 조합도 있지만, 돈도 줄줄 새고 들어간 돈만큼 아파트 품질이 나오지 않아 골병든 조합도 있다. 사람에 대한 투자를 안 하는 것도 큰 원인이다. 조합원은 마감재, 외관, 조경, 커뮤니티에 돈을 쓰는 데는 대체로 동의한다. 그러나 조합에 대한 투자, 즉 상근자든 임원이든 대의원이든 자발적 봉사자든 사람에 대한 투자에는 인색한 사람들이 있다.

    조합 사업의 특성상 이런 반대 의견이 일부만 있어도 사람에 대한 투자는 어렵다. 찬성하는 사람이 대다수여도 그렇다. 특히 비대위는 두고두고 물고 늘어진다. 조합원의 시기심을 자극하는 좋은 소재이기 때문이다. 대의원회나 총회에서 숫자의 힘으로 통과시킬 수는 있지만 후유증을 각오해야 한다. 소송도 기다린다.

"적정 수준의 인센티브 지급은 가능하다"

A 조합장은 표류하던 조합을 중간에 맡아 놀라운 추진력과 속도로 사업을 이끌었다. 남들은 4~5년 걸릴 업무를 단 2년 만에 마쳤다. 앞 단계 사업이 완료된 후 다음 단계 업무를 시작하는 게 아니라 400m 계주처럼 앞 단계 사업의 마무리 시점을 예상해서 미리 다음 사업에 착수한 것도 비결이었다. 조합 내분도 재빨리 정리했고 행정청과 협상도 강단 있게 이끌었다.

문제는 그다음에 일어났다. 당시는 부동산 침체기였다. A 조합도 미분양이 절반을 넘었다. 조합원의 불안이 커졌다. A 조합장은 손실이 있으면 자기 돈으로 보상하겠다고 약속했다. 대신 수익이 발생하면 인센티브를 달라 요청했다. 우여곡절을 거쳐 조합장과 임원 등 10명이 손실에 대한 연대책임의 담보로 55억 원 한도의 개인 재산을 걸되, 수익이 발생하면 담보를 제공한 10명에게 수익의 20%를 인센티브로 지급하는 안건이 총회를 통과했다.

A 조합은 그 후 몇 달 동안 분양 설명회를 개최하고 여기저기 광고를 하는 등 총력을 기울여 미분양을 모두 해소했다. 덕분에 조합의 수익은 1,000억 원, 인센티브는 200억 원으로 예상되었다. 총회 의결 당시는 침체기였으니 미분양이 언

제 해소될지 누구도 장담할 수 없었는데 결과적으로는 A 조합장의 승부수가 통했다.

그런데 일부 조합원이 반발했다. 인센티브 지급을 취소해야 한다는 소송을 제기했다. 의결 절차에 하자가 있었다는 것도 이유였으나 그게 다가 아니었다. 사업 성공에 조합장과 임원의 기여는 없었고 인센티브가 조합원의 이익을 침해한다는 것도 이유였다.

절차의 하자에 대한 것은 소송 제기자들의 법리 오해 때문이었으니 법적으로 따지면 되었다. 그러나 조합장의 기여를 부정하는 것은 세평과 온도차가 컸다. 표류하던 사업을 맡아 성공적으로 추진한 것은 A 조합장의 공임을 부정하기 힘들었기 때문이다. 조합원의 이익을 침해한다는 것은 의견이 갈릴 수 있는 주장이었다. 1,000억 원의 이익에서 인센티브 200억 원을 제외하면 그만큼 환급금이 줄어드니 조합원의 이익에 반하지만, 판단 시점이 다르면 결론도 달라진다. 총회 결의는 미분양이 대거 발생한 시점에 있었다. 앞으로 어떻게 될지 누구도 장담할 수 없었다. 그런데도 미분양이 해소되어 큰 수익이 난 것은 조합장과 임원에게 인센티브라는 동기가 있었기 때문이다. 즉 판단 시점을 총회 결의가 있던 때로 하면 인센티브 안건은 조합원의 이익에 부합하는 것이었다.

1심과 2심에서는 조합이 이겼다. 총회에서 통과된 것이니 모두가 예상한 결말이었다. 그러나 대반전이 일어났다. 3심에서 파기환송된 것이다. 이후 파기환송심을 거쳐 최종적으로는 수익의 20%가 아닌 7%로 확정되었다. 조합장과 임원의 기여가 있으니 인센티브를 지급할 수 있지만 규모가 과하니 조정되어야 한다는 것이다.

법원에서는 공법인으로서의 조합의 성격 및 재건축·재개발의 공공성, 조합의 자율성과 재량의 정도, 조합 임원들의 직무와 인센티브 사이의 합리적 비례관계를 고려해야 한다고 했다. 업무 수행 기간, 업무 수행 경과와 난이도, 실제 기울인 노력의 정도, 조합원이 얻는 이익의 규모, 예상하지 못한 사정변경의 유무 등을 세부적으로 검토해야 한다고 했다.

손실 보상액은 55억 원이고 인센티브는 20%로 하는 것도 문제 삼았다. 정액과 정률의 차이로 인해 손실 보상액은 한도가 정해진 반면 인센티브는 훨씬 큰 폭으로 늘어날 수 있게 설계한 것은 비례의 원칙에 반한다고 본 것이다.

인센티브는 많은 조합에서 논란이 벌어지는 이슈이다. 이 판결은 이에 관한 기준을 제시해 소모적인 논란을 줄일 수 있게 한 의미 있는 판결이었다. 먼저 총회 결의는 절대불변이 아니었다. 아무리 총회에서 통과되었다 해도 공법인으로서 조합의 성격에 반하면 법원이 개입해서 조정할 수 있다는 것이다. 인센티브 지급을 부정하지 않은 것도 의미 있었다. 그 규모가 적정 수준이라면 지급할 수 있다는 것이다. 이를 위한 세부 판단 기준과 근거를 제시한 것도 참고할 필요가 있다. 사업장

특성에 따라 세부 기준은 달라지겠지만 그게 합리적이라면 앞으로는 법원도 인정할 수 있다는 판례를 남겼다. 이런 판례가 계속 쌓이면 표준을 세울 수도 있을 것이다.

짧은 시간에 가능한 일은 아니다. 오랜 시간이 걸리고 많은 경험적 자료가 필요한 일이다. 그동안은 논란과 진통을 피할 수 없다. 우리 조합에도 인센티브 이슈가 있었다. A 조합의 소송이 진행되는 와중이었다.

인센티브 공약의 철회

나는 조합장 선거에 나가면서 공로자에 대한 인센티브를 공약했다. 조합원 투표로 공로자 10명을 선정해 1인당 평균 1억 원씩 총 10억 원을 지급하겠다는 공약이었다. "표 깎아 먹는 공약을 왜 미리부터 하느냐. 나중에 해야 한다"며 반대하는 사람도 있었다. 그러나 재건축의 성공을 위해서는 능력 있는 조합원의 참여가 필수고, 동기 부여를 위해서는 인센티브가 필요한 만큼 처음부터 있는 그대로 밝혀서 조합원의 판단을 받는 게 옳다고 보고 공약으로 내걸었다.

반발이 없던 것은 아니었다. "벌써부터 무슨 돈 타령이냐?"고 따지는 사람도 있었다. 다행히 많지는 않았고 처음 며칠만 잠깐 논란이 있었을 뿐 그대로 지나갔다. 나는 조합원도 10억 원 인센티브에 대체로 동의한 것으로 생각했다.

1년쯤 지나자 마감재 TF가 상당한 성과를 내고 활동을 마무리했다. 카페에서는 마감재 TF한테 인센티브를 줘야 한다는 얘기가 나오기 시작했다. 의례적인 인사치례는 아니었다. 한두 사람이 아니고 한두 번이 아니었기 때문이다. 나는 선거 때 공약으로 내걸었던 인센티브를 다시 공론화했다.

　　그런데 뜻밖의 상황이 발생했다. 공론화를 하자 반대 의견이 나오기 시작한 것이다. 내가 갖겠다는 것도 아니고 내가 마음대로 누구를 정해 주겠다는 것도 아니었다. 마감재 TF에 주자는 것도 아니었다. 조합원 투표로 공로자를 선정하겠다는 것이었다. 처음 꺼낸 이야기도 아니고 선거 때 이미 예고한 것이기도 했다. 대의원회와 총회에 올리면 통과될 수 있었다.

　　그러나 후유증이 클 것 같았다. 당시만 해도 몇몇 조합원은 조합 일에 열심이었고 나중에 투표했을 때 공로자로 선정될 가능성이 높았다. 그러나 논란이 시작되면 그들도 무사할 수 없었다. 그들이 인센티브를 받기 위해 시작한 것도 아닌데 이런 일로 상처받는 게 문제였다.

　　A 조합의 사례도 무시할 수 없었다. 당시는 3심에서 파기환송이 되었으나 7% 인센티브가 확정된 파기환송심은 나오지 않은 어중간한 시점이었다. 3심도 조합의 승소로 끝났다면 모를까, 파기환송된 시점이라 판단하기 애매했다. 총회 결의를 받았어도 소송까지 갈 수 있었다. 이런 문제로 조합원과 소송이라니 이 또한 내키지 않았다. 결국 나는 이 공약을 철회했다.

태생적인 조건과 운때

인센티브는 두 가지 요소로 판단해야 한다. 일반분양 수익, 부동산 경기 등 조합이 개입할 수 없는 객관적·환경적 요소가 있고 사업비 절감, 공사비 검증 등 조합이 어떻게 하느냐에 따라 결과가 달라지는 주관적·주체적 요소가 있다. 혹자는 인센티브는 조합에 수익이 났을 때만 지급해야 한다고 하지만 이는 불합리하다. 수익 여부는 대개 전자와 같은 불가항력적 요소로 좌우되기 때문이다. 세대당 평균 대지 지분이 크고 정부로부터 받을 수 있는 최대 용적률이 높아서 일반분양 물량이 많고 부동산 시장 상황까지 좋으면 조합이 무능해도 큰 수익이 난다. 반대로 조합이 능력을 발휘해도 태생적인 한계가 크거나 운때가 나쁘면 수익이 날 수 없다.

A 조합은 큰 수익을 냈고 그중 일부를 인센티브로 지급했다. 우리 조합은 수익이 나지 않았다. 인센티브는 수익의 일부로 지급해야 한다면 우리 조합에서 인센티브는 존재할 수 없었다.

우리가 수익을 못 낸 것은 용적률 때문이었다. 부지 용도가 A 조합은 3종, 우리 조합은 2종이었다. 덕분에 A 조합이 받을 수 있는 용적률은 300%인 반면 우리 조합은 250%였다. 우리 부지도 3종이어서 용적률을 300%까지 받았다면 수익이 컸을 것이다. 전용면적 $84 m^2$ 세대를 수백 개 만들어서 일반분양

할 수 있었으니 추가되는 건축비, 임대주택, 기부채납, 세금을 감안해도 수익이 상당했을 것이다. 즉 우리가 수익을 낼 수 없었던 것은 태생적인 조건이 열악했기 때문이지 조합의 능력 문제가 아니었다. 반대로 A 조합의 부지 용도가 2종이라 용적률을 250%까지만 받았다면 조합이 뛰어난 능력을 발휘했어도 적자에 허덕였을 것이다.

수익 여부가 인센티브 지급 여부를 좌우하는 요소라면 우리와 비슷한 처지의 조합은 상황이 더욱 나빠진다. 인센티브를 줄 여지가 없다면 애초부터 능력 있는 조합원의 참여를 가로막아 사업비 절감이나 공사비 검증 등에도 성과를 기대하기 어렵기 때문이다.

그러므로 인센티브 기준을 정할 때 객관적·환경적 요소와 주관적·주체적 요소를 모두 반영하되 후자에 더 큰 가중치를 두어야 한다. 객관적 요소를 무시할 수 없지만 비중이 과하면 인센티브에 대한 합리적 기준을 만드는 게 어렵고 결과도 나빠진다.

우리 조합의 인센티브는 A 조합보다 비교할 수 없이 작았다. 그러나 포기하는 게 나아 보였다. 조합원들한테 이런 설명을 일일이 하는 게 달갑지 않았다. 꼬리에 꼬리를 물고 격한 논란이 벌어질 수 있었다. 다수 조합원이 동의해도 비대위가 손 놓고 있을 리 없었다.

투자자와 봉사자

동기는 중요하지 않다

내가 이 공약을 내건 것은 투자한 것의 열 배, 백 배의 성과를 가져올 수 있다고 보았기 때문이다. 우리 사업비는 1조 4,000억 원이다. 10억 원이라면 사업비의 0.1%도 안 된다. 투자라고 하기에도 민망한 액수다. 더구나 10억 원을 한 명이 아닌 10명에게 나눠서 주는 것이었다. 적어서 문제지 많아서 문제인 금액이 아니었다.

10억 원도 아니고 1억 원을 벌기 위해 조합 일에 앞장설 사람은 없다. 조합 일은 감정노동이다. 조합에서 받는 돈의 절반은 욕값이다. 1억 원을 벌기 위해 그 혹독한 감정노동을 몇 년 동안 감내할 사람들이 얼마나 있을지 의문이다. 봉사의 마음이 없다면 아무도 나서지 않는다.

그러나 동기가 무엇인지는 상관없다. 장래의 이웃을 위하는 봉사의 마음이든, 내가 들어가 살 내 집을 위한다는 실리의 계산이든, 아니면 1억 원이 탐나서든 그것은 두 번째다. 성과를 내느냐 못 내느냐가 첫 번째다.

순수한 봉사의 마음으로 참여했어도 성과를 못 내면 인센티브는 받지 못한다. 1억 원이 탐나서 시작했어도 성과만 내면 받을 수 있다. 성과를 냈느냐 못 냈느냐는 나중에 조합원이 판단하면 된다. 성과를 낸 사람이 한 명도 없다면 인센티브를 아예 없애면 그만이다.

인센티브 10억 원 공약이 실현되었다면 어느 정도의 성과가 났을지는 모르는 일이다. 과연 열 배, 백배의 성과가 났을까? 그럴 수도 있고 아닐 수도 있다. 그러나 어떤 투자도 100%의 확실성을 주지는 않는다. 투자는 불확실성이 없어서가 아니라, 확실성과 불확실성을 비교하면서 기회비용을 지불할 만큼의 확실성이 있는지를 가늠하면서 이루어진다. 그러나 논란과 후유증을 무릅쓰면서까지 이런 논의를 해야 하는지 회의가 들었다.

나는 투자자, 너는 봉사자

2020년 초 전임 조합장이 해임된 직후였다. 조합장 선거 일정이 확정되고 후보로 누가 나올지 모두가 기대 반 걱정 반 지켜보고 있던 즈음이었다. 어느 조합원이 카페에 글을 올렸다.

"조합장한테 큰 거 바라지 않는다. 전문성 있고 청렴하며 소통하는 사람이면 좋겠다. 봉사 정신도 중요하다. 이 정도면 족하다. 더 이상 바라지 않는다."

사람은 남이 기대하는 대로 움직인다. 칭찬에는 고래도 춤을 추기 때문이다. 그러나 기대가 과하면 질려서 도망간다. 전문성 있고 청렴하며 소통도 잘하고 봉사 정신까지 기대하면 춤출 고래가 나올까, 죄다 질려서 도망갈까?

어떤 남자가 이상적 배우자상으로 얼굴 이쁘고 몸매 좋

고 시댁에 잘하고 현모에 양처여서 아이들도 잘 키우고 남편 내조도 잘해야 하며 능력까지 많아 돈도 잘 벌어야 한다면 그 남자의 말로는 어떨까. 그 얘기를 들은 상대방은 뒤도 안 돌아보고 달아날 것이다. 다시는 엮이고 싶지 않을 것이다. 우리는 배우자를 고를 때 현실감을 가지려고 한다. 기대치를 터무니없이 높이면 의도와는 정반대의 결과가 나오리라는 것을 알기 때문이다.

그러나 상대가 나와 직접적인 관계가 없을수록, 거리가 멀수록 우리의 기대치는 비현실적으로 높아진다. 기대치가 높으면 결과치도 높아질 수 있다는 바람을 갖고 있다. 배우자를 고를 때는 현실감을 갖는데 단체나 조직의 대표자를 뽑을 때는 그걸 무시하는 부조리를 범한다.

모든 직職에는 권한과 책임이 있다. 누구는 권한을 탐내고 누구는 책임을 짊어진다. 권한이 목적인 사람은 피해야 하지만, 그렇다고 내 몸이 부서지는 한이 있어도 막중한 책임을 피하지 않겠다는 사람을 기대하는 것은 욕심이다. 어느 사회든 그런 사람은 드문 법이고 재건축·재개발에서는 더욱 희소하기 때문이다. 기대치를 낮출수록 결과치가 높아지는 것도 물론 아니다. 최선의 결과치를 얻을 수 있는 균형점을 찾아야 한다. 눈높이를 현실화하고 조합장의 부족한 자질을 어떻게 메꿀 것인가에 중지를 모아야 한다.

재건축·재개발 조합원은 크든 작든 투자자의 마인드를

갖고 있다. 투자 수익에 대한 기대 없이 조합원이 되는 사람은 없다. 그러나 앞에서 일하는 사람에 대해서는 유독 투자에 인색하고, 능력자이면서 봉사자이기를 기대하는 이율배반의 모습을 보이는 사람들이 있다. 재건축·재개발에서 잡음과 사고가 끊이지 않는 것은 그 이율배반 때문이다. 사람에 대한 투자에 인색하니 앞에 나서는 사람이 없고, 나서선 안 될 사람만 나서니 탈도 많고 사고도 많다.

어느 조합의 선거를 보니 조합장 후보로 나선 사람이 봉사자를 자처하고 있었다. 조합장이 되면 급여를 안 받겠다는 것이다. 그러나 막상 조합 업무를 해보면 일주일도 안 돼서 본전 생각이 날 것이다. 내가 왜 이 일을 하겠다고 나섰나, 더구나 급여도 안 받겠다고 했나 후회가 밀려올 것이다.

조합은 자선단체가 아닌 엄연한 사업체이므로 무급 봉사는 조직의 성격과도 안 맞는다. 열심히 일하고 일한 만큼 받는 게 맞고, 여기에 동의하는 합리적인 조합원도 많다. 안 그래도 이 판은 사람에 대한 투자에 인색한데 조합장 후보조차 그러면 조합 업무에 대한 잘못된 인식의 개선은 더욱 더뎌진다.

일할 사람은 떠난다

봉사자에 대한 인식이 잘못되어 있는 것도 걸림돌이다. 봉사자를 공인으로 보기도 하기 때문이다. 조합의 임원이나 대의원은 공인인가, 봉사자인가? 공식 의사 결정 라인에 있고 조합 공금으로 회의 수당을 받으니 공인이라고 볼 수 있지만 수당이라는 게 고작 10만 원 남짓이니 봉사자라 해도 과언이 아니다.

그러나 타인에게 책임과 의무를 강요하기를 즐기는 풍토에서 액수의 많고 적음을 떠나 수당을 받으니 임원도 대의원도 모두 공인이라고 몰아가는 경향이 있다. 봉사자로서 고생을 많이 해서 감사하다고 하는 조합원도 있지만 당신은 공인이니 더 많은 책임과 의무를 지라는 조합원도 있다. 전자는 춤을 추게 하고 후자는 책임감과 의무감에 시달리게 한다. 원칙이든 규범이든 다 떠나서 우리는 실용주의자가 되어 둘 중 무엇이 효과적일지 생각할 필요가 있다.

공식 직책도 없는 순수 봉사자가 공인으로 둔갑되기도 한다. 앞에 나서서 일하는 순간 갑자기 책임과 의무가 부여된다. 이거 해달라 저거 해달라, 이건 이렇게 고치고 저건 저렇게 고치고 등등의 주문이 장맛비처럼 쏟아진다. 뜻대로 되지 않으면 비난의 표적이 된다.

나는 조합 일을 하면서 많은 이들로부터 도움을 받았다. 건축, 설비, 조경, 커뮤니티, 금융, 세금 등 분야도 다양했다. 그 중에는 조합원한테 공개하지 않은 이들도 있다. 자신이 조합 일을 돕고 있다는 사실을 다른 사람에게는 알리지 말아 달라고 요청했기 때문이다. 겸손해서가 아니었다. 신분이 노출되고 하는 일이 공개되는 순간 조합원의 요구사항이 하나둘 늘어나고 혹시라도 무슨 꿍꿍이가 있어 조합에 접근한 것 아니냐 하는 의혹으로 조합원의 입방아에 오르는 게 싫었던 것이다.

누가 잘못한 일이 확실하게 있음이 밝혀질 때 책임을 묻는 사람이 있다. 반대로 잘못한 게 아무것도 없음이 드러날 때까지 의심을 멈추지 않는 사람도 있다. 모든 일에 완벽하게 결백함을 입증하는 것은 불가능한 일이니 둘 중에서 어떤 게 정상이고 비정상인지 누가 봐도 알 수 있다.

그런데 재건축·재개발에는 후자의 사람들이 꼭 있다. 누구누구는 비리가 의심된다고 쑤군대는 게 일상이다. 처음에는 내가 돈을 먹었을 것이라고 하더니 그게 먹히지 않자 조합장만 안 먹으면 뭐하나, 다른 사람들이 먹었을 것이라는 말이 돌았다. 근거는 여전히 없었고 근거를 제시하려는 노력도 없었다. 이 바닥에 아무리 비리가 많다고 해도 무턱대고 남을 의심부터 하고 보는 행태가 정상일 리 없다.

조합에 돌아오는 보이지 않는 손실, 숫자로 나타나지 않는 손실도 크다. 명예를 소중히 여기는 사람은 자취를 감추고, 의심을 받든 욕을 먹든 개의치 않고 내 욕심만 채우면 된다는 사람이 조합을 장악하기 때문이다. 이런 사람들이 다수는 아니다. 우리 조합도 다수가 아니었다. 그러나 분위기를 흐리는 데에는 소수여도 충분하다.

조합의 성공, 인재영입에 달렸다

우리 조합에서 사람에 대한 투자가 없었던 것은 아니다. 한 번의 투자가 있었다. 나와 상근자 연봉이었다. 일반적인 방식은 아니었다. 돈을 받는 사람은 연봉 인상에 반대하는데, 돈을 받지도 않는 사람들이 나서서 인상에 찬성했다.

조합장 취임 후 1년이 채 못 된 즈음 이사회에서 내 연봉 이야기가 나왔다. 당시 내 연봉은 약 7,500만 원. 전임 조합장이 받던 그대로였다. 나는 연봉을 올릴 생각이 없었다. 돈 몇 푼 더 받자고 구설수에 오르는 게 내키지 않았다. 이사회에서는 내 업무 강도에 비하면 연봉이 너무 낮으니 대폭 인상해야 한다는 이야기가 나왔다. 나는 반대했다. 동결해도 좋고, 정 올려야 한다면 물가인상률 정도만 올리자고 했다.

그러자 내 연봉이 올라야 상근 임원과 사무장 연봉도 올릴 수 있다며, 조합장 연봉이 동결되면 상근 임원과 사무장 연봉도 동결해야 하는데, 그게 합당하다고 보느냐는 의견이 나왔다. 상근 임원과 사무장 연봉은 다른 조합의 평균치 수준이었다. 그러나 일하는 것에 비해 너무 작았다.

그래서 나도 동의했다. 이사회에서 처음 얘기 나온 내 연봉은 1억 2,000만 원이었다. 과하니 좀 줄이자고 했고, 절충된 금액이 1억 1,000만 원이었다. 대신 상근 임원과 사무장 연봉도 큰 폭으로 올려달라고 요청했다. 세 사람의 인상률은 평균

50%가 되었다.

　서울 강남권 재건축 조합에는 나와 비슷한 수준의 연봉을 받는 조합장이 일부 있었다. 상근 임원과 사무장의 인상된 연봉은 고액에 속했다. 그러나 두 사람이 만들어낸 성과에 비하면 과하지 않은 금액이었다. 상근 임원은 건축, 외관, 커뮤니티, 디자인, 공사비 검증 등에서 많은 성과를 냈다. 사무장은 조합 행정 업무와 행정청과 인허가 협의 등 정비업체 일도 하면서 건축, 설비, 조경 등 정비업체가 하지 않는 일도 많이 했다.

　공직자에게 병역 비리는 치명적이다. 청문회에서 불거지면 중도 낙마하고 선거에서 이슈가 되면 이기기 힘들다. 용케 이겼어도 두고두고 공격받는다. 다음 선거, 다다음 선거에도 단골 공격 소재가 된다. 인센티브도 그와 비슷하다. 사업 중간에 인센티브가 결의되면 끝날 때까지 발목을 잡는다. 경기도 어느 조합이 그 경우였다. 1년 넘게 계속된 비난에 견딜 수 없어 막판에 조합이 인센티브를 자진 철회했다. 총회에서 통과될 정도로 다수의 지지를 받았으나 소수의 비난 때문에 철회하지 않을 수 없었다.

　사업 종료 시점에 인센티브 안건을 올리면 더 이상 아쉬울 게 없는 조합원은 찬성해주지 않는다. 준공이나 해산을 앞두고 총회에 올리면 부결되는 게 일반적이고, 용케 가결되어도 인신공격이 이어지고 더러는 소송까지 간다. 병역 비리는 범죄고 인센티브는 사업을 위한 투자인데도 용납되지 않는다.

투자자와 봉사자

닭이 먼저냐 달걀이 먼저냐의 문제도 있다. 조합에 비리가 많으니 조합 일을 하는 사람들을 의심하지 않을 수 없다고 말하는 사람이 있다. 반대로 조합 일을 한다고 덮어놓고 의심하니 누가 앞에 나서겠느냐 하는 사람도 있다. 둘 다 일리가 있는 말이다. 그렇다고 사람에 대한 투자에 인색한 이 상태를 그대로 둘 수는 없다. 공적 의식도 없고 능력도 안 되는 사람이 나서서 사업을 골병들게 하는 뻔한 결말이 기다리고 있기 때문이다. 누구나 예상하는 그 길을 갈 것이냐, 헛돈을 쓸 위험이 있더라도 발상의 전환을 해서 다른 길을 갈 것이냐, 선택해야 한다.

기업은 인재 영입에 사활을 건다. 한 명의 천재가 만 명을 먹여 살린다는 말도 흔하게 듣는다. 재건축·재개발에서는 딴 세상일이다. 인재를 영입하기는커녕 빗장을 걸어두겠다고 작정한 듯 관심이 없고 심지어 반대한다. 남들은 인재 영입에 '전쟁'이라는 말까지 쓰며 매진하는데, 조합만큼은 무풍지대다. 안 그래도 조합은 복마전이라는 인식 때문에 웬만하면 앞에 나서기를 꺼리는데, 온갖 요구에 비난에 의심의 눈길까지 쏟아지니 사람이 모일 리 없다. 사람이 모이지 않으니 사업이 제대로 될 리 없다. 총도 안 주고 식량도 안 주고 전쟁터에 보내놓고 꼭 이기고 오라는 말과 같다.

2%는 챙기는 게 이 바닥 표준?

비리 의혹은 어느 조합장한테든 쫓아다닌다. 나도 조합장이 되기 전에는 이 판이 부정부패가 넘치는 막장이라고 생각했다. "사업비의 2%는 뒤로 챙기는 게 이 바닥의 표준"이라는 말도 들었다. 우리 사업비가 1조 4,000억 원이니 2%면 280억 원이다. "조합장 한 번에 삼대가 먹고 산다"는 말도 정설처럼 돌아다녔다.

어느 조합장은 시공사로부터 2억 원을 받은 게 걸려서 자살했고, 비리 의혹으로 해임된 며칠 후 아파트에서 뛰어내린 조합장도 있었다. 조합장이 배임수재로 구속된 후 새로 선출된 후임 조합장이 배임수재로 다시 감옥에 간 조합도 여럿이다. 콩 심은 데 콩 나고 팥 심은 데 팥 나는 조합이었다.

그러나 돈에 관한 문제는 이게 전부가 아니다. 이 판이 지저분하다 보니 조합에 대한 조합원의 의심도 끝이 없다. 의심을 자양분으로 삼아 비대위도 날뛴다. 아무런 정황이나 맥락도 없는 막무가내 가짜 뉴스가 판을 친다. 덕분에 집행부와 조합원이 틀어지고, 조합원과 조합원이 싸운다.

이 두 가지가 맞물리는 바람에 지금은 원인이 무엇이고 결과가 무엇인지도 헷갈릴 판이다. 비리가 많아서 의혹도 많지만, 의혹이 많아서 대부분은 피하고 문제적 인물들만 나서서 다시 비리를 저지르는 물고 물리는 악순환이 펼쳐진다. 조합원은 경각심을 가져야 한다. 업체에서 뒷돈을 받는 조합장도 퇴출되어야 하지만 가짜 뉴스를 찍어내는 조합원도 사업을 망치는 장본인이다.

마감재와 조직폭력배

조합장이 되기 전부터 이상한 소문이 돌았다. 집행부가 바뀌었다고 이미 결정된 마감재를 교체하면 기존 업체가 가만히 있지 않는다는 것이다. "창호 영업에는 조직폭력배가 끼어 있으니 언제 칼 맞을지 모른다"는 이야기도 들려왔고, 나에게 "전기충격기나 야구방망이를 갖고 다녀야 한다"고 권하는 이도 있었다.

조직폭력배와 엮인 조합이 실제로 있었다. 수도권의 A 조합이었다. 조합에서 자재를 바꾸었는데 원래 결정되어 있던 업체가 하필이면 조직폭력배와 끈이 닿아 있었다. 하루는 조직폭력배가 신문지에 칼을 숨기고 와서 웃는 얼굴로 조용히 협박하고 갔다. 조합장은 덜컥 겁이 났다. 잘못하면 어디 한 군데 부러지거나 못 쓰게 될 판이었다. 그는 누구한테 말도 못하고 혼자 냉가슴을 앓았다. 어느 용역업체 대표가 이 사정을 알게 되었다. 대표는 자신이 해결해보겠다고 했고 며칠 후 조직폭력배는 정말로 자취를 감추었다.

나중에 듣기론, 그 대표가 다른 조직폭력배에게 부탁했다고 한다. 애초의 조직폭력배는 지방 소도시가 주무대인 지역구였는데, 대표가 부탁한 조직폭력배는 누구나 아는 유명한 전국구였다. 전국구가 등장하니 지역구가 꼬리를 내린 것이다. 눈에는 눈, 이에는 이, 조폭에는 조폭이었다.

우리 조합에 조직폭력배가 개입한 흔적은 없었다. 우리는 마감재를 업그레이드해서 거의 다 바꾸었지만 창호뿐만 아니라 어떤 업체한테도 협박이나 회유 같은 것은 없었다.

조합장을 하면 삼대가 먹고 산다?

재건축·재개발의 문제를 다룬 어느 방송에서는 시공사와 조합장의 대규모 유착을 의심했다. "조합장에게 100억 원 주고 1조 원 공사를 따면 시공사로선 남는 장사 아닌가?"라는 논리이다.

10억 원도 아니고 100억 원이라니, "조합장을 하면 삼대가 먹고 산다"는 풍설을 사실로 믿는 것이다. 요즘 같은 시대에 상장 대기업에서 그런 식의 회계 처리를 어쩌다 한 번도 아니고 10년, 20년 계속하는 게 가능할지 의심스럽다. 신규 계약하는 사업장이 1년에 한두 군데도 아닌데 말이다.

그렇다고 전혀 없는 것은 아니다. 몇 년 전 도급순위 10위권 내에 있는 한 시공사 임원이 조합장에게 2억 원을 줘서 적발된 적이 있었다. 기자가 말한 것과 단위는 다르지만 시공사의 비리가 없지는 않다. 이 임원은 자살로 생을 마감했다.

건설업에서 일하고 있는 지인 S도 비슷한 이야기를 해주었다.

"우리나라 대기업치고 건설사 하나 안 끼고 있는 데가 없다. 비자금 조성에 최적화된 산업이기 때문이다. 건설은 수백 가지 공종이 얽히고설킨 복잡한 분야다. 건설의 시작과 중간과 끝을 한눈에 파악하기는 어렵다. 복잡하고 어려울수록 사업의 투명도는 떨어지고 비자금 조성은 쉬워진다."

재건축 판에 대한 이야기도 덧붙였다.

"나도 시공사 출신이지만 재건축 판에서 시공사가 돈 안 뿌리고 젠틀하게 사업한다는 것은 상상하기 어렵다. 옛날보다는 나아졌지만 뿌리 뽑으려면 아직 멀었다. 태생이 비리투성이인데 쉽게 근절되겠는가?"

그러나 우리 단지 시공사가 나에게 그런 식으로 접근한

적은 없어서 저런 이야기를 온전히 믿기는 힘들었다. 시공사와 한참 전에 계약되었으니 조합장에게 로비할 필요가 없어서 그런 것 아니냐고 반문할 수 있지만, 이는 모르고 하는 소리다. 시공사는 공사가 진행되는 중에도 조합장의 협조를 받아야 할 일이 많다. 자재와 옵션 품목 선정, 실내 인테리어와 공용부 특화, 공사비 검증, 최종 정산까지 모든 게 협조 사항이다.

내게도 로비가 …

로비가 전혀 없었던 것은 아니다. 내게도 로비가 들어왔다. 시공사는 아니었다. 자재와 용역업체였다. 모두 다섯 번이었다.

첫 번째는 조합장이 되기 전에 만난 어느 브로커였다. "조합 업무를 잘 아는 사람이니 나에게 도움이 될 것"이라면서 소개받았다.

"조합 일에 대해 자문해 드리겠다. 돈은 필요 없다. 대신 내가 추천하는 업체를 하나 선정해달라."

나는 자문을 공짜로 받는 대신 브로커가 추천한 업체를 선정하고 그는 업체에서 돈을 받는 구조였다. 조합 돈이 직접 나가는 것은 아니지만 그 업체는 브로커한테 준 돈까지 얹어서 우리 조합에 물건을 팔 것이니까 조합 돈이 새는 건 마찬가지였다. 그는 목표치도 덧붙였다.

"조합장에 늦게 되는 것이니 한계는 있다. 그러나 5억은 챙길 수 있다. 열심히 하시면 10억까지 챙길 수 있다."

"열심히 하시면"이라는 말은 좀 웃겼다. 비리에 가담하라는 데 쓰이는 말로는 어울리지 않아서다. 나를 뭘 믿고 저런 얘기까지 하나 놀랍기도 했다. 그는 탐색도 않고 경계심도 없었다. 때 되면 밥 먹는 것처럼 자연스러웠다. 그만큼 여기의 상식은 보통의 상식과 달랐다. 나는 거절했다.

그 후 소식을 들어 보니 그는 다른 조합에서 불미스러운 일에 엮여 고발당했고 1심에서 실형을 선고받았다. 오랫동안 손발 맞춰 일해온 지인이 그의 불법 행위를 법정에서 증언한 게 결정적이었다. 실형이 떨어진 것은 나와 접촉한 다음이었지만 고발을 당한 것은 나와 접촉하기 전이었다. 그는 위험 신호가 울리고 있는 와중인데도 나에게 접근한 것이다.

두 번째는 어느 용역업체 대표였다. 자기네 법인에 일감을 달라고 요청했다. 한두 번이 아니었다. 그때마다 "정 필요하면 입찰할 것이고 응찰 업체들을 보고 대의원회에서 결정할 것"이라고 답했다. 결정권자는 내가 아니고 대의원들이니 나에게 부탁할 일도 아니었다.

어느 날 예고도 없이 사무실에 들이닥쳤다. 그러더니 책상 위에 봉투 하나를 놓고 후다닥 나가려 했다. 급히 돌려주었다. 며칠 후 다시 왔다. 저번처럼 또 봉투를 주려고 했다. 다시 돌려주었다.

봉투를 열어보지 않아 액수는 알 수 없지만 손짐작으로

가늠해 보건대 많아야 20장이었다. 5만 원짜리 지폐였으면 100만 원, 10만 원짜리 상품권이었으면 200만 원이었다. 액수로는 미미했다. 그러나 얼마가 되었든 일단 받으면 그에겐 장래의 업체 선정이 담보되는 보약이고 나에게는 죽을 때까지 약점이 되는 쥐약이었다.

세 번째는 자재 업체 대표였다. 그는 원래 자기네 제품으로 결정되어 있었는데 조합이 새로 들어서면서 다른 것으로 바뀌었다며 푸념했다. 그러면서 제안했다.

"우리 제품이 선정되면 매출의 15%를 드리겠다. 재건축, 재개발은 다 그렇게 한다. 깨끗하게 한다고 누가 알아주나. 어차피 돈 먹었다고 조합원들이 입방아 찧고 있지 않은가. 전체 교체가 안 되면 옵션에라도 넣어달라."

그 15%는 결국 매출에 더해질 돈이었다. 업체가 자기 이윤을 포기하고 주는 돈이 아니었다. 옵션도 내가 결정할 문제가 아니었다. 이사회와 대의원회에서 승인받아야 되는데, 왜 하필 그 업체 제품을 옵션에 넣어야 되는지 나부터 납득되지 않았다. "기본 품목이든 옵션이든 나는 이제까지 한 번도 업체나 제품을 추천한 적이 없으니 안 된다"고 거절했다.

이런 제안을 한 업체가 두 군데 더 있었다. 자기네 제품을 선정해주면 조합 발전기금을 내겠다고 했다. 그렇다고 말 그대로 조합 일에 쓰라는 소리는 아니었다. 받는 사람이 양심의 가책을 덜 느끼게끔 명분을 주는 것이었다. 두 군데 모두 입찰에서 제외했다. 제품에 자신이 없으니 로비를 하는 것이었고 제품을 믿을 수 없으니 선정할 수도 없었다.

누울 자리 보고 다리 뻗는다

마감재 교체에 관한 흉흉한 소문도 사실이 아니었고 업체의 로비도 고만고만한 수준이었다. 시공사의 로비는 아예 없었다. 이 바닥에 비리가 많다고 한 어느 조합원한테 요즘은 과거와 달라진 것 같다고 했다.

"재건축이 요즘은 많이 깨끗해졌다. 옛날에는 어땠는지 모르지만 요즘은 돈 싸들고 찾아오는 업체도 별로 없고 액수도 미미하다. 쌍팔년도 시절의 편견은 버려야 한다. 한 점 의혹 없이 깨끗한 것은 아니지만 밖에서 보는 것처럼 비리로 점철된 막장인 것도 아니다."

그러자 그가 말했다.

"업체도 빠꼼이들이다. 이 바닥 선수들이다. 걔들도 누울 자리 보고 다리를 뻗는 거다. 당신이 조합장이니까 안 하는 거다. 해봤자 소용없고 안 하느니만 못하니까 일찌감치 포기한 거다."

업체들도 네트워크가 있어 사발통문을 돌린다면서 "걔들도 조합장 정보를 공유하고 맞춤형 로비를 한다. 돈을 밝히면 돈, 술을 밝히면 술로 접대한다. 산전수전 다 겪은 선수들이라 어디가 돈이 되고 어디가 안 되는지 척하면 척이다. 되지도 않을 일에 왜 숟가락을 얹겠느냐"라고 했다.

실상은 불투명하다. 내가 경험한 게 다가 아니고, 그 또한 어느 정도의 경험치를 갖고 있는지 모르기 때문이다. 그러나 사람은 누구나 남의 입을 통해 귀로 듣는 것보다 내 눈으로 직접 본 것을 믿는다. 내 경험상 사업비의 2%니, 삼대가 먹고 사느니 하는 말은 터무니없이 부풀려진 것이다. 0.2%는 가능해 보였다. 뒷돈으로 280억 원은 아니어도 28억 원은 오갈 수 있을 것 같았다.

내가 의혹의 당사자가 될 줄이야!

업체의 로비와 조합장의 뒷돈 수수만 문제는 아니었다. 조합 사업에서 돈과 관련된 또 하나의 문제는 밑도 끝도 없이 조합장이 돈 먹었다는 말이 돈다는 것이다. 조합장과 업체의 유착은 사업비에 누수가 생기는 것이지만 조합장에 대한 가짜 뉴스는 앞에서 일하는 사람들의 의욕을 떨어뜨리고 악성 종양처럼 소리 없이 사업을 망가뜨린다. 의심할 때 하더라도 최소한의 정황과 맥락은 있어야 하는데 그런 것은 기대하기 힘들다.

내가 조합장을 할지 말지 결정을 못하던 와중에 친구 C를 만나 의견을 들어보았다. 신축에 입주하고 하자 때문에 입주민들과 함께 시공사와 싸운 경험이 있는 C는 다음과 같은 답을 주었다.

"세 가지 길이 있다. 첫째 욕도 안 먹고 돈도 안 먹는 게 있다. 둘째 욕만 먹고 돈은 안 먹는 게 있다. 셋째 욕도 먹고 돈도 먹는 게 있다. 최선은 첫 번째다. 조합장을 안 하는 것이다. 최악은 두 번째다. 돈을 안 먹었는데 먹었다고 욕먹으면 억울해서 미친다. 세 번째가 차선이다. 조합장을 피치 못해 해야 하는 상황이라면 세 번째를 선택해라. 최소한 억울하지는 않을 것 아닌가."

그렇다고 조합장을 해서 진짜 돈을 먹으라는 소리는 아니었다. 하지 말라는 말을 돌려서 한 것이었다. 자기 경험도 덧붙였다.

"내가 신축에 입주해서 보니까 아파트 얘기만 나오면 머리가 도는 사람들이 있다. 정신이 이상해진다. 어떻게든 시공사를 뜯어서 한 푼이라도 챙기려 한다. 하도 억지를 쓰길래 말이 되는 소리를 하라고 다른 의견을 내면 시공사에게서 돈 먹은 놈이라고 욕을 해댄다. 너도 그 꼴 당한다. 절대 하지 마라."

재건축·재개발이 어떤 판인지 잘 내다본 말이었다. 여기는 제정신으로는 적응하기 어려운 판이다. 나도 많이 들었다. 두더지 게임이었다. 망치로 아무리 두들겨도 여기저기서 두더지들이 튀어나와 밑도 끝도 없이 내가 누구한테 돈 먹었다는 말을 잘도 해댔다. 일을 안 하면 안 한다고 욕먹지만 열심히 하는 게 시빗거리가 될 때도 있다. 조경도 그 예였다. 우리 조합은 나무를 구하러 지방 출장을 자주 갔다. 경기도, 강원도, 충청도, 전라도, 경상도, 제주도를 다 가봤다. 그런데 내가 나무 업자한테 돈 먹으러 돌아다닌다는 말이 돌기도 했다. 시간이 가면서 잦아들었지만 한동안은 망치를 들 일이 많았다. 조합장을 하기 전만 해도 내가 의혹의 당사자가 된다거나 조합원을 상대로 두더지 게임을 하리라고는 상상도 못했다.

확신범에 개인적 반감까지

조합장이 돈을 먹었다는 소리가 나오는 배경은 몇 가지가 있다.

첫째, 단순 오해. 조합의 사업 방식이나 내용이 이해되지 않으면 오해할 수 있다. 충분히 설명하면 된다. 상대가 납득하면 좋지만 그렇지 않아도 조합에 나름의 근거가 있음을 알려주면 이견은 남아도 오해는 풀린다.

둘째, 조합 탈취가 목적인 비대위의 악의적 공격이다. 사실인지 아닌지는 중요하지 않다. 조합장을 탈진시키는 게 목적이다. 소송도 의미 없다. 아무리 허위 사실이라고 해도 법원은 웬만하면 조합장의 손을 들어주지 않는다. 표현의 자유나 정당한 권리로 본다. 정말 심하다 싶어서 소송을 해도 돈이 문제다. 명예훼손 소송에 조합 공금을 쓰면 횡령이 될 수 있다. 조합장이 사비로 해야 한다. 나도 사비를 들여 조합원 두 명을 명예훼손으로 고소한 적이 있었다. 그러나 그것도 한두 번이지 매번 그렇게 할 수도 없다. 화가 난 조합장은 총회에 올려서 제명하려고 하지만, 법원에서는 이것도 거의 인정해주지 않는다. 조합원 제명은 곧 현금 청산인데, 자본주의 사회에서 개인의 재산권을 이 정도 이유로 박탈하지는 않는다.

이런 사정을 이들도 다 알고 있다. 그래서 멈추지 않는다. 조합원 여론의 힘으로 눌러야 한다. 비대위는 절대 여론을 무시하지 못한다. 조합장을 쫓아내도 여론이 등을 돌리면 조합 탈취라는 본래 목적을 달성하지 못하기 때문이다.

셋째, 확신범도 있다. 눈먼 돈이 넘치고 복마전인 재건축·재개발에서 조합장이 돈을 안 먹을 리 없다는 사람들이 있다. 물증을 찾지 못해서일 뿐 조합장이 여기저기에서 돈을 쓸어 담고 있다고, 수많은 비리를 저지르고 있다고 믿는다. 이들한테는 이 세상이 온통 비리투성이다. 정치인이든 기업인이든 세상에 믿을 놈 하나도 없다. 시공사, 설계사, 감리도 도둑놈들이다. 다 한통속이거나 자기 잇속만 챙기는 놈들이다. 조합장은 그들의 우두머리이거나 꼭두각시이다.

우리나라에서 돈을 모으는 방법은 네 가지다. 자기 능력, 상속, 재테크, 그리고 편법과 탈법이다. 어디나 편법과 탈법으로 돈을 모은 사람은 있기 마련이고 이들이 곧 확신범이다. 자기 같으면 원 없이 먹었을 것이니 조합장도 똑같을 것이라고 확신한다. 심리학에서 말하는 투사 심리가 작동하는 것이다. 이들은 "돈 안 먹었다"고 하는 사람을 위선자로 본다. 돈이 있는 곳에 비리가 있고, 본인도 그렇게 돈을 모았으니 그와 다른 삶의 방식을 이해하지 못한다. 정말로 안 먹었다면 등신이다. 그러니까 이들의 눈에 세상에는 세 부류의 사람들이 존재한다. 돈을 먹은 나쁜 놈, 안 먹었다고 하는 위선자, 진짜 안 먹은 등신이다. 말 한마디 잘못하면 소송에 걸리니까 숨죽이고 있고 다수가 아니라는 점이 다행이다. 이들은 내가 조합장 하면서 거액을 챙겼을 것으로 아직도 믿고 있을 것이다.

넷째, 조합장에 대한 개인적 불만을 조합장이 부패하다고 비난하는 식으로 표출하는 사람도 있다. 조합장이 금전 청탁을 들어주지 않았을 때, 무언가 마음에 들지 않을 때 그런 모습을 보인다. 사업의 방향성에 대한 불만보다 개인적 원한과 반감에 의한 공격이 훨씬 집요하고 맹렬한 법이니 이들한테 잘못 걸리면 피곤하다.

이들은 단순 의심이 아니라 육하원칙에 따른 상황극을 만들어 그럴싸하게 꾸미기도 한다. 언제 어디서 어떤 말을 주고받으며 시공사 누구한테 돈을 먹었는지 사실적으로 꾸며낸다. 이들은 이런 얘기를 가까운 주변 사람들하고만 은밀하게 주고받는다. 그 결과 조합장에 대한 악소문이 조합장만 모르게 소리소문없이 퍼진다.

제보에 의존하는 수밖에 없다. 제보자가 녹음 파일이나 톡 캡처 같은 물증을 갖고 있으면 경찰서에 가는 게 좋다. 허위를 사실인 것처럼 꾸미면 꾸밀수록 유죄의 확률은 높아진다.

의심은 그림자처럼 따라다닌다

무분별하게 의혹을 제기하는 것도 문제지만 조합이 의심받을 행동을 하지 않는 것도 중요하다. 빌미가 있든 없든 의혹을 제기하는 게 비대위의 생리지만 빌미가 없으면 잠시 시끄럽다가 조용해진다. 그러므로 조합장은 매사 조심해야 한다.

가장 문제가 되는 것은 업체나 제품 선정이다. 이는 뜨거운 감자다. 업체나 제품 선정을 시공사에 다 맡기자니 회사 이익을 위해 조합원 눈높이에 안 맞는 저가 제품을 선정할 것이고, 개입하자니 유착 의혹이 따라다닌다.

조합장이 특정 업체나 제품을 추천하는 것은 금물이다. 안 그래도 의심이 그림자처럼 따라다니는데 업체나 제품을 추천하는 순간 기정사실이 된다. 규격과 사양을 제시해서 그 기준으로 시공사가 업체를 선택하도록 해야 한다. 그러려면 공사에 들어가는 상당수의 자재를 조합이 조사하고 학습해야 한다. 조합장이나 상근자의 힘으로는 불가능한 일이니 별도의 용역업체를 선정할 필요도 있다.

실력은 있는데 목적이 의심스러운 조합원의 참여도 뜨거운 감자다. 유능한 조합원의 참여는 조합이 성과를 내기 위한 필요조건이지만 목적이 의심스러우면 조합이 나서서 비리 개입의 판을 깔아주는 격이 되기 때문이다. 불순한 목적을 차단할 자신이 있으면 같이하고 그렇지 않으면 다른 방안을 찾는 게 좋다.

조합장 혼자만 조심한다고 되는 게 아니다. 살피고 챙겨야 할 사람들이 있다. 조합에는 싸움이 많다. 늘 싸운다. 그러나 대의원회에서의 싸움은 성격이 다르다. 대의원회가 맨날 싸움으로 날을 샌다면 의혹의 빌미가 된다. 조합원은 이권이 있으니 싸운다고 생각할 수 있다. 조합장이 남의 일처럼 지켜보기만 하면 조합장도 같은 편이니 방관한다는 오해를 낳는다. 어떤 식으로든 해결해야 한다.

이런 일이 대의원회에서만 생긴다면 그나마 다행이다. 이사회마저 그러면 걷잡을 수 없다. 대의원회보다 몇 배 심각한 일이다. 이권에 연루된 의심이 드는 임원이 있는데 제대로 제어하지 못하면 의혹의 빌미를 주는 정도가 아니라 조합 전체가 비리 집단으로 매도된다.

제대로 제어했어도 끝이 아니다. 미수에 그친 당사자가 악감정을 품고 뒤끝을 지독하게 드러낼 수 있기 때문이다. 이사회는 기밀 사항도 많이 다루는데 앙심을 품고 기밀을 흘리는 식으로 사업을 방해할 수 있다. 이런 일을 애초부터 방지하려면 임원 선거를 러닝메이트로 치르는 것도 좋다. 감사는 그 역할 상 별도로 하더라도 조합장과 이사만큼은 원팀으로 출마하는 것이다.

법 따로
현실 따로

도시정비법과 서울시 표준정관, 법원 판례에 따르면 조합은 상향식 조직이다. 최고 의결기관은 총회고 그 아래에 대의원회가 있다. 맨 밑에 있는 것은 조합장과 이사회다. 현실과 딴판이다. 많은 조합은 제왕적 조합장과 거수기 이사회, 거수기 대의원회, 거수기 총회로 굴러간다. 조합의 가장 높은 자리에 있는 권력자가 조합장이다.

규범 따로, 현실 따로다. 규범과 현실의 이 간극은 까마득해서 이 바닥은 혼란스럽다. 조합원은 실질적 권력자인 조합장한테 책임을 묻지만 조합장은 "내가 무슨 힘이 있나. 내가 결정한 게 아니라 대의원회와 총회에서 한 것"이라며 책임에서 벗어난다. 규범은 자리보전을 위한 조합장의 방어막이 되고, 사업은 파행으로 치닫는데 책임 소재는 돌고 돌아 해법도 오리무중이 된다.

전임 조합장 시절의 우리 조합도 똑같았다. 새 조합에서는 많은 게 바뀌었다. 우리는 제왕적 조합장 체제에서 탈피했다. 규범과는 거리가 있었지만 멀지는 않았다.

조합을 규범대로 운영하는 것은 어려운 일이다. 많은 조합에서 제왕적 조합장 체제가 확립된 것은 그럴 만한 이유가 있기 때문이다. 현재 하고 있는 사업이 사양 업종인데도 버티는 것은 비전이 있어서가 아니라 대안을 찾지 못해서인 것처럼, 제왕적 조합장 체제가 유지되는 것은 그렇게 하면 안 된다는 것을 몰라서가 아니라 거기서 벗어나기 어렵기 때문이다.

제왕적 조합장과 총회 만능주의

조합장 비리가 불거지면 언론은 조합장의 막강한 권한이 문제라고 지적한다. 재건축·재개발의 성패는 조합장이 누구냐에 따라 좌우된다는 말도 있다. 조합 업무는 대부분 조합장의 의도대로 굴러가기 때문이다. 조합장이 안건을 상정하면 이사회든 대의원회든 부결되는 일이 적다. 총회는 가결률이 거의 100%이다. 총회에서 안건이 부결되는 것은 뉴스에 나올 일대 사건이다.

조합장은 기가 승해지면서 선을 넘는다. 마음에 안 드는 대의원과 임원을 해임한다. 3년 임기가 끝나면 선거를 해야 하는데 정관에 규정이 있다며 연임 찬반을 묻는다. 안건을 올리면서 제대로 설명도 안 한다. 민감한 사안은 별도 안건으로 해야 하는데, 다른 사안들과 패키지로 묶어서 끼워 판다. 반대가 있고 논란이 많아도 총회에서 과반 찬성으로 통과만 되면 그만이라는 단순 논리로 밀어붙인다. 대의원회와 총회에서 통과되면 책임을 거기로 미루고 안건의 부실화라는 원초적인 잘못을 저지른 것에는 모르쇠 한다. 총회 만능주의가 기승을 부린다. 조합장에 대한 불만과 반대도 고조되지만 올리는 족족 모든 안건이 통과되는 결과에 고무된 조합장은 이를 무시한다.

그러나 총회 결과는 조합장을 지지하는 표가 아니다. 재건축·재개발은 속도전이라고 믿는 조합원은 마땅한 대안이 없으니 어쩔 수 없이 차악이라도 선택하는 마음으로 투표한다. 최선은 당연히 아니고 차선도 거의 아니고 오직 최악을 피한다는 생각으로 조합장이 올리는 안건을 통과시킨다. 조합장이 대형 사고만 치지 않으면 총회 결과는 어지간하면 조합장이 하자는 대로 맞춰진다. 그런데 조합장은 그것을 자신에 대한 지지라고 과신하면서 무리수를 남발하다가 불명예 퇴진한다. 우리 단지 전임 조합장도 이 길을 밟았다.

전임 조합장이 해임되기 70여 일 전인 2019년 11월에 총회가 있었다. 시공사 공사비를 1,378억 원 증액하는 안건이 올라왔다. 증액 내역에는 납득하기 어려운 게 많았고 조합장의 설명에는 부족한 게 더 많았다. 돈이 작은 것도 아니었다. 인상률이 15%였다.

그러나 70% 찬성으로 가결되었다. 50% 안팎의 득표로 당락이 갈리는 정치판 선거에 익숙한 우리에게 70%는 높은 수치다. 전임 조합장도 이 수치를 보고 자신에 대한 조합원의 신뢰가 굳건하다고 자신했을 것이다. 그러나 그 겨울이 끝나기 전인 2020년 2월 95%의 찬성으로 해임되었다.

규범 따로 현실 따로

도시정비법과 표준정관은 조합장의 권한을 극도로 제한하고 있다.

"조합장은 조합을 대표하고 조합의 사무를 총괄하며 총회와 대의원회 및 이사회의 의장이 된다."

이게 전부다. 조합장은 의결권이 없다. 의결기관인 대의원회와 총회를 거치지 않으면 할 수 있는 일이 거의 없다. 조합을 대표하는 행위가 공문을 보내거나 계약을 하는 것인데, 거의 다 돈에 관련된 것이므로 조합장이 마음대로 결정할 수 있는 게 아니다. 이사나 대의원에 대한 인사권도 없고 자금 집행권도 없다. 상근자를 조합장 뜻대로 뽑을 수도 없다. 대의원회와 총회에서 의결 받지 못하면 식물 조합장이 될 정도로 법에 정해진 조합장의 권한은 별거 없다. 약체 정부처럼 약체 조합장, 약체 대표에 가깝다.

　조합장의 권한을 이렇게 줄인 것은 권력을 쥐었다고 독단적으로 하지 말고 조합원과 소통하면서, 협조와 이해를 구하면서 하라는 뜻이다. 과반의 지지를 받아서 가결이 명확해 보여도 이견이 있으면 최대한 조율하고 합의해서 하라는 것이다. '소통'이라는 말만 없지 그것을 조합장의 가장 중요한 책무로 보고 있다.

　규범에 나타난 조합 운영 방식은 민주적이고 짜임새도 있다. 조합장 혼자 다 할 수는 없으니 보좌역 및 집행역으로 이사회를 두었다. 의결기관으로 대의원회와 총회를 두었다. 대의원회는 간접 민주주의, 총회는 직접 민주주의 기관이다.

　간접 민주주의라는 형태적 유사성 때문에 대의원회를 국회와 비교하지만 둘 간에 위상과 권한의 차이는 크다. 대의원회의 상위 기관으로 총회가 있어 대의원회를 건너뛰고 총회로 직행해도 위법은 아니기 때문이다.

　우리 헌법에 국가의 주인은 국민이라고 나와 있지만 선거 말고는 국민이 의사표시를 할 수 있는 방법이 없다. 조합은 다르다. 직접 민주주의인 총회의 권한이 막강하다. 총회는 허울뿐이 아닌 실질적인 최상위 의결기관이다. 대의원회에서 부결되어도 총회에서 통과되면 적법하고, 대의원회에서 가결되어도 총회에서 부결되면 끝이다. 설계사와 시공사 선정, 예산과 자금 차입, 사업시행계획과 관리처분계획의 수립 같은 중요 안건은 반드시 총회에서 의결 받아야 한다.

조합은 상향식 조직, 아래로부터의 조직이라서 풀뿌리 민주주의 요소가 강하다. 누가 보면 지금 우리는 풀뿌리 민주주의가 구현된 선진 민주사회인 줄 알 것이다. 비영리 자치 조직이나 봉사조직도 아니고, 수천억 원에서 수조 원을 다루는 사업체인 조합의 운영까지 상향식으로 만들었으니 말이다. 살면서 직접 민주주의에 대한 경험이 흔한 게 아니고 익숙한 것은 더욱 아닌데, 하필이면 전 재산이 걸려 있는 재건축·재개발에서 경험하게 되었으니 그게 제대로 돌아갈 리 없지만 어쨌든 법이 그렇다.

조합장에게는 결정권이 없으니 대신 다른 역할을 해야 한다. 의결기관인 대의원회와 총회가 제대로 된 결정을 하도록 충분한 정보를 제공하는 게 좋다. 상근자인 조합장이 다른 누구보다 많은 정보를 접할 수 있으니 가능한 일이고 누군가는 해야 하는 일이다.

조합장이 제공한 정보가 부족하거나 잘못이 있으면 조합장이 책임져야 한다. 조합장이 올린 안건에 문제가 있으면 그것도 조합장이 책임져야 한다. 대의원회나 총회 결의에 따라 조합장이 결정하고 수행한 것에 실무적, 절차적 잘못이 있으면 그 책임도 조합장에게 있다.

그런데 다음의 경우도 생각해봐야 한다. 모르고 그랬든 알면서도 다른 목적이 있어서 그랬든 조합장이 이사회 논의를 거쳐 올린 안건에 잘못이 있는데, 그게 대의원회와 총회에서 통과되었다면 그 책임은 누구에게 있는가. 이사회, 대의원회, 총회는 거수기나 하라고 있는 게 아니다. 조합장에 대한 견제와 감시도 해야 한다. 조합장의 부정과 비리도 감시하지만 사업을 제대로 챙기는지도 살펴야 한다. 그걸 제대로 못했으면 책임져야 한다. 권한이 있으니 책임도 따른다. 여기서 문제가 생긴다.

책임은 누가?

A 조합은 과거 조합을 설립하면서 상가와 합의서를 작성했다. 합의서는 총회를 통과했다. 시간이 지나 A 조합은 총회에 합의서 수정 안건을 올렸다. 그런데 종전에 비해 상가가 불리해졌다. 아파트에는 유리해졌다. 아파트 조합원보다 소수인 상가의 힘으로 총회 통과를 막을 수는 없었다. 상가는 소송을 제기했다. 쌍방 합의를 조합이 독단으로 파기했으니 상가가 이길 가능성이 크다.

여기까지만 보면 조합이 일 처리를 잘못한 것이라고 생각할 수 있다. 그러나 꼭 그런 것만은 아니다. 재건축·재개발은 숫자가 깡패다. 소수인 상가는 약자일 수밖에 없다. 그런데 상가가 절대 갑이 되는 순간이 있다. 조합 설립 단계다. 상가 동의율이 충족되어야 조합 설립이 가능하다는 점을 무기로 상가는 무리한 요구를 거듭한다. 아파트 주민은 울며 겨자 먹기로 상가 요구를 들어준다. 그러다 틈을 봐서 복수혈전을 펼친다. 조합 설립 후 빼앗긴 것을 되찾으려 한다. 장군 멍군이다. 상가는 피해자, 아파트는 가해자라고 볼 일은 아닌 것이다.

그러나 화를 내는 것까지는 좋은데, 결과가 영 나쁘다는 게 문제다. 합의서를 고칠 수는 있다. 대신 그럴 만한 사유가 있어야 한다. 다른 누군가가 손해를 본다면 그걸 최소화하는 후속 조치도 있어야 한다. 안 그러면 소송에서 이길 수 없다. A 조합도 비슷했다.

패소가 확정되면 A 조합에는 어떤 상황이 펼쳐질까. 조합장은 잘못된 안건을 올린 내 책임이라고, 조합원은 잘못된 결정을 한 우리 책임이라고 하면서 각자의 잘못을 인정할 것인가. 아니면 조합장은 조합원이 총회에서 결정한 것이니 내 책임 아니라고, 조합원은 모든 책임은 대표인 조합장이 져야 한다고 서로 미룰 것인가.

A 조합은 총회 전에 이사회, 대의원회도 거쳤다. 안건에 찬성한 이사와 대의원이 어떤 입장을 취할지도 의문이다. 사업이 망가지면 모든 조합에서는 책임을 둘러싼 후폭풍이 거세진다. 그러나 답은 정해져 있다. 대부분의 책임은 조합장에게 돌아간다. 이사나 대의원 중 책임을 인정하는 경우는 거의 없다. 무지가 면책의 사유가 될 수 없는데도 "나는 몰랐다. 조합장이 다 했다"는 풍조가 많다. 책임은 많은데 책임감이 없다. A

조합의 이사나 대의원은 조합장과 공동책임을 질 것인가, 아니면 "나는 몰랐다. 조합장이 다 했다"고 할 것인가. 결정은 내가 할 테니 책임은 당신이 지라는 동상이몽을 꿈꾸는 게 재건축·재개발의 표준율인 마당에 전자와 같은 상황이 나타날지 지켜볼 일이다.

도시정비법이 개정되어 장애인 엘리베이터 면적이 용적률에서 제외되자 B 조합은 일반분양을 늘리기 위해 설계변경을 했다. B 조합의 수입은 1,000억 원 늘었다. 그러나 연면적 증가로 시공사에 준 공사비가 500억 원이고, 사업 지연에 따른 물가 상승률로 인한 비용은 200억 원이 넘었다. 조합이 금융기관에서 빌린 유이자 사업비, 조합원의 이주비 대출 이자, 입주 지연에 따른 조합원의 임대차 금융비용, 설계변경 비용까지 더하면 손실이 더 커진다. 무형의 손실도 있었다. 그사이에 강화된 규제로 인해 평면이 바뀌고 단지 배치가 달라져서 그 여파로 2건의 소송까지 해야 했다. 좋은 것은 증가된 일반분양분 덕분에 저층을 피한 조합원이 많아진 것 하나였다. 설계변경은 득보다 실이 많았다.

이 책임은 누구한테 있는가? 득실을 계산하지 않은 조합장의 책임이 크다. 그러나 이사나 대의원, 조합원의 책임은 없는가가 문제다. 조합원이 어떻게 그런 것까지 다 아느냐 할 수 있다. 그러나 B 조합장도 이렇게 될 줄은 몰랐을 것이다. 몰랐던 것에 대해 책임을 묻기 어렵다면 B 조합장도 면책되고, 조합장이 알아야 했던 문제라면 다른 누군가도 알아야 할 문제였다. 조합장만 알아야 하고 나머지는 몰라도 되는 문제란 존재하지 않기 때문이다. 조합장, 이사회, 대의원회, 총회는 분업 관계다. 그러므로 단위별로 책임의 경중을 논해야지, 조합장이 모든 책임을 져야 할 문제는 아니다.

권한과 책임의 부조화

조합장을 하는 동안 내가 전임 조합장을 비판한 적은 한 번이었다. 그가 단톡방에서 사실과 다른 이야기를 하기에 반박한 적이 있었다. 그 외에는 없었다. 조합장이 되기 전에는 나도 그가 문제라고 보았다. 그 후에는 생각이 달라졌다. 그렇게 단순한 게 아니었다.

  그는 많은 과실을 범했다. 안건 설명은 부실했고 안건 구성에도 잘못된 게 많았다. 시공사 관리도 제대로 못했다. 가장 큰 잘못은 본인도 재건축이 처음이라 어려운 점이 많았을 텐데, 도움을 요청하지 않은 것이었다. 심지어 도움을 주려고 한 조합원의 참여를 꺼리는 폐쇄적 행보도 드러냈다. 그는 가장 많은 책임을 져야 할 당사자다.

  동시에 우리는 조직의 문제를 특정인의 문제로, 시스템의 문제를 사람의 문제로 환원하지 말아야 한다. 그것은 상호작용의 결과이기 때문이다. 과실이 많은 사람에게 조합장을 맡긴 어떤 것, 그것도 24년이라는 국내 최장수 장기집권 조합장으로 만든 그것, 조합장에 적합한 자질과 성품을 가진 사람은 기피하게 만든 문제도 풀어야 한다.

모두가 제왕적 조합장 체제를 비난하지만 거기서 벗어나지 못하는 것은 이 때문이다. 거기서 벗어난다는 것은 조합장의 권한을 줄인다는 것이고 권한이 줄면 책임도 줄며 조합장의 책임이 줄면 그 책임을 누군가가 가져가야 하는데, 여기서부터 복잡해진다. 조합원은 권한은 최대치로 행사하지만 책임은 피하려 한다. 책임은 조합장의 몫이라고 생각한다. 조합장이 무한대의 책임을 지고 사업을 이끌기를 바란다. 조합장이 권한을 무한대로 갖는 것은 용인하지 않지만 책임은 무한대로 지고, 사업이 잘못되면 희생양이 되어야 한다.

C 조합은 결정하는 사람 따로 책임지는 사람 따로여서 권한은 분산되어 있으나 책임은 조합장에게 집중되어 있고, D 조합은 책임은 결정한 사람이 져서 권한도 분산되고 책임도 분산된다고 해보자. 둘 중 어느 쪽 의사 결정이 더 탄탄하고 견실하겠는가. 결정하는 사람이 책임도 져야 한다면 더 많이 고민하고 더 깊이 숙고할 것이다. 책임의 분산은 조합장한테 면죄부를 주기 위함이 아니라 사업의 내실을 다지기 위함인 것이다. 그러나 재건축·재개발에서 이런 상식은 잘 통하지 않는다. 현실과 규범이 따로 노는 것처럼 권한과 책임의 엇박자도 심하다.

책임과 보상의 엇박자

보신주의는 공무원을 비판하는 단골 레퍼토리다. 공무원은 책임질 일은 절대 하지 않는다는 말은 상식이다. 그러나 공무원도 억울하다. 보신주의는 공무원의 전유물이 아니다. 조합에도 보신주의는 많다. 그렇다고 개인을 탓할 수도 없다. 조합장은 급여를 받는 상근직이니 차치해도 이사나 대의원 수당은 10만 원 안팎이 고작이다. 그 돈을 받고 누가 그 책임을 지겠다고 할지, 인터넷에서 욕받이도 되고 가루도 될 수 있는데 누가 그걸 감당할지 문제다. 이사회나 대의원회가 성원 미달로 무산되어 조합 설립 자체가 취소될 수도 있다.

표준정관은 '조합은 상근임원 외의 임원에 대하여는 보수를 지급하지 아니한다'로 되어 있다. 어떤 임원이든 아무리 많은 역할을 해도 상근자가 아니면 보수를 지급할 수 없다. 대의원이나 평조합원도 마찬가지다. 능력 있는 사람한테 일을 맡겨서 권한과 책임도 키우고 상응하는 보상을 지급하려고 해도 상근자가 아니면 어렵다. 표준정관은 강제성이 없는 참고 자료다. 그러나 무시할 수 없다. 표준정관에 보수는 상근자에게만 지급해야 한다고 나와 있어서 조합 정관에 그에 반하는 조항을 두면 엄청난 민원이 쏟아진다.

권한이 있으니 책임도 따르는데, 책임과 보상의 엇박자가 심하니 개인에게 보신주의는 합리적인 선택이다. 책임질 자리는 피하는 게 최선이고 책임질 자리에 갔다면 책임질 일은 하지 않는 게 차선이다. 만약 책임질 일을 하게 되었다면 책임을 회피하는 게 차차선이다. 그 결과 나서야 할 사람은 나서지 않고 나서면 안 되는 사람들만 나서는 상황이 여전히 펼쳐진다. 누가 욕을 하든 말든 책임은 대의원회와 총회로 미루고 내 욕심만 채우면 된다는 사람들로 조합이 다시 채워지면서 제왕적 조합장 체제로 원복된다.

조합장
두 번은 안 한다

준공하고 1년여가 지난 후였다. A 조합장이 사무실에 왔다.

"아쉬운 게 있을 것이니 조합장을 한 번 더 하는 것은 어떤가?"

그런 얘기를 들을 때마다 나는 속으로 대답한다.

'내가 6·25 때 참전해서 나름 열심히 싸웠으나 아쉬운 점이 있다고 베트남전쟁에 또 갈 수는 없지 않습니까.'

나는 할 생각이 없다고 사양하며 거꾸로 A 조합장에게 한 번 더 하시라 했다. 그는 성공한 조합장 중 한 분이다. 그러나 거절하였다. 그도 조합장을 한 번 더 할 생각은 없었다. 성공했기에 긍지와 만족도 클 텐데 그런 사람조차 다시는 하지 않겠노라 다짐하게 만드는 자리, 그게 조합장이다.

인터넷과 유튜브에서는 조합장으로 한 번 성공하면 수십억 원 인센티브 운운하며 경력이 화려한 사람들도 앞다퉈 조합장 선거에 뛰어든다고 호들갑이다. 누가 들으면 조합장이 노다지라도 쏟아지는 자리인 줄 알 것이다.

"끝이 안 좋다"

2020년 초, 카페 운영진이 조합장을 하라고 권유할 때 나는 "강남 사람들이 나 같은 운동권을 조합장으로 뽑아주겠느냐"며 거절했다. 그러나 그것은 표면적인 이유였다. 내가 조합장을 안 하겠다고 한 진짜 이유는 다른 데 있었다.

끝이 안 좋을 것이라 생각했다. 재건축은 건축이 아닌 정치다. 나는 건축도 모르고 재건축도 몰랐지만 재건축이 정치라는 것은 알았다. 정치는 허업虛業이라는 말도 있지 않은가. 끝이 안 좋을 이 일, 더구나 접해본 적도 없고 알지도 못하는 분야에서 내가 왜 해야 하는가.

내가 조합장을 할지 말지 처음 고민한 것은 카페 운영진 중 한 사람의 다음과 같은 말 때문이었다.

"조합장이 돈만 안 먹어도 반은 성공한다. 당신이 돈은 안 먹을 것 같다."

조합장 한 번 하면 삼대가 먹고 산다는 말이 정설처럼 돌아다니고, 업체한테 뒷돈을 받아 구속되는 조합장에 관한 비리 뉴스는 잊을 만하면 되풀이되었다. 그러나 돈만 안 먹어도 반은 성공하는 직업이 세상에 어디 있겠는가. 현실과 동떨어진 농담 같은 말이었는데도, 재건축은 부정부패가 판치는 복마전이라는 편견 때문에 상황을 안이하게 보았다.

당시는 모델 하우스 사태로 조합원이 들고일어난 시점이었다. 그들은 억울해서 피눈물을 흘렸다. 내가 조합장을 하면 최소한 억울하게 하지는 않을 수 있겠다 싶었다. 돈만 안 먹으면 반은 성공한다 했으니 나머지 반은 조합원을 억울하게 만들지 않는 것으로 채우면 되는 것 아닌가.

단순하고 무지했다. 재건축은 부정부패한 협잡꾼과 억울한 조합원이라는 권선징악 구도로 짜인 판이 아니었다. 경험이 쌓이고 연차가 늘수록 적응의 힘이 커진다는 상식도 통하지 않았다. 전쟁에 적응하는 사람이 없듯이 조합장에 적응하는 사람도 없다.

우리는 저마다 우물에서 보이는 게 세상의 전부이거나 전부여야 하거나 전부가 되리라고 믿는 개구리의 속성을 갖고 있다. 우물 밖 세상이 기대치와 다를 때 우리는 좌절한다. 재건축은 규범 지향적인 나한테 어울리지 않는 일이었다. 도덕 교과서에 나오는 몇 가지 규범으로 움직이는 단순한 판이 아니었다.

나의 이런 문제를 일찍부터 알아챈 사람도 있었다. 내가 조합장이 되고 얼마 지나지 않았을 때 그가 말했다.

"사회생활 안 해보셨지요?"

그는 전임 조합장과 가까운 사람이었다. 나에 대한 감정이 좋을 리 없었다. 그러나 저 말에 악의는 없었다. 재건축·재개발에 대한 자신의 오랜 경험에서 나온 것이었다. 조합장을 그런 식으로 하면 안 된다, 후회할 것이라는 충고였다.

조합장에 당선되기 전에 다니던 곳의 대표한테 들었던 말도 비슷했다. 마지막 인사를 하는 날 대표는 한마디를 해주었다.

"나는 재건축을 모르지만 보통 일이 아닐 것 같다. 이름에 오점을 남기지 않으면 좋겠다."

그때는 시공사나 업체의 속임수나 로비를 조심하라는 말로 들었는데, 그런 수준이 아니었다. 대표는 재건축·재개발에 대한 경험도 없고 관심도 없었다. 그러나 여기 못지않은 악다구니 막장에 대한 경험은 많았다. 이런 판이 얼마나 문제가 많은지, 어떻게 돌아갈 것인지 미루어 짐작했다. 내 성향도 알고 있었고 내가 이런 판을 경험해본 적이 없다는 것도 알고 있었다. 내가 여기서 과연 무사할지 걱정되었던 것 같다.

끝이 안 좋을 것 같아 내키지 않았던 망설임과 재건축을 쉽게 생각하는 안이함이 갈등하는 와중에서 조합장을 하게 되었다. 조합장을 선출하는 총회 당일까지도 이 갈등은 풀리지 않아서 총회장에 들어가는 나는 도살장에 끌려가는 소의 심정이었다. 머뭇거림의 대가는 컸다. 재건축이 정치라는 것은 알

앉으나 정치가 무엇인지는 몰랐던 벌을 받았다.

무능한 집행부와 억울한 조합원이라는 신파

B 조합은 집행부의 어이없는 행보로 전 조합원이 현금 청산당할 위기에 처했다. 시공사는 유치권을 행사하고 공사를 중단했다. 조합원은 그때까지 집행부에 90%가 넘는 몰표를 몰아주었다. 제삼자의 눈에는 집행부와 조합원의 행동이 기이했으나 그들은 벼랑 끝까지 가서야 멈추었다.

다른 인물이 나타나 집행부를 새로 만들었다. 상황은 극적으로 반전되고 조합은 안정되었다. 그러자 이번에는 늘어난 공사비가 불거졌다. 일부 조합원은 공사비가 너무 늘어났다며 집행부를 성토하기 시작했다.

그런데 그들이 구사한 논리가 기묘했다. 늘어난 공사비의 상당 부분은 유치권 행사와 공사 중단에 따른 것이었다. 전임 집행부와 그들한테 몰표를 몰아준 조합원의 합작품이었다. 그런데 조합원의 머릿속에서 자신들은 늘 억울한 피해자였다. 공사비를 늘어나게 한 것은 전임 집행부의 잘못이고, 늘어난 공사비를 줄이지 못한 것은 현 집행부의 잘못이었다. 선량한 조합원과 나쁜 집행부, 억울한 조합원과 무능한 집행부라는 신파가 등장했다. 그런 사람들이 다수는 아니었지만 그런 발상이 용인된다는 게 기이했다.

이게 B 조합만의 유별난 문제는 아니다. 이런 신파 구도는 많은 조합이 공통적으로 안고 있는 뿌리 깊은 병이다. 뿌리 깊은 나무는 바람에 쉬 흔들리지 않는다 했으니 뿌리가 깊은 병도 치유가 쉽지 않을 것이다.

양반과 주인

선거가 끝나면 "위대한 국민의 절묘한 선택" 운운하는 평론이 쏟아진다. 그러다가 다음 선거가 돌아오면 "아무개를 찍은 내 손가락을 자르고 싶다"며 정치인을 성토한다. 정치가 국민의 수준을 따라가지 못한다는 말도 나온다. 이해할 수 없는 말들이다. 정치는 민도의 반영이라고 하는데, 한두 번도 아니고 어떻게 매번 수준 높은 국민이 수준 낮은 정치인을 뽑는지 모를 일이다.

그런데 이런 모순된 말도 자꾸 듣다 보니 어느새 당연시하게 되었다. 문제는 정치인에게 있고 국민은 억울한 피해자라는 신파가 굳어지는 것이다. 그렇다고 정치인들이 억울해할 일은 아니다. 선거 때만 되면 그들 스스로 표를 달라 읍소하며 머슴이 되겠다고 했기 때문이다.

머슴의 상대편에 있는 것은 양반이다. 양반과 주인은 다르다. 헌법에는 국민이 주인이라고 나와 있는데 정치인은 자신을 머슴으로 칭하면서 국민을 양반으로 만들어놓았다. 국민은 스스로를 주인이라고 하지만 양반인지 주인인지 구분하지 않거나 구분하지 못한다. 주인이라면 마땅히 책임을 져야 하는데, 권리를 행사할 때는 주인이지만 책임을 져야 할 때는 양반으로 행세한다.

정치는 사류, 재건축·재개발은 오류

어느 재벌 회장이 기업은 이류, 행정은 삼류, 정치는 사류라고 했다. 당시에는 재벌 회장의 용기에 박수를 보낸 사람이 많았고 재벌 회장에게 괘씸죄를 묻겠다는 정치인을 비판했다. 그러나 저 발언은 정치에 경험이 없는 외부자가 정치를 쉽게 생각한 발언이기도 하다. 평소에 쓴소리 잘하던 기자나 학자가 정치판에 수도 없이 뛰어들었는데도 우리 정치의 수준이 나아지지 않는 것도 정치의 어려움을 보여준다. 정치의 수준을 탓하기보다 어려움을 논하는 게 우선이다.

가까이서 접해본 사람들은 재건축·재개발이 정치와 똑같다고 한다. 선동질, 거짓말, 배신, 음모, 세 싸움, 편 가르기 같은 궁중 암투가 벌어지고, 돌아가는 속성, 풍토, 작동 원리가 유사하기 때문이다.

대통령과 국회의원이 선출직인 것처럼 조합장, 이사, 대의원도 선출직이다. 나라의 주인이 국민인 것처럼 조합의 주인은 조합원이라는 권리의식으로 무장한 사람들에 둘러싸여 있다. 그러다 보니 조합의 선출직도 머슴으로 보는 사람이 있다.

정치인과 마찬가지로 조합 집행부는 권한을 위임받아 자원을 배분한다. 그런데 자원의 배분, 즉 이해관계의 조정이 어디 쉬운가. 한편에는 머슴이 있고 다른 한편에는 주인과 양반 사이를 필요에 따라 오가는 사람들이 있어서 무능한 집행부와 억울한 조합원의 신파 구도로 짜인 판에서 말이다.

정치와 재건축·재개발에는 차이도 있다. 정치는 훈련된 사람들이 하지만 재건축·재개발에는 그런 사람들이 거의 없다. 우리는 정치인을 손가락질할 줄만 알았지 정치인의 소양이 무엇인지는 고민해보지 않았다. 여기에는 정당 같은 보호막도 없다. 각개약진, 각자도생이다. 훈련도 안 된 사람들이 보호막도 없이 단독자가 되어 자신의 전 재산을 걸고, 더구나 재건축·재개발에 대한 기본 이해도 없는 가운데 하는 사업이 제대로 굴러가기를 기대하기는 어렵다.

조합장 중에는 전직 정치인도 있다. 그의 눈에 정치와 재건축·재개발은 어떻게 비칠지, 어디가 더 막장이라 보일지 궁금하다. 간접적인 비교 기준은 하나 있다. 정치를 한 번만 하고 끝내는 정치인은 극소수다. 일단 시작했으면 죽을 때까지 하는 사람들이 많다. 조합장은 반대다. 두 번 하는 경우가 거의 없다. 한 번 하면 다신 안 하겠다는 사람이 대부분이다. 정치가 사류라면 재건축·재개발은 오류인 것이다.

정치가 국민 수준을 따라가지 못한다고 한다. 재건축·재개발은 그 국민이 만들어가는 판이다. 그럼 여기는 정치보다 수준이 높아야 앞뒤가 맞는다. 그런데 과연 그럴까?

나는 1990년 양심선언으로 2년 동안 수배 생활을 했고 2년 동안 감옥에 있었다. 수배는 감옥보다 힘들다. 인간은 적응의 동물이라 감옥에도 곧잘 적응하지만 수배는 도망의 연속이기 때문이다. 수배와 감옥의 중간, 수배보다는 낫지만 감옥보다는 힘든 것, 수배도 적응하기 힘들지만 그것 못지않게 적응이 안 되는 게 조합장이었다.

얻은 게 없는 것은 아니었다. 조합장을 안 했으면 몰랐을 많은 것을 알게 되었다. 그때까지 당연하다고 생각한 많은 것들에 대해 회의하게 되었지만 회의도 배움이니 얻은 것은 많았다. 그러나 죽을 고비를 넘기고 살아난 사람이 얻은 게 많았다고 해서 죽을 고비를 다시 겪고 싶지는 않을 것이다.

선한 영향력과
사람에 대한 투자

우리나라에서 아파트가 폭발적으로 늘어난 것은 1990년대 초부터다. 1기 신도시가 불을 당겼다. 연차가 30년을 넘긴 아파트가 수두룩하다. 주차장과 녹물도 문제, 누수와 단열도 문제, 내진 설계가 적용되지 않은 것도 문제다. 조경도 부실하고 커뮤니티도 없다. 삶의 질이 떨어진다.

좋으나 싫으나 우리는 앞으로도 재건축·재개발을 해야 한다. 지금까지 한 것보다 많은 재건축·재개발이 기다리고 있다. 누군가는 조합원이, 누군가는 조합장이 되어야 한다.

세발자전거

조합장을 "꽃가마에 타서 호사를 누리는 자"라고 하는 사람은 얼치기다. 재건축·재개발을 아는 사람은 그렇게 말하지 않는다. 드라마 〈뿌리깊은 나무〉에서 한석규는 "백성이 지금을 태평성대라고 한다"며 감축드린다는 신하에게 쏘아붙였다.

"임금이 태평성대인 태평성대가 있단 말이냐. 백성이 태평성대면 임금의 마음은 지옥이다."

조합장의 마음고생과 조합원의 만족도도 반비례한다. 조합장이 꽃가마에서 호사를 누리면 조합원의 불만은 하늘을 찌르고, 조합장이 마음고생할수록 조합원의 만족도는 높아진다.

도시정비법과 표준정관 상의 조합 운영에는 풀뿌리 민주주의 정신이 녹아 있다. 그런데 조합장을 해보니 민주주의는 좋고 나쁨의 문제가 아니었다. 앞에서 일하는 사람을 죽어나가게 하는 게 민주주의였다.

바퀴 두 개가 고장 난 세발자전거였다. 절제와 관대함, 협력과 상생, 권한·책임·보상의 비례성, 공동선에 대한 존중은 취약한데 각자의 권리의식은 넘쳐나니 언제 넘어질지 모르는 상태였다. 민주주의도 삼권분립처럼 견제와 균형이 필요하다. 민주주의는 자유주의와 어울려 자유민주주의가 되고 공화주의와 어울려 민주공화국이 된다. 그러나 자유주의와 공화주의 전통이 부실해 민주주의에 대한 견제와 균형의 역할을 못하는 게 문제다. 부당한 지배에 맞설 권리가 부당한 지배를 위한 욕망으로 오염되기도 한다. 우리 사회의 민주주의가 괄목하게 성장했지만 기초는 웃자라기만 한 상태인 것이다.

덕분에 조합장의 법적인 권한은 미약하지만 현실적으로 재건축·재개발은 조합장이 끌고 가게 되어 있다. 조합장이 누구냐에 따라 사업의 성패가 좌우된다는 말은 어이없게도 사실이다. 어떤 사람을 조합장으로 앉힐 것인지 중요하다.

동시에 조합장은 조합원이 어떤 사람들인지 알아야 한다. 조합장한테 가장 중요한 사람은 조합원이다. 그들이 어떤 사람인지 모르고 조합장을 할 수는 없다. 그 안에는 참으로 특이한 사람들이 있다는 사실도 알아야 한다. 조합장을 하려면 반드시 알아야 할 사람들이다.

소통은 어려운 일이다. 세 가지가 어렵다. 첫째는 재건축·재개발의 방대하고 복잡한 일을 잘 알아야 한다. 자신이 어떤 일을 하는지 모른 채 소통할 수는 없다. 둘째는 결과가 좋아야 한다. 결과가 나쁜데 소통하면 화만 부른다. 그러나 절차를 준수하고 형평성을 맞추며 실수를 안 하면서 좋은 결과를 이끌기가 무척 어렵다. 셋째는 소통은 상대방이 있는 행위라는 점이다. 상대방도 소통을 잘 할 수 있어야 조합장의 소통도 제대로 된다. 그러나 재건축·재개발에는 소통이 어려운 사람들이 있다.

세 가지가 모두 어렵지만 세 번째가 특히 어렵다. 소통을 어렵게 만드는 이 사람들 때문이다. 이들은 비대위와도 다르다. 비대위처럼 소통의 필요가 없는 사람들은 다른 방식으로 대응하면 되지만 이들은 그런 것도 아니다. 무시하면 더 큰 화를 부르고, 마땅한 대응 방법을 찾기도 어렵다. 우리 사회의 민주주의가 웃자란 상태임을 온몸으로 보여주는 사람들이자 예비군의 부정적 속성을 지니고 있는 사람들이다.

"조합원은 예비군"

멀쩡한 사람도 예비군복을 입으면 망가지곤 한다. 군복을 입은 민간인이기에 이중적 자의식을 갖고 있는 예비군은 훈련장에서는 민간인 신분임을 내세워 멋대로 행동하고, 사회에 나와서는 군복을 입은 것에 힘입어 객기를 부리고 규범을 무시한다. 대낮부터 술에 취해 불량한 복장에 갈지자걸음으로 건들거리며 사람들을 희롱하고 시비 건다. 그들이 원래 그런 사람은 아니다. 가정이나 직장에서는 반듯하다가도 그렇게 돌변한다. 힘의 상징인 군복을 입었고 방금 전까지 총을 만지고 있었으며 무리 지어 다닌다는 게 그들에게 용기를 심어주었다. 규범에서 일탈해도 된다는 특권 아닌 특권의식을 부여했다.

재건축·재개발에는 "조합원은 예비군"이라는 말이 있다. 평소에는 멀쩡한데 조합원이 되면 예비군처럼 망가진다는 것이다. 그들은 '조합의 주인은 조합원인 나'라는 권리의식을 기본적으로 갖고 있다. 그들이 수십 년 동안 몸담아온 가정, 학교, 직장에는 규율이 있고 관리하고 통제하는 윗사람이 있었다. 조합에는 규율도 없고 윗사람도 없다. 윗사람을 굳이 고른다면 조합의 주인인 나 자신이다.

　전 재산이 걸려 있다는 불안과 자산가치를 높일 수 있다는 기대가 교차하는 가운데 나를 규율하는 사람마저 없으니 숨어 있던 부정적 성향이 정당한 권리의식으로 둔갑하여 폭발한다. 욕구 충족을 위한 행동은 거칠고 과격하며, 거칠고 과격할수록 원하는 것을 얻을 수 있다고 믿는다. 군복 입은 예비군처럼 평소와 다른 사람이 된다.

비대위는 초중반에, 예비군은 중후반에

비대위가 조합 장악을 목표로 하는 데 비해 예비군은 자신의 유불리와 손익을 절대 가치로 삼는다. 나에게 손해면 나쁜 법, 이익이면 좋은 법이라는 단순 도식이 내면화되어 있다. 그 명료하고 선명한 도식 앞에서 법과 규범, 상식과 관행은 무용지물이다. 이들은 비례의 감각도 없어 작은 손해와 작은 이익에도 생사와 존망이 걸린 것처럼 거칠게 반응한다. 특이한 것은 조합이 어떻게 돌아가고 있는지에 대해서는 거의 관심이 없거나 모른다는 점이다.

　비대위는 사업가들이다. 수익 모델은 조합의 눈먼 돈을

가로채는 것이다. 수익 모델이 저렴하고 불법과 위법의 가능성이 커서 그렇지 이들의 기본 목적은 비즈니스다. 사업의 초반과 중반에는 기세를 올리지만 후반으로 가면서 먹을거리가 줄어들수록 이들은 사라지게 되어 있다. 예비군은 천동설 신봉자다. 우주는 자신을 중심으로 돌아야 한다. 우리 사업의 성패는 내 평형, 내 동, 내 집이 얼마나 만족스러우냐에 달려 있다는 신념을 갖고 있어 양보나 포기가 없다. 치열함과 끈질김에서 일당백이다. 각자의 것이 정해지지 않은 초반에는 있는 지조차 모를 정도지만 각자의 것이 확실해지는 중반과 후반으로 갈수록 정체를 드러내고 존재감을 과시한다.

그러므로 조합장은 사업이 중반으로 접어드는 시점을 조심해야 한다. 평형 신청, 관리처분계획, 모델 하우스가 오픈되면서 비대위가 왕성한 활동을 하는 와중에 예비군이 가세해서 연합군을 형성하면 화력이 막강해진다. 비대위의 면면은 조합원에게도 익숙해서 으레 그러려니 무시하지만 예비군들이 뉴페이스로 대거 등장하여 불평과 불만을 쏟아내면 많은 이들이 흔들린다. 조합장은 형평성이 훼손되지 않도록 노력해야 하지만 그것만으로는 역부족이다. 이들의 판단 기준은 내 이익과 내 돈에 대한 주관적이고 절대적인 만족도지 형평성이 아니기 때문이다.

재건축·재개발의 예비군들

어느 조합이든 예비군이 있다. 조합장이든 조합원이든 가리지 않는다. 자기 이익의 확보라는 절대 가치를 위해 조합장과 조합원, 조합원과 조합원이 총질을 한다. 공격자든 피격자든 누구나 될 수 있다. 공격자이자 피격자가 되는 사람도 있다.

조합에는 소송이 많다. 비대위도 소송을 좋아하지만 예비군도 좋아한다. 조합의 과실을 찾아내서 소송을 시작하는 초반에는 몸통을 흔드는 꼬리가 되었다고 자신한다. 그러나 조합이 패소하는 경우는 드물다. 이유가 있다.

조합 업무가 처음인 A 조합장은 몇 가지 과실을 범했다. 분양 신청 과정에 오류가 있었는데, 어느 조합원의 민원에 대한 회신 공문에서도 과실을 범했다. 민원의 목적은 두 가지다. 자신의 요청을 관철하는 것과 상대방의 답변에서 과실을 찾아내는 것이다. 과실이 있으면 두고두고 소송의 근거로 활용된다. 민원을 낸 그 조합원도 마찬가지였다. 조합장한테 과실이 있으니 자신이 이길 것이라 믿고 소송을 제기했다.

그러나 법원에서는 과실이 있다고 곧장 조합에 책임을 지우지 않는다. 스포츠에서의 실수와 비슷하다. 경기 중에는 선수도 실수하고 심판도 오심을 한다. 그러나 그중 승패를 가르는 것은 극소수다. 선수의 모든 실수, 심판의 모든 오심이 승패를 좌우하지는 않는다.

법원도 조합장의 업무 과실을 엄밀히 따진다. 고의성, 결과와의 상관성과 인과성, 위법성을 종합적으로 검토해서 과실의 경중을 따진다. 조합원이 소송에서 이기려면 그게 '경'하지 않고 '중'한 것임을 입증해야 한다. 그러나 이들에게 '경'과 '중'은 중요하지 않다. 조합장의 과실 자체를 승소의 충분조건으로 믿는다.

형평성 논란도 유사하다. 이해관계가 복잡하게 얽힌 재건축·재개발에서 모든 사람의 형평성을 충족하기는 불가능하다. 제로섬 요소도 있어 더욱 그렇다. 그러나 형평성이 훼손되었다고 생각하는 조합원은 억울하다고 소송을 한다.

법원은 비교형량을 한다. 이때의 '형'은 형벌의 '형刑'이 아닌 저울 '형衡'이다. 일부 조합원의 이익이 침해되었어도 사업계획이 합리적이고 그로 인해 달성되는 공익이 크다면 조합의 재량권으로 인정하는 경우가 많다. 조합장의 과실이 조합의 패소로 이어지지 않듯 형평성이 훼손되었다고 당사자가 이기는 게 아니다.

많은 소송에서 조합이 이기는 것은 조합에 과실이 없거나 조합원에게 억울한 게 없어서가 아니다. 조합이 법적 책임을 져야 할 수준의 과실을 범해서가 아니기 때문이다. 그러나 큰 패를 쥐었다고 착각한 조합원들은 승소를 자신하며 소송전에 돌입한다. 그리고는 패소하고 조합에 소송 비용까지 문다. 분양 신청을 받으면서 과실을 범한 A 조합장도 소송에서 이겼다. 과실이 없어서가 아니라 '경'한 과실이었기 때문이다.

문제 해결 패턴이 별난 사람들도 있다. 문제 해결보다 책임 묻기를 중시한다. 공공과 민간을 가리지 않는다. 범용한 일이다. 재건축·재개발의 예비군에게도 이런 패턴이 나타난다.

B 조합원들은 내 평형, 내 동, 내 집에 문제가 있을 때 그게 조합장의 책임임을 입증하기 위해 전력을 기울였다. 단서 비슷한 것이라도 나오면 결정적인 증거라도 되는 것처럼 몰아세웠다. 문제를 해결하는 게 우선인지 책임자를 찾는 게 우선인지 구분이 안 되었다. 원인 제공의 책임이 있으니 문제 해결의 책임도 지는 게 아니라 문제 해결의 책임을 지워야 하므로 원인 제공의 책임도 덮어씌워야 했다. 해결이 가능한지, 어떤 방법이 있는지는 나중 문제고 책임자 색출을 해결의 만능열쇠로 생각했다. 살인사건이 나면 범인을 찾기보다 경찰을 비난하는 식이었고 경찰을 비난할수록 범인도 쉽게 찾을 수 있다는 꼴이었다. 전혀 실용적이지 않은 방법인데 이들은 실용적이라고 믿었다.

공동주택과 개인주택을 혼동하거나 조합장을 집사나 엄마로 아는 조합원도 있다. C 조합에는 옵션을 임의로 만든 다음 그것으로 공사해달라고 고집하거나 시공사가 정한 전등이 마음에 안 들어 내가 알아서 설치할 테니 자기 집 거실에는 전등을 설치하지 말고 그 비용을 돌려달라는 조합원이 있었다. 종전 주택에서는 중간층에 살았으니 신축도 중간층에 배정되어야 했는데 저층으로 되었다며 동호수 추첨에 불법이 있었던 것 아니냐 항의한 조합원도 있었다. 분양 일정에 대해 시공사에 문의했는데 태도가 불친절했다며 조합장이 나서서 사과를 받아달라는 경우도 있었다.

토사구팽도 나타난다. 이용 가치가 다하면 가차 없이 버린다. D 조합장은 사업 내내 준수하고 무난했다. 그런데 입주 후 큰 시련에 부딪혔다. 조합원들이 조합장을 해임하고 형사고발까지 하겠다고 나선 것이다. 유착이니 비리니 특혜니 도덕성이니 말들이 많았지만 근거가 제시된 것은 없었고 몇몇은 가짜 뉴스였다. 조합장이 마음에 안 들면 해임하면 되는데 왜 형사고발까지 운운하는지 이해하기 어려웠다.

전년도의 소송에서 진 게 발단으로 보였다. 손해배상으로 100억 원 가까운 돈을 물어내야 했다. 조합원의 실망은 이해할 만했다. 업무상의 착오가 있었을 테니 조합장의 책임을 묻는 것도 불가피했다. 그러나 형사고발 사유는 아니었다. 패소에 대한 책임을 지고 물러나라는 것은 궁색했기에 비리니 특혜니 다른 꼬투리를 찾은 것이자 입주도 했겠다 더 이상 쓸모도 없으니 조합장을 팽烹하는 것이었다. 셈에 밝은 사람들이었다. 어느 조합이든 이런 사람들은 꼭 있다.

예비군은 조합의 일상적인 업무를 방해하는 걸림돌로 작용하지만 세력을 형성해서 사업을 망가뜨리는 암초가 되기도 한다. 전자는 조합장을 괴롭게 하지만 후자는 조합원을 괴롭게 한다.

가능한 것과 불가능한 것에 대한 고려가 1순위고 유불리가 2순위여야 하는데, E 조합장과 일부 조합원들은 눈앞의 이익을 위해 가치판단의 우선순위를 바꿨다. 건물이 이미 올라가고 있는데도 벽체를 옮겨달라고 요구한 것이다. 벽에 막혀 조망이 제대로 나오지 않는다는 게 불만인데, 그 벽이 내력벽이라는 점이 문제였다.

내력벽은 건물 하중을 지탱하는 것이어서 뺄 수도 없고 공사 중간에 위치를 바꿔도 안 된다. 정 옮기고 싶다면 올라간 건물을 다 철거하고 공사를 처음부터 새로 해야 했다. 공기도 연장하고 공사비도 올려주면 불가능한 것은 아니었다. 그러나 이루어질 수 없는 요구였다. 안 그래도 자기 집은 조망이 안 나와 속이 상한데 일부 세대에 더 멋진 조망을 만들어주기 위해 나머지 세대가 비용을 부담할 리 없다.

조합원이 '갑'이라는 착각

재건축·재개발에 무논리와 무규범이 만연하는 것은 각자가 각자의 이익을 우선하기 때문이지만 뒷배가 있다고 믿는 탓도 크다. 그 뒷배가 착각에서 나왔다는 게 문제다.

조합원 중에는 자신이 조합의 주인인 '갑'이고 조합장은 '을'이라고 착각하는 사람들이 있다. 조합원과 조합장을 갑을 관계로, 주인과 머슴의 관계로 보니까 거칠 것이 없다.

내가 조합장 되고 두어 달 지난 때였다. 한 조합원이 불쑥 사무실로 찾아왔다. 이런저런 이야기를 하다 갑자기 자신은 조합원이니 '갑'이고, 당신은 조합장이니 '을'이라며 고압적인 태도를 보였다. 화가 나서 나도 목소리가 높아졌다.

"조합장이 어떻게 '을'입니까. 말이 되는 소리를 하세요."

"그럼 조합장이 '갑'인가요?"

"조합장이 어떻게 '갑'일 수 있나요. 그게 말이 된다고 생각하십니까."

그는 내가 말장난한다고 생각했는지 어이없어하면서도 내가 정색하고 화를 내니까 이러지도 저러지도 못한 채 당황하다가 슬그머니 사무실을 나가버렸다. 나중에 알고 보니 그는 우리 동네에서 유명한 사람이었다. 안 좋은 쪽으로 유명한 게 문제였다. 조합장이 바뀌었다니 어떤 놈인지 간을 보려고 찾아온 것이었다. 이 일이 있고 나서는 사무실 근처에 얼씬도 하지 않았다. 잘못 엮였다면 우리 사업에 큰 장애가 될 인물이었다. 이 조합원뿐만이 아니었다. 조합장과 조합원을 갑을 관계로 보는 조합원이 한둘이 아니었다.

조합장은 권력자도 아니지만 조합원의 머슴도 아니다. 조합장이 머슴이 되는 때는 정해져 있다. 도시정비법, 정관, 총회 의결로 조합원의 집단의지가 나타난 것에 한해서다. 개별 조합원과의 관계에 관한 문제가 아니다. 그런데 이럴 때는 조합원도 머슴이다. 조합장만 머슴이 아니다. 도시정비법과 정관, 총회 의결은 조합원도 지켜야 하기 때문이다.

조합의 갑을 관계는 조합장과 조합원이라는 개인과 개인의 관계에 적용되는 게 아니다. 법과 정관, 총회 의결이 한편에 있고 조합장을 포함한 모든 조합원이 다른 편에 있는 관계에 적용된다. 전자가 '갑', 후자가 '을'인 것이다. 조합장과 조합원은 법과 정관을 준수하는 가운데 총회 의결이 제대로 되게끔 각자의 자리에서 할 일을 하고 협력하는 역할 분담 관계다. 만약 조합원이 '갑'이고 조합장이 '을'이라면 조합 상근 자리나 일감을 따려고 접근한 새끼 상어들도 다 '갑'으로 모셔야 하는 이상한 관계가 형성된다.

넘어야 하는 세 가지 허들

조합이 넘어야 할 허들은 세 가지다. 시공사, 무능한 집행부와 비대위, 그리고 예비군 조합원이다. 시공사와의 싸움이 10 km 단축마라톤이라면 무능한 집행부와 비대위와의 싸움은 하프코스다. 가장 어려운 것은 예비군들과의 싸움이다. 42.195km 풀코스다.

시공사는 평판 관리를 하지 않을 수 없다. 명분과 근거를 마련하기 어려워서 그렇지 조합이 그것만 잘 갖추면 시공사와 어느 정도 상대는 할 수 있다.

무능한 집행부나 비대위는 세력화되어 있어서 대적하기 어렵다. 그러나 세력화되어 있다는 것은 노출이 되어 있어서 빈틈도 찾을 수 있다는 뜻이다. 준비만 잘하면 대응력을 갖출 수 있다.

예비군 조합원은 다르다. 이들과는 대화가 어렵다. 법이든 정관이든 사업의 총량적 이익이든 행정적 불가항력이든 다수결이든 공유하는 규범이 없기 때문이다. 그게 있어야 설득하든 설득당하든 할 텐데, 그게 없으니 대화는 공전되고 해법도 찾기 어렵다. 권리와 책임의 균형감으로 조합에 요구할 것은 요구하고 역할을 나눌 것은 나누는 사람들도 있지만, 예비군은 조합원은 권리를 주장하고 조합은 책임을 지는 존재라는 이분법적인 사고의 소유자이다.

집단화되어 있는 비대위와 달리 예비군은 내 이익과 내 돈을 중심으로 각개약진한다. 여기저기 흩어져 존재한다. 드넓은 바닷가 모래밭에서 깨진 유리 조각을 가려내는 것처럼 많은 인내와 시간이 필요하지만 완벽하게 가려내기는 불가능하다. 그러나 이들이 세를 형성하면 대응이 어려워진다. 모두 가려내기는 불가능해도 관리가 가능한 수준으로는 억제해야 한다.

어느 조합이든 유능하고 똑똑한 사람들은 있다. 이들은 잘 나서지 않는다. 재건축·재개발이라는 더러운 판에 끼기 싫어서, 현업에 바빠서, 잘 모르고 감당이 안 돼서 등 이유는 여러 가지다. 예비군과의 싸움에 머리가 아파서 피하는 것도 큰 이유일 것이다.

어려운 방법과 쉬운 방법

무능한 집행부와 답이 없는 비대위에 지칠 대로 지친 많은 조합원은 능력도 되고 자질도 갖춘 사람들이 나서기를 간절히 바란다. 그러나 "우리를 도와달라", "누가 나서달라" 하는 식으로 인정에 호소하곤 한다. 재건축·재개발이라는 무지막지하고 살벌한 판에서 이런 감상적인 하소연이 통할 리 없다. 실질적이고 적극적인 동기 부여를 해야 한다.

첫 번째 방법은 조합장을 해볼 만한 의미 있는 자리로 만드는 것이다. 조합원의 생각을 바꾸고 마음을 모아야 하는 어려운 방법이다. 우리 조합은 여기에 가까웠다.

우리는 10여 명의 카페 운영진이 뭉치는 것으로 시작했다. 모두가 생업을 가진 현역인데 생업이 있는지 헷갈릴 정도로 조합 일에 진심이었다. 10~20명이 측면에서 도와주었다. 3,000명 가까운 조합원 중 1%가 뭉쳐 분주하게 뛰어다니자 10%에 달하는 200~300명의 굳건한 지지자가 모였다. 10%가 한몸으로 움직이니 그게 다수 여론이 되었다. 재건축·재개발에는 합리적인 조합원도 많다. 우리 조합의 10%가 이 사람들이었다.

이들은 내 것에 대한 관심도 많지만 그것 때문에 공동의 이익이 훼손되는 것은 바라지 않는다. 상어 떼에 맞서 우리 것을 지켜야 내 것도 지켜진다고 생각한다. 가능한 것과 가능하지 않은 것을 나누고 가능한 것 중에서 최선의 길을 고민한다. 조합 업무가 어떻게 돌아가는지 살펴서 조합이 나태해지지 않도록 지켜보는 파수꾼도 되고, 앞으로 조합이 어떻게 돌아가야 하는지에 대한 의견도 제시해서 다른 조합원에 대한 계몽주의자도 된다. 조합 업무를 봉사가 아닌 사업이라고 생각해서 필요할 때는 투자도 해야 한다는 점도 잘 안다. 내가 결정한 것은 내가 책임져야 한다고 생각한다. 비대위와 예비군에 대한 견제에도 큰 힘을 발휘한다. 우리 조합에도 비대위와 예비군이 나타나서 분탕질을 쳤지만 여론의 압력에 숨죽여 지냈는데, 여기에는 이들의 공이 컸다. 조합장이 도움을 요청하면 자신이 할 수 있는 범위에서 언제든 도와준다.

비대위와 예비군이 어느 사업장에나 있는 것처럼 이들도 꼭 있다. 재건축·재개발의 소금이다. 조합은 이들이 나설 환경과 분위기를 잘 만들어야 한다. 재건축·재개발처럼 불특정 다수가 모인 공간에서는 군중심리가 없을 수 없다. 공의롭고 능력 있는 조합원 1%가 합리적 조합원 10%를 모으고, 10%가 군중심리에 선한 영향력을 행사한다면 조합장도 해볼 만한 자리가 된다.

두 번째 방법은 조합장이란 직을 탐나는 자리로 만드는 것이다. 첫 번째 방법보다 난이도는 낮지만 돈은 많이 든다. 재건축·재개발은 은퇴 세대의 놀이터다. 그들이 조합장, 임원, 대의원회에서 다수를 차지하는 조합이 많다. 조합이 바뀌어야 한다. 은퇴 세대가 아닌 현업에 종사하는 잘나가는 사람들, 능력 있는 사람들도 탐내는 자리로 만들 필요가 있다.

그러려면 대우가 파격적이어야 한다. 사업을 아는 사람들은 인재 영입에 돈을 아끼지 않는다. 유능한 조합장의 영입도 그런 방식이어야 한다. 봉사자를 구한다는 생각은 갖다 버려야 한다. 조합은 사업체이므로 조합원은 사업적 마인드를 가져야 한다. 다만 인센티브보다는 높은 연봉을 보장하는 게 좋다. 사업이 아무리 성공적이고 조합장이 발군의 능력을 발휘해도 인센티브는 늘 시비를 부른다. 조합장은 한순간에 역적이 된다. 재건축·재개발은 불확실성으로 가득 차 있지만 한 가지 예외는 인센티브에 대한 절대적 반대파가 어디에나 있다는 사실이다. 이는 불변의 진리다. 인센티브 논의가 언제 나오든, 사업 초기든 중간이든 마무리 단계든 똑같다. 각각의 단계마다 갖다 붙일 구실이 다 있다.

높은 연봉 외에 인센티브도 추가로 필요하다면 판례도 살피고 사업장의 특성이 잘 반영된 합리적인 기준을 세워야 한다. 그래야 잡음도 덜하고 소송에서도 이길 수 있다. 이런 믿음을 주어야 인재도 구할 수 있다.

조합에는 소송이 많으니 변호사가 조합장을 하면 좋다. 조합장이라는 자리를 변호사도 솔깃해하는 자리로 만들어야 한다. 변호사도 자신만의 확실한 전문 분야를 가져야 하는 시대이므로 조합장을 잘해서 이쪽 분야 전문변호사로 진출하면 경쟁력도 보장된다. 재건축·재개발에서 가장 중요한 게 건축이니 현장소장 출신의 건축 전문가도 조합장으로 좋다. 앞으로 10년의 자리를 보장하면서 금전적 보상도 충분하면 50세 전후 현역도 욕심을 낼 선택지가 된다. 이들이 나중에 내 발등을 찍을 도끼인지 아닌지는 검증해야 하지만, 같은 값이면 변호사나 건축 전문가가 조합장으로는 유리해 보인다.

이것은 쉬운 방법이다. 돈만 더 쓰면 된다. 큰돈이 드는 것도 아니다. 사업비를 기준으로 하면 정말 미미한 액수만 써도 된다. 비대위가 가만있지 않겠지만 당사자가 돈의 힘으로 이겨낼 것이다.

F 조합은 돈으로 보상받는 방식을 택했다. 조합장의 마음고생은 심했지만 상응하는 보상을 받았다. 재건축·재개발도 사업이니 비즈니스로는 나쁘지 않았다. 조합원은 대만족한 것 같고 조합장도 어느 정도는 만족했을 것이다. 우리 조합과는 다른 방식이었다. 그러나 사업을 아주 잘했으나 F 조합장처럼 후한 보상을 받은 것도 아닌, 그러면서도 마음고생은 고생대로 한 G 조합장에 견주면 우리 조합도 무난한 수준은 되었다.

마음으로 보상받는 첫 번째 방법의 문제는 아름답고 고상하다는 점이다. 그런 것치고 현실성까지 담보되는 경우는 드물다. 반면 두 번째 방법은 덜 아름답고 덜 고상하지만 현실적이다. 누가 봐도 이해되고 누가 들어도 수긍이 간다.

현역에서 활약하는 스마트하고 유능한 사람들이 조합장을 꺼리는 것은 그만한 이유가 있다. 업무량은 엄청나고 감정노동은 극한 수준이다. 물질적 동기 부여는 미흡하다. 유능한 사람들이 나설 수 있도록 자리를 만들어줘야 한다. 조합장을 해볼 만한 자리 혹은 탐나는 자리로 만들어야 한다. 어정쩡하게 이것도 저것도 아닌, 은퇴 세대에나 적당한 자리를 만들어서 상어떼한테 뜯기는 것보다는 나은 선택지이다.

다섯 가지 선택지

조합원한테는 다른 선택지도 있다. 둘 다 마음에 안 들면 다른 것을 고르면 된다. 세 가지가 더 있다.

첫 번째는 조합 일에 대해 거리를 두고 관찰자, 중립자로 남아 있는 것이다. 죽이 되든 밥이 되든 시공사와 조합이 알아서 하라고 내버려두는 것이다. 괜히 끼어들어봤자 머리만 아프니 몇백이든 몇천이든 더 내고 말자고 마음먹는다. 어떻게 보면 현명한 사람들이다.

두 번째는 내가 나서는 것이다. 다른 사람들한테 요구할 수 있는 것이라면 누군가는 할 수 있는 일이라는 뜻이고, 누군가에는 나도 포함될 수 있을 것이다. 모르는 걸 알려는 노력,

이해되지 않는 걸 이해하려는 욕구가 있으면 된다. 대신 가족과 꼭 상의하고, 건강도 잘 챙겨야 한다. 조합장한테 가장 중요한 것은 멘털이니 이것도 점검해보는 게 좋다.

세 번째는 이 꼴 저 꼴 보기 싫으니 떠나는 것이다. 아파트를 팔고 나가는 것이다. 사업이 완료된 후의 기대수익을 포기하는 게 아깝지만 사업이 좌초될 리스크도 있고 불확실성은 크며 알게 모르게 스트레스도 많으니 무조건 제외하지 말고 한 번쯤 고민해볼 선택지다.

내가 조합장 선거에 나올 때 어느 조합원이 했던 말, 즉 전문성과 청렴함, 소통과 봉사 정신을 다 갖춘 조합장이 나서기를 바라는 것은 선택지에서 뺐다. 위인전에나 나올 법한 소리이기 때문이다.

조합원의 선택지는 많다. 내가 좀 더 관심을 갖고 몸을 움직여서 조합장을 해볼 만한 자리로 만드는 방법, 내가 돈을 더 내서 조합장을 탐나는 자리로 만드는 방법까지 더하면 다섯 가지다. 이 중에서 자신에게 맞는 것, 현실적이면서 좋은 결과를 가져올 확률이 높은 것을 고르면 된다.

조합장이 누가 됐든 업무 보고는 조합장의 주요 역할임을 분명히 하는 게 좋다. 최소 한 달에 한 번은 한다는 점을 약속받아야 한다. 조합장한테도 그게 좋다. 조합원은 불안하다. 조합과 조합장이 일을 잘하고 있는지, 시공사와 업체한테 휘둘리는 건 아닌지, 돈이 새고 있는 건 아닌지, 우리 사업이 제대로 되고 있는지, 지금까지 어떻게 되었고 앞으로 뭐가 어떻게 되는지 등 모든 게 불안하다. 재건축·재개발에 대해 잘 모르니까 불안하고, 불안하니까 의심도 커진다. 한 달에 한 번 정도 정기적인 업무 보고로 소통한다면 불안과 의심이 많이 해소되고 조합도 안정될 것이다.

업무 보고는 축약본이 아닌 최대한 상세하게 하는 게 좋다. 이런 복잡하고 딱딱한 이야기를 상세하게 하면 읽는 사람들은 불편하겠지만 축약본으로 하면 이해도 안 되고 더 어렵다. 답답함을 느끼게 하는 것보다는 불편한 게 낫고, 이 사업의 특성상 그건 피할 수 없는 일이다.

의미 없는 일도 아니다. 조합 일에 관심 많고 열심인 사람들은 어디에나 있어서 이 사람들은 업무 보고도 꼼꼼하고 치밀하게 읽는다. 조합원을 대신해서 조합장한테 질문하고 조합장을 대신해서 조합원한테 사업에 대해 설명도 해줌으로써 사업에 대한 조합원의 전반적인 이해도를 높인다. 우리 조합에도 중간에서 다리 역할을 해준 이런 분들이 있었다. 업무 보고가 어렵고 딱딱해서 얼마나 쓸모가 있을까 하는 것은 과한 걱정이다.

업무 보고의 주제는 조합이 관여하는 모든 사업이어야 한다. 건축, 인테리어, 커뮤니티, 외관, 조경, 소송, 상가 등과의 각종 협상을 망라하는 것이다. 이 모든 것을 이해하는 조합원은 극소수다. 그러나 극소수를 위해서 하는 것은 아니다.

예를 들어 건축에는 관심도 있고 좀 알지만 나머지는 관심도 없고 잘 모르는 조합원들이 있다고 하자. 업무 보고에서 건축에 대해 자세히 다루면 최소한 건축에 관한 한 이 조합원들의 불안은 해소된다. 인테리어, 커뮤니티, 외관, 조경, 소송, 상가 등과의 각종 협상에 관한 업무 보고에도 이 원리가 똑같이 적용된다. 조합원 각자의 관심 분야는 한정되어 있지만 그 한정된 분야만이라도 의심과 불안을 잠재우고, 이게 모두 더해지면 조합 업무 전반에 대한 조합원 다수의 신뢰가 높아진다.

부록

재건축 · 재개발 인허가 절차

한 눈에 보는 재건축·재개발 진행 과정

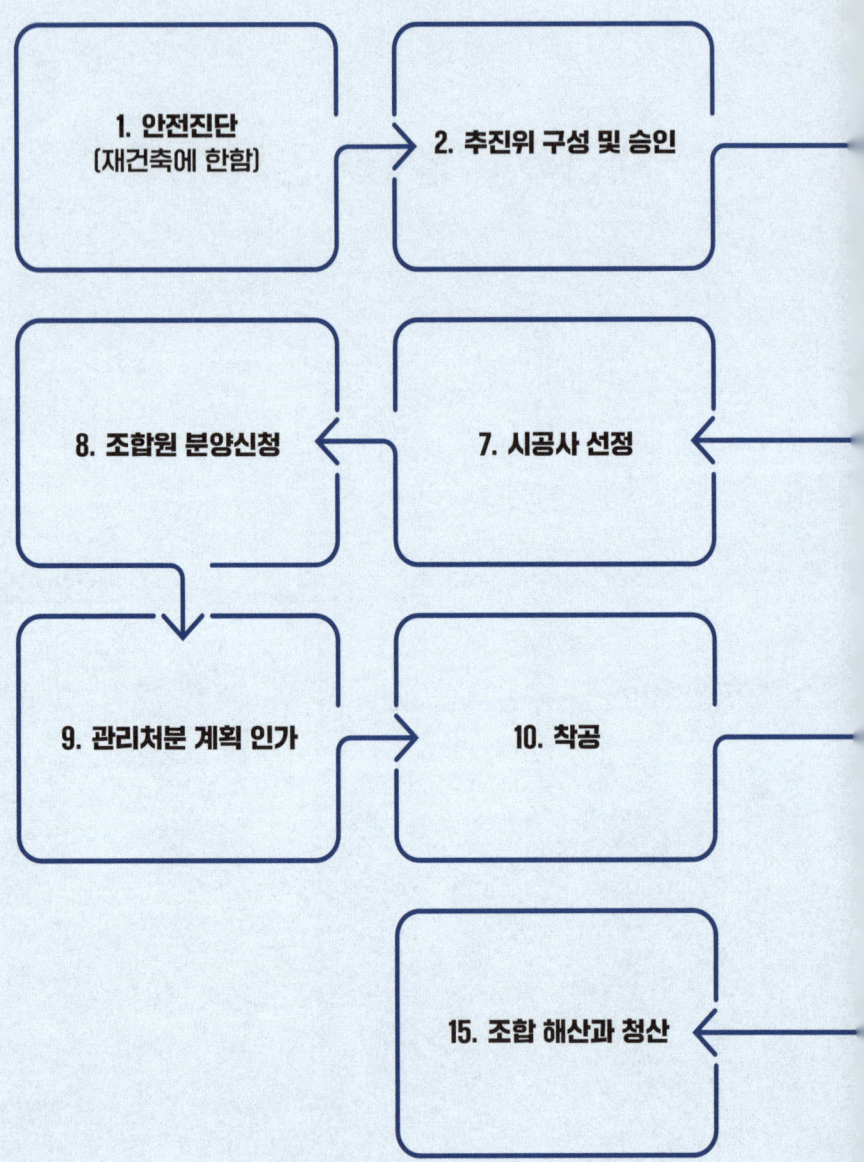

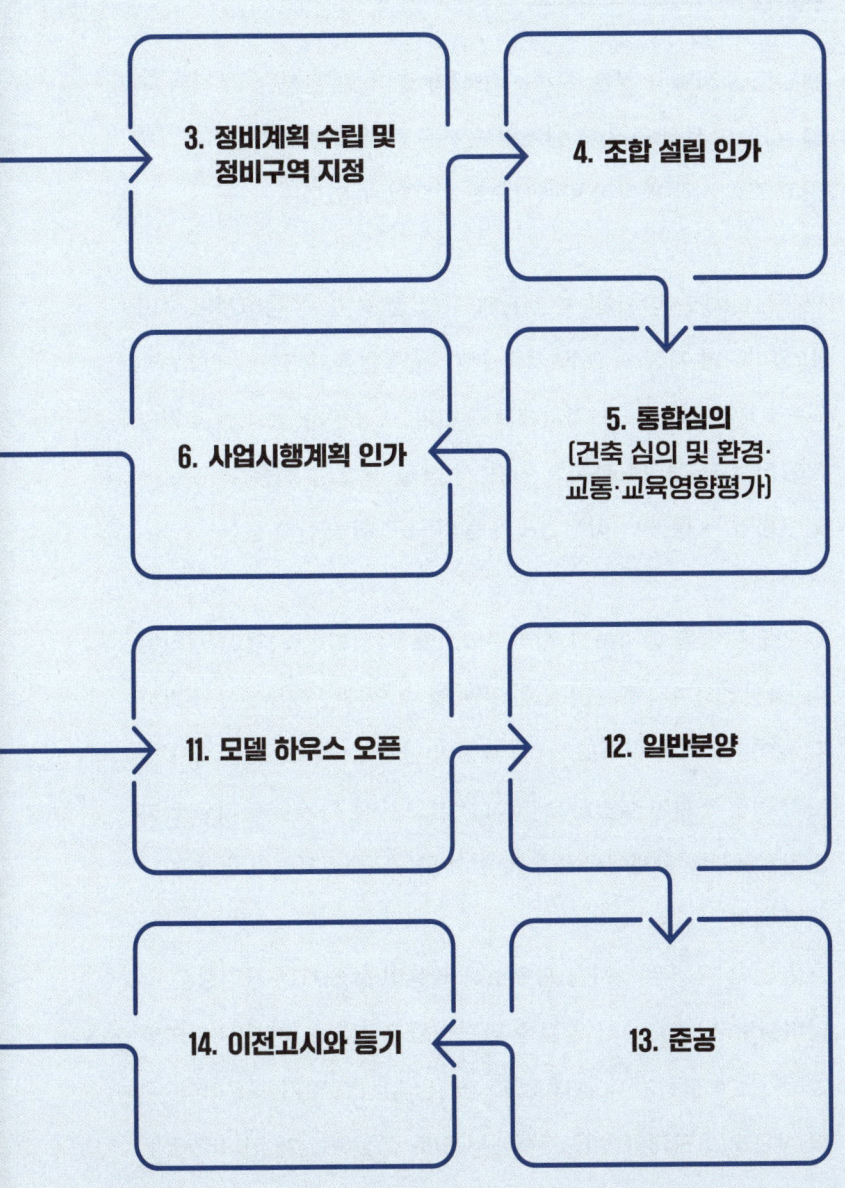

재건축·재개발 인허가 절차

재건축·재개발 인허가 절차

재건축·재개발의 기본 절차는 아래와 같다. 안전진단, 추진위 구성, 시공사 선정 등 일부 단계의 순서는 법령 개정으로 달라지기도 하고 조합 사정에 따라 탄력적으로 선택할 수 있다.

안전진단(재건축에 한함) → 추진위 구성 및 승인 → 정비계획 수립 및 정비구역 지정 → 조합 설립 인가 → 통합심의(건축 심의 및 환경·교통·교육영향평가) → 사업시행계획 인가 → 시공사 선정 → 조합원 분양신청 → 관리처분계획 인가 → 착공 → 모델 하우스 오픈 → 일반분양 → 준공 → 이전고시와 등기 → 조합 해산과 청산

안전진단을 통과하고 정비구역으로 지정되면 사업이 시작된다. 이전고시까지 빠르면 10년 안에 할 수 있지만 대부분은 초과한다. 20년을 넘긴 단지도 많다. 추진위 단계에서 막히는 단지가 있는가 하면 조합만 설립하고 더 이상 진도가 못 나가는 단지도 있고 관리처분계획 단계에서 소송에 걸려 몇 년 동안 사업이 멈추는 단지도 있다.

사업이 진행은 되지만 당초보다 일정이 늦어지는 사업장은 비일비재하다. 조합에서 일정을 낙관적으로 잡기도 하지만 심의와 인허가는 복잡하기 이를 데 없고 관련된 부서도 많기 때문이다. 구청 같은 기초단체의 주무 부서에서 단독 결정하는 게 아니라서 누

구도 정확한 일정을 예측할 수 없다. 정비계획 심의는 수년씩 걸리고 사업시행계획 인가는 수개월이 소요된다. 사업 중간에 경미한 변경도 많고 그때마다 몇 주씩 걸리므로 단계별로 심의나 인가를 처음 밟을 때는 훨씬 많은 시간이 필요할 수밖에 없다.

조합의 애타는 사정을 생각해 행정청은 업무 처리에 속도를 내야 하고, 조합은 계획서의 완성도를 높여서 행정청과 협의할 일을 애초부터 줄여야 한다. 조합원은 절차의 복잡성을 이해해 느긋하게 기다려야 한다.

그러나 재건축·재개발의 일이 그렇게 돌아갈 리 없다. 행정청은 늦고 조합은 어설프며 조합원은 조급하다. 행정청은 조합과 조합원이, 조합은 행정청과 조합원이 불만이다. 조합원은 행정청과 조합이 하는 일이 성에 안 찬다. 세 주체는 각각 둘을 상대로 신경전을 벌인다. 상대는 나에게 스트레스를 주는 원인자이고, 나는 상대에게 스트레스를 안기는 당사자가 된다.

사업 초기에는 조합원의 관심도가 낮다. 조합원 분양신청, 관리처분계획 인가, 모델 하우스 오픈 등 사업이 진행될수록 조합원의 관심은 커진다. 조합원의 관심이 촉발되는 시기가 늦을수록 바꿀 수 있는 선택폭은 적어지고 불만은 커진다. 이를 피하려면 초기 단계부터 조합원이 관심을 가져야 하고, 단계별로 주요 사항을 점검해야 한다.

안전진단

안전진단은 재건축만 하고 재개발은 하지 않는다. 재건축에서 안전진단은 사업 시행 여부에 대한 첫 번째 공인 절차다. 주민의 10% 이상이 동의하면 행정청에 안전진단 실시를 요청할 수 있다. 준공된 지 30년 지났으면 건물의 안전 및 노후 불량 정도에 대한 안전진단을 하고 A~E 등급으로 나눈다. A~C 등급은 유지 보수 단계로 사업이 불가하다. D나 E 등급을 받아야 할 수 있다. D 등급을 받은 단지는 조건부 재건축으로 공공기관의 적정성 검토를 받는 2차 정밀안전진단을 통해 최종 통과 여부를 가린다. E 등급은 재건축이 가능하다. 안전진단에서 통과되었다는 것은 아파트의 안전에 문제가 있다는 것인데, "경축" 현수막이 걸리는 아이러니가 나타난다.

안전진단은 구조 안전성, 주거환경, 설비 노후도, 비용편익 항목으로 나뉘는데, 배점에 대한 논란도 있다. 멀쩡한 건물을 철거해서 다시 공사하는 것은 자원 낭비라며 구조 안전성 항목의 배점을 높여야 한다는 주장도 있고, 삶의 질을 개선하기 위해 주차장, 층간소음, 누수, 녹물, 단열 등 주거환경과 설비 노후도 항목의 배점을 강화해야 한다는 주장도 있다.

재건축 가능 구간 점수와 조건부 재건축 구간 점수가 달라지기도 한다. 재건축 가능 구간 점수가 확대되기도 하고 축소되기도 하는 것이다.

추진위 구성 체크 포인트

- ☐ 토지등소유자 과반수의 동의를 얻었나?
- ☐ 동의서에 동의자의 자필 서명, 지장 날인, 날짜 표기가 되어 있나?
- ☐ 서류 오류나 중간 철회 가능성을 감안해 동의서는 넉넉하게 걷었나?
- ☐ 동의 받으려는 사항과 목적, 동의로 인하여 의제되는 사항, 동의의 철회 또는 반대 의사 표시의 절차와 방법을 설명했나?
- ☐ 추진위원장과 추진위원의 성품과 능력은 검증했나?

추진위 구성과 승인

안전진단을 통과하면 주민은 추진위를 구성한다. 추진위는 기초단체장과 협의해서 정비계획을 세운다. 이때 반드시 기본계획을 준수해야 한다.

기본계획은 광역적 청사진이다. 수립 주체는 광역단체장, 즉 특별시장, 광역시장, 도지사다. 10년 단위로 수립하며 5년에 한 번 수정한다. '2030 서울플랜' 같은 게 그것이다. 정비계획은 해당 조합의 마스터플랜이다. 시장, 군수, 구청장 등 기초단체장이 주민과 협의하면서 입안하고 광역단체장이 지정한다.

기본계획의 일부는 개별 단지의 정비계획에 강한 구속력을 갖는다. 기본계획에 나와 있는 사항을 정비계획으로 바꿀 수는 없다. 정비계획은 하위의 개념이므로 기본계획의 틀 안에서 만들어야 한다.

> **CHECK POINT**
>
> **정비계획 수립 체크 포인트**
>
> ☐ 행정청과 협의는 순조로운가?
> ☐ 기본계획에 반하는 점은 없나?
> ☐ 용적률은 적정한가?
> ☐ 다른 조합과 비교해 기부채납 규모는 적정한가?
> ☐ 임대주택 세대수 및 평형 배분은 적정한가?
> ☐ 신축 평형별 건립 세대수 배분은 적정한가?
> ☐ 조합원 의견은 수렴했나?

정비계획 수립

정비계획에서 사업의 기본 뼈대가 결정된다. 건폐율과 용적률, 총 세대수와 평형별 세대수, 최고 높이와 최고 층수, 정비구역 면적, 기부채납 부지 면적, 신설해야 하는 정비기반시설, 임대주택 등이 정해진다. 세대수는 이후 건축 심의와 사업시행계획 단계에서 변경할 수 있지만 그 외는 매우 어렵다.

이 단계 사업의 문제는 조합 설립 전에 이루어진다는 점이다. 시공사를 선정하기 전이라 추진위에는 돈이 없다. 사무실 운영비도 있어야 하고 일하는 사람들 급여도 줘야 한다. 정비계획을 만들 도시계획 업체와 계약도 해야 한다. 조합원한테 모금해야 하는데, 관심 있는 조합원이 극소수라 뜻대로 안 된다. 할 수 없이 사재를 털기도 한다. 돈도 없는데 정비계획을 세워야 하니 내실을 기대하기 어렵다.

추진위는 행정청과 협의를 통해 정비계획을 확정한다. 조건이 열악하니 조급해지고 조합이 설립되기 전이라 의결의 부담도 없으니 행정청의 요구를 대부분 수용하곤 한다.

조합 설립

정비계획이 고시되면 조합을 설립한다. 각 동, 상가 등 전체 동의율 요건을 채우고 조합장, 이사회, 대의원회가 구성되면 조합은 행정청의 권한을 부분적으로 위임받은 권한을 갖고 사업을 추진한다.

대부분의 조합원은 이 시점까지 거의 관심을 두지 않는다. 극히 일부만 열성이다. 조합장은 대개 추진위원장이 맡는다. 조합원은 "이제까지 해왔으니 앞으로도 잘하겠지"라는 막연한 기대로 추진위원장을 조합장으로 밀어준다.

이 단계에서 진행이 막히는 경우는 두 가지다. 대표적인 것은 상가다. 상가 제척除斥이 가능하면 조합에도 협상권이 생기지만 단지 한가운데에 있다면 상가는 슈퍼 갑이 된다. 지분 가치를 터무니없이 요구한다. 상가라는 동질성에 더해 아파트에 비해 숫자가 적다는 소수집단 특유의 응집력이 발휘된다.

일부 아파트 조합원은 상가에 특혜를 줄 수 없다며 결사반대하지만 많은 조합원은 상가 측 요구를 수용하게 된다. 특혜를 줄 바에야 사업을 안 하고 만다는 사람보다는 특혜를 주더라도 사업은 하자는 사람이 많다.

아파트의 특정 동에서 50% 동의 요건을 채우지 못하는 경우도

> **CHECK POINT**
>
> **조합 설립 인가 체크 포인트**
>
> ☐ 아파트 및 상가 조합원으로부터 조합 설립에 필요한 동의서를 확보했나?
> ☐ 동의서에 동의자의 자필 서명, 지장 날인, 날짜 표기가 되어 있나?
> ☐ 서류 오류나 중간 철회 가능성을 감안해 동의서는 넉넉하게 걷었나?
> ☐ 조합원 명부, 창립총회 회의록, 건축계획과 사업계획서 등 필요 서류를 모두 구비했나?
> ☐ 건축계획과 사업계획에 대해 검토했나?
> ☐ 조합장, 이사, 감사, 대의원의 성품과 능력은 검증했나?

있다. 대형 평형이어서 당장의 생활에 불편함이 없는 사람은 재건축·재개발에 소극적이다. 은퇴 세대나 고령자처럼 수중에 가진 게 별로 없는 사람이 많아도 속도가 안 난다. 해당 동이 한강 변이나 조망이 좋은 위치에 있다면 향후에도 지금의 위치를 보장해달라는 식으로 기득권을 요구하고, 이에 반발하는 주민들 간의 대립으로 수년 동안 사업이 멈추기도 한다.

이 단계에서는 개략적인 건축계획도 나온다. 총 세대수, 평형별 세대수, 동 배치 등이 적정한지 살펴야 한다. 입지의 성격과 시장 상황을 고려해서 소형·중형·대형 평형 세대수가 적정하게 안배되어 있는지, 특정 평형이 좋거나 나쁜 입지에 몰려 있어서 형평성에 반하는 면은 없는지 살펴서 조정할 것은 조정해야 한다.

사업계획서도 살펴봐야 한다. 총사업비도 나오고 종전자산 평형별로 신축 평형을 분양 신청할 때의 분담금도 나온다. 그러나 사업이 진행될수록 조합원 부담은 커진다. 조합 설립에 반대하는 목소리를 잠재우기 위해 초기 단계에서 사업성을 좋게 포장하기도 했고, 조합 내분으로 사업 일정이 늦어지기 때문이기도 하다. 공사비 상승, 소송, 세법 개정 등의 불가항력적 요소도 크다. 내야 할 돈이 많아지면 조합원의 불만이 커지지만 이건 나중 문제고 이 단계에서는 대개 조용히 지나간다.

조합과 건축 심의

조합의 첫 번째 업무는 건축 심의다. 조합은 설계사를 뽑고 정비계획에 기초해 동 배치, 동선 계획, 지하주차장, 개략적인 조경, 기계·전기·소방·친환경계획, 입면·경관 디자인, 평형별 평면도를 만든다.

정비계획과 마찬가지로 조합, 설계사, 행정청이 협의해서 업무를 추진한다. 설계사는 총회로 선정하지만 설계사의 첫 작품인 건축 심의는 총회 의결 사항이 아니다. 그러나 깜깜이는 피해야 한다. 대의원회와 총회에 최소한 공지나 보고 형식으로는 알려야 한다. 조합원의 동의까지 받으면 더 좋다.

동 배치나 평면도가 어느 정도 나왔고 평형이나 동호수에 따라 일조, 사생활 침해, 조망, 외부 소음에 대한 노출 정도가 다른데, 문제가 있어도 웬만하면 그냥 넘어간다. 아직 분양신청도 안 한 단계라 대다수 조합원은 관심이 없기 때문이다. 그러나 문제될 사안은 조합에서 미리 바로잡는 게 좋다. 어차피 나중에 다 고쳐야 하므로 미리 살펴서 바로잡는 게 시간을 단축하는 길이다.

환경·교통·교육 3대 영향평가

최근 들어 건축 심의를 하면서 환경·교통·교육영향평가도 같이 하고 있다. 과거에는 각각의 위원회에서 별개로 진행했다. 통합심의를 하기에 절차는 간소화되고 시간이 단축될 여지도 늘었다. 그러나 심의도 까다롭고 규제도 강화되고 있다. 사회적으로 건강, 안전, 환경이 중요해지고 있기 때문이다. 조합 사업비도 늘어나고 일정이 늘어지기도 한다.

환경영향평가는 환경에 미치는 영향을 미리 조사하고 예측해 해로운 환경영향을 최소화하는 제도다. 일정 규모 이상의 건축물을 건립할 때 온실가스 억제를 위해 전력량의 일정 비율을 연료전

CHECK POINT

통합심의(건축 심의 및 환경·교통·교육영향평가)
체크 포인트

☐ 행정청과 협의는 순조로운가?
☐ 조합원에게 보고·공지하고 동의를 받았나?
☐ 정비계획의 신축 평형별 건립 세대수 배분에 대해 수정할 사항은 없나?
☐ 동 배치에서 일조, 조망, 소음, 시선 간섭에 따른 사생활 침해 등을 고려했나?
☐ (방음벽을 설치해야 한다면) 방음벽과 동 사이의 거리는 적정한가?
☐ 신호체계, 교통 시설물, 교통유발부담금은 적정한가?
☐ 단지 주변 학교의 일조를 침해하는 등의 문제는 없나?
☐ 조합원 형평성에 반하는 점은 없나?

지, 지열, 태양광 등 신재생에너지로 공급하고 전기차 충전시설도 설치해야 한다. 지하를 주차장으로 만들면 그만큼 자연지반이 줄어들어 생태면적률 확보에 애를 먹기도 한다. 도로 소음 때문에 방음벽을 원하는 세대가 있는가 하면 조망권과 맞통풍을 선호하는 세대도 있어 갈등이 생기기도 한다.

교통영향평가는 세대수 증가에 따른 교통량 증가 때문에 도입된 것이다. 신호체계와 교통 시설물을 설치하고 교통유발부담금을 납부하게 된다. 도로로 쓰일 부지도 기부채납해야 한다. 현금으로 나가는 돈은 아니지만 아파트 부지로 남아 있을 때 건축할 수 있는 일반분양분의 수입을 계산하면 큰 비용이 나가는 셈이다. 그러나 종전 아파트가 건축될 당시보다 세대당 차량 소유자 비율도 높아졌고 절대적인 세대수도 늘어났으니 원인자 부담 원칙상 피할 수 없다.

교육영향평가에서 가장 어려운 점은 인근 학교의 일조 침해 여부다. '초품아'라는 조어를 낳은 '초등학교를 품은 아파트'는 시장에서 프리미엄을 누리지만 재건축·재개발에서는 악재가 되기도 한다. 학교의 일조가 침해된다면 동 배치를 바꾸거나 학교 인근 동의 층을 낮춰서 세대를 줄여야 한다.

학교가 아파트 부지보다 남측이나 동측에 있다면 다행이지만 북측이나 서측에 있다면 사업 손실이 크다. 학교 인근 동의 층수를 낮춰야 한다면 다른 동의 층수를 높이거나 동 위치를 조정하면 되지 않느냐고 생각할 수 있지만 그게 어려운 때가 많다. 층수가 높아지면 인근 동의 거리도 늘려야 하는데, 그러면 다른 인근 동과의 거리는 가까워져서 동 배치 조정이 불가능한 때가 많기 때문이다.

정비계획·건축 심의와 사업시행계획·관리처분계획

정비계획과 건축 심의로 설계의 90%는 결정된다. 사업 골격이 상당 부분 결정되는 것이다. 그러나 조합원에게 정비계획은 뭐가 뭔지 감도 안 오고 건축 심의 자료에 문제가 있어도 제대로 수정되지 않는다. 다수 조합원은 여전히 관심이 없다.

뒤늦게 사태의 전모를 파악한 조합원은 황당해한다. 정비계획에 나온 기부채납의 규모에 놀라고, 내가 들어가 살 내 집의 건축 계획에 대해 총회 결의를 받지 않아도 되게끔 법을 만든 입법자의 의도도 불만이다.

그러나 단지가 모여 동네가 되고 동네가 모여 도시가 되므로 도시를 잘 만들기 위해서는 먼저 도시계획의 큰 그림이 잘 나와야 하고 그 다음이 동네며 맨 마지막이 단지여야 한다는 점에서는 합리적이다. 큰 밑그림을 그리는 단계부터 상향식 의견수렴을 하다보면 단지별로 각개약진이 되어 제대로 된 도시계획을 만들 수 없기 때문이다.

그렇다고 재건축·재개발이 하향식으로만 이루어지는 것은 아니다. 사업시행계획과 관리처분계획은 총회에서 결정하고 행정청은 인가를 내준다. 상향식인 것이다. 정비계획과 건축계획에 문제가 있으면 이 단계에서 수정하면 된다. 대신 고칠 수 있는 것은 매우 제한적이고 중대한 변경이 필요하면 수정도 가능하지만 시간이 오래 걸린다.

어쨌든 재건축·재개발의 전체 과정에는 하향식과 상향식이 나름 배합되어 있다. 큰 밑그림은 도시계획의 차원에서 강력한 구속력을 발휘하도록 하되, 그 틀 안에서 주민의 의견이 수렴될 공간을 만든 것이다.

사업시행계획

정비계획과 사업시행계획·관리처분계획은 질적으로 다르다. 정비계획은 행정청에 결정권이 있지만 사업시행계획과 관리처분계획은 조합이 주도한다. 정비계획에 오류가 있으면 행정청을 탓할 여지가 있지만 사업시행계획과 관리처분계획은 조합의 몫이다.

사업시행계획은 정비계획과 건축계획으로 구성된다. 정비계획은 거의 그대로고 건축계획은 건축 심의 자료를 구체화하는 것이다.

사업시행계획 수립은 정말로 지난한 과정이다. 행정청과의 협의는 한도 끝도 없다. 관련 부서와 기관이 엄청나다.

건설관리과·문화체육과·도로관리과·재무과·청소과·치수과 등 사업과 관련된 구청의 모든 부서, 소방서·경찰서·수도사업소·교육지원청 같은 지역의 모든 관계부서, 물재생계획과·공동주택과·환경정책과·임대주택과 등 광역단체의 모든 관련 부서가 회람한 다음 수정이나 조치사항을 깨알같이 적어서 보내고 문제가 있는 것은 수차례에 걸쳐 협의도 해야 한다. 이런 관계부서와 기관이 40

> **CHECK POINT**
>
> **사업시행계획 인가 체크 포인트**
>
> ☐ 행정청과 협의는 순조로운가?
> ☐ 행정청의 무리한 요구는 없나?
> ☐ 신축 세대의 평면도 및 마감재에 대한 조합원 의견 수렴은 충분한가?
> ☐ 외관 및 조경 계획은 적정한가?
> ☐ 커뮤니티 시설 종류 및 각 면적은 적정한가?
> ☐ 상가, 학교, 종교시설 등과 협의는 순조로운가?
> ☐ 조합원 형평성에 반하는 점은 없나?

개가 넘기도 한다. 이 중 어느 한 부서나 기관이라도 협의가 종료되지 않으면 인허가는 불가하다. 조합원이 제출한 공람 의견에 대한 조치계획도 내야 한다.

행정청과 협의를 마치면 조합은 이 계획안을 총회에 올린다. 재건축·재개발은 속도전이라는 대명제 때문에 조합원은 사업시행계획을 빨리 통과시키는 게 급선무다. 총회에서 누군가 딴지를 걸면 사업을 방해한다며 반발이 터져나온다. 따라서 사업시행계획이 부결되기는 어렵다.

그렇다고 명백한 오류가 있는데 그냥 넘어갈 수는 없다. 총회에 임박해서가 아닌 그 전에 조합원의 의견을 수렴해서 수정할 것은 수정해야 뒤탈이 없다. 정비계획이든 건축계획이든 조합원이 강력하게 이의를 제기하고 충분히 합리적이면 수정되기도 한다. 수정 사항이 경미하면 기초단체에서 처리하고 중대하면 광역단체로

> **CHECK POINT**
> **시공사 선정 체크 포인트**
> ☐ 총액 입찰인가, 내역 입찰인가?
> ☐ 계약서에 대한 전문가 자문을 받았나?
> ☐ 입찰 당시 시공사의 제안이 계약서에 반영되어 있나?
> ☐ (시공사가 대안설계를 제안했다면) 대안설계의 인허가 가능성 및 공사비는 검증했는가?
> ☐ 설계도서에 관한 시공사의 점검 책임이 계약서에 명시되어 있나?
> ☐ 공사비는 적정한가?

가야 한다. 광역단체로 가면 수개월이 걸리고 기각되기도 하지만, 조합원 의견을 마냥 무시할 수도 없는 일이니 조합은 미리미리 사전 검토를 잘해야 한다.

시공사 선정

시공사 선정을 통해 조합은 일차로 분열된다. 입찰이 시작되면 시공사들의 경쟁으로 단지는 금품과 향응, 비방과 유언비어로 도배되고 지킬 수 없는 공약이 난무한다. 시공사들은 온갖 연고를 뒤져 연줄을 대고 홍보한다.

인허가 가능성이 없는 대안설계를 들고나오는 무책임한 시공사도 있다. 시공사한테 인허가는 나중 문제다. 내일 일은 내일 생각하면 된다. 수주에 성공하느냐에 사활을 건다.

조합원은 그 장단에 맞춰 춤을 춘다. 선호하는 시공사별로 패가 나뉜다. 기업의 브랜드 가치를 우선하는 사람, 공사비를 낮게 제시하는 시공사를 우선하는 사람, 브랜드 가치가 높은 기업의 낮은 공사비를 우선하는 야무진 사람들로 나뉘고, 실현 가능성은 뒷전인 채 누구의 대안설계가 더 폼 나고 멋있느냐에 혹한다.

경쟁이 치열해지고 판이 커지면서 갈등이 격화된다. 시공사들 사이의 경쟁이 조합원 사이의 대리전으로 변질된다. 서로가 서로를 향해 시공사의 끄나풀이라고 손가락질하고 선과 악, 정의와 불의의 무협지 세계관이 고개를 든다. 토론의 대상이 정쟁의 불쏘시개가 되어 싸울 일이 아닌데 죽어라 싸우는 게 재건축·재개발이다. 이 단계에서도 그 진가가 유감없이 나타난다. 재건축·재개발은 아파트를 건설하는 것이므로 시공사 선정은 사업의 꽃인데, 이 바닥 자체가 막장이므로 시공사 선정으로 조합은 바야흐로 막장의 초입으로 들어간다.

조합원 분양신청

조합원 분양신청을 하면 그동안 안 보였던 사업시행계획 상의 문제가 비로소 눈에 들어온다. 내가 선호하는 평형의 세대수가 적어서 당첨 확률이 낮아 불만이라는 사람, 내가 분양신청 하려는 평형은 위치도 나쁘고 평면도 나쁘다는 사람, 내가 원하는 평형의 조합원 분양가는 왜 이렇게 비싸냐 하는 사람이 속출한다. 정비계획의 문제점도 하나둘씩 눈에 들어온다. 기부채납이 많다, 임대주택이 많다, 조합이 행정청과의 협상에 무능했다… 조합은 뒤숭숭하고 시끌시끌해진다.

비대위가 본격적으로 기지개를 켜기도 한다. 시기를 저울질하며 수면 아래에 있던 비대위가 활개를 치고 모습을 드러낸다. 동시에 비대위에 반대하며 조합장을 지지하는 사람들도 등장한다. 조합장을 잘라야 한다는 세력과 그런 사람들을 잘라야 한다는 세력이 격돌한다.

관리처분계획

관리처분계획은 조합원과 조합원, 조합과 행정청의 권리 의무 관계 및 대지와 건축물의 소유권을 정하는 것이다.

마침내 관리처분계획이 공개되면서 그동안 누적된 불만이 대폭발한다. 내가 갖고 있는 평형의 종전자산가는 터무니없이 작은데 다른 평형은 너무 크다, 감정평가가 조합장이 갖고 있는 평형에 유리하게 나온 것 아닌가, 사업비는 왜 이리 많아졌나, 용도가 불분

> **CHECK POINT**
> **관리처분계획 인가 체크 포인트**
> ☐ 종전자산과 조합원 분양가는 합리적으로 평가되었나?
> ☐ 일반분양가는 적정한가?
> ☐ 보류지 개수는 적정한가?
> ☐ 소유권 보존등기비 등을 최근 개정된 세법에 따라 사업비에 반영했나?
> ☐ 추가 공사비, 소송비용 등을 사업비의 해당 항목에 반영하고, 그밖에 예상하지 못한 비용 등을 예비비로 편성했나?
> ☐ 조합원 형평성에 반하는 점은 없나?

명한 사업비가 많다, 조합장이 이제까지 한 일이 도대체 뭐냐…

추진위 때부터 짧게는 수년, 길게는 십수 년 동안 사업을 이끌어온 조합장들 가운데 몇몇이 이 단계에서 잘린다. 잘린 입장에선, 조합에 돈도 없고 관심도 없던 불모 상태에서 여기까지 꾸역꾸역 사업을 끌고 온 사람을 모질게 내치는 토사구팽이고, 자른 입장에선 능력 없이 자리 욕심만 많아 사업을 망친 주범을 징치하는 정의 구현이다.

조합에는 소송이 참으로 많다. 크게 두 가지다. 하나는 조합장 개인을 겨냥한 것이다. 조합장 비리를 고발하는 것이거나 부정 선거에 관계된 것이다. 다른 하나는 형평성에 대한 것이다. 이는 주로 관리처분계획에서 나온다. 형평성은 사업 내내 조합이 꼭 챙겨야 할 문제인데, 돈 문제가 관련된 관리처분계획 단계에서는 더욱 신경 써야 한다.

이주와 철거

관리처분계획 인가가 났으면 이제 이주해야 한다. 조합은 이주 촉진 업체와 계약해서 이주를 서두르지만 계획대로 되지는 않는다. 계획대로 되면 재건축·재개발이 아니다. 단지가 크면 이주 일정으로 반년씩 잡지만, 1년을 훌쩍 넘기기도 한다. 주거 대책을 세워주기 전까지는 이사할 수 없다고 버티는 세입자와 부딪히기 때문이다.

재개발은 세입자에게 주거 이주비를 지급하지만 재건축은 없다. 그러나 이주비 지원이 있든 없든 분란은 발생한다. 협상을 통해 원만하게 마무리하는 조합도 많지만 폭력 사태로 얼룩지면서 뉴스에 나오는 조합도 있다.

　재건축·재개발은 매 단계가 전쟁이다. 양상이 다를 뿐이다. 말과 글로 하는 단계가 있고, 문서와 여론으로 하는 단계가 있다. 로비나 소송으로 하기도 한다. 이주는 주먹과 주먹, 악과 깡이 맞붙는 가장 원시적인 형태의 전쟁이 펼쳐지는 단계가 되기도 한다.

　힘들게 이주를 마치면 드디어 철거다. 예전부터 철거에는 비리나 폭력이 많았다. 잡혀들어간 조합장들도 있었다. 요즘은 철거를 시공사 책임으로 한다. 업체 선정이든 관리든 조합이 끼어들 이유가 없다. 철거에 대한 안전 규제가 강화되었다는 점도 고려해야 한다. 이것은 서로 맞물린 문제다. 조합장이 끼어들어서 업체한테 약점이라도 잡히면 안전에도 구멍이 생긴다. 약점을 잡힌 조합장이 하나둘씩 봐주기 시작하면 업체의 안전조치가 미흡해도 시공사가 원칙대로 관리하기 힘들기 때문이다.

동호수 추첨과 모델 하우스 오픈

동호수 추첨은 희비를 가른다. 고층이냐 저층이냐, 지하철역에 가깝냐 아니냐, 일조와 채광이 어떠냐, 벽 뷰view냐 녹지 뷰냐, 대로변 동이라 시끄러우냐 안쪽 동이라 조용하냐에 따라 희비의 쌍곡선이 그려진다.

　종전자산의 동이나 층은 좋았는데 새로 배정된 동이나 층은 나쁜 조합원의 허탈감은 이루 말할 수 없다. 조합장이나 임원들이 좋은 동호수에 배정되었다면 기름을 부은 격이 되어 추첨에 부정이 개입된 것 아니냐는 음모론이 등장하고 비대위까지 가세해서 조합이 시끄러워진다. 반대로 조합장이나 임원의 일부가 나쁜 동호수에 당첨되면 음모론이 일시에 사그라지는 웃지 못할 상황이 연출된다.

그러나 동호수 추첨은 한국부동산원에서 전산으로 진행한다. 조합원의 현장 참관도 가능하다. 조합이 주먹구구로 하는 게 아니라서 비리가 개입될 수 없다.

모델 하우스는 또 하나의 분수령이다. 관리처분계획 단계를 용케 통과한 조합장이 여기서 고꾸라지기도 한다. 시공사는 이제까지 늘 해왔던 마감재로 도배하고, 조합원은 구식에 날림이라며 대폭발한다.

자재를 교체한다, 평면을 바꾼다, 옵션을 늘려야 한다고 난리 나는 와중에 시공사 담당자 잘라라, 대표이사 불러라, 시공사 바꾸자까지 봇물 터지듯 쏟아진다. 조합장이 무사할 리 없다. 무능하다, 업체한테 돈 먹었다, 고발해야 한다… 그러다 해임되는 조합장까지 생긴다.

착공과 준공

이주와 철거를 마치면 이제 착공이다. 구조체에 영향을 주지 않는 경미한 건축계획과 특화계획은 그것대로 변경해서 추진하되 이 단계에서 조합은 현장 관리에 집중해야 한다. 특화에 매몰되지 말아

> **CHECK POINT**
>
> **착공 체크 포인트**
> ☐ 실시설계도서는 어느 정도 완성되었나?
> ☐ 향후 구조체에 영향을 주는 설계변경 가능성이 있나?
> ☐ 특화계획은 수립했나?
> ☐ 시공사, 감리와 하자 예방 계획을 세웠나?
> ☐ 하자 예방 및 품질 관리를 위한 조합 내부 인력 계획은 수립했나?
> ☐ 아파트 준공 일정에 맞추어 기부채납 공사 일정도 점검했나?

야 한다. 그러려면 착공 전에 특화의 골격이 나와야 한다.

시공 관리는 하자 발생 가능성이 큰 것을 중심으로 해야 한다. 후행공정에 의해 가려지는 공사, 설비를 작동해봐야 하자 유무를 알 수 있는 공사, 법령에 빈틈이 있는 공사에 집중해야 한다. 조합, 감리, CM의 협업으로 하는 게 좋다.

돌관공사도 주의해야 한다. 여기서도 하자가 다량 발생한다. 돌관공사는 파업, 물류 대란, 기후, 자재 미수급 때문이기도 하지만 조합의 책임도 있다. 조합은 의사 결정을 제때 하고 과도한 설계변경은 피해야 한다.

기부채납 공사도 잘 챙겨야 한다. 아파트가 다가 아니다. 이걸 제때 챙기지 않아 이전고시가 늦어지는 조합들도 있다.

이전고시와 등기

준공되고 사업시행계획 상의 모든 사업이 완료되면 이전고시를 준

이전고시 체크 포인트

- ☐ 행정청과 협의는 순조로운가?
- ☐ 신축 세대별 토지 및 건물 면적이 모두 맞나?
- ☐ 조합원의 권리관계가 모두 확정되었나?
- ☐ (환급금 지급 시) 조합원별 환급 금액은 적정하게 계산되었나?

비한다. 이전고시는 대지와 건축물의 소유권을 개인이나 행정청에 넘겨주는 것을 법적으로 확정하는 것이다. 소유권이 확정되지 않은 조합원이 있는지, 시설별로 면적이 정확한지, 기부채납에 문제가 없는지 최종적으로 점검한다. 사업시행계획 상의 주요 공사가 마무리되지 않는 등의 이유로 이전고시가 지연되거나 정비기반시설 이전고시는 뒤로 미루고 아파트와 상가 등 일부만 먼저 하는 부분 이전고시도 있다. 이전고시가 되면 건축물대장과 토지대장을 생성하고 마지막으로 등기를 한다. 소유권을 '이전'하는 것이므로 이전고시이고, 등기는 그것을 서류화하는 것이다.

이전고시가 늦어지면 등기가 안돼 대출이나 매매에 제약이 따른다. 일반분양자가 재산권 제약을 이유로 손해배상 소송을 제기하기도 한다. 입주 지정 기간 만료일 이후 1년 이내에 등기가 되지 않으면 그때부터 효력이 발생한다. 손해배상 금액은 일반분양가 총액의 10%에 대해 연 5%의 이율로 정해진다. 일반분양가 총액이 1,000억 원이면 연 5억 원이다.

등기 지연의 책임이 조합에 있느냐 아니냐가 쟁점이다. 전적으로 조합 책임이면 일반분양자에게 연 5억 원을 고스란히 물어내야 한다. 그러나 행정청의 잘못이나 다른 사유가 있다면 책임의 비율을 나눈다. 조합 귀책이 없다면 돈을 전혀 물지 않거나 조금만 낼 수 있다.

조세 등 환급

이전고시 이후 조합은 행정청에 납부한 각종 비용 중에서 과오납된 것을 환급받는 절차를 진행한다. 취득세·재산세 등의 지방세, 법인세·종합부동산세 등의 국세, 각종 부담금(교통·학교용지·상하수도·가스·전기) 등의 세외수입이 그것이다. 적으면 수천만 원, 많으면 100억 원도 넘게 돌려받는다.

조합은 세무법인이나 회계법인 혹은 법무법인과 계약해서 추진하는데, 일단 행정청에 경정청구를 하고, 거기서 소득이 없으면 조세심판원에 심판청구를 하고, 그래도 미심쩍으면 소송한다.

세무·회계법인과 할 것인가, 법무법인과 할 것인가는 고민거리다. 세무·회계법인은 경정청구와 심판청구, 법무법인은 소송에 집중한다. 조세심판원에서 행정청이 패소하면 그것으로 끝이지만, 소송에 돌입하면 보통 대법원까지 간다.

세무·회계법인과 법무법인에 일을 나누어 맡기는 방법도 있다. 세무·회계법인은 조세심판원을 상대로 세금에 집중하고, 법무법인은 소송으로 세금 외의 비용에 집중하는 것이다. 세무·회계법인과 법무법인이 컨소시엄을 구성해서 입찰에 들어오게 하는 방법도 있는데, 업역이 다른 업체끼리 협업이 얼마나 잘 될지가 관건이다.

착수금 없이 성공보수로 진행하는 경우가 많다. 조합 입장에서는 리스크가 없지만 일이 잘 끝나서 막상 거액의 성공보수, 많게는 수십억 원을 지불하려면 돈이 아깝다는 생각이 들지 않을 수 없다. 업체와 초기의 리스크를 분담해서 착수금을 주는 대신 성공보수를 낮출 수도 있다. 수의계약으로 하는 데도 많지만 입찰로 하는 게 좋다.

해산과 청산

준공되면 이전고시를 하고 조합은 해산을 거쳐 청산법인으로 간다. 조합은 사업시행계획 상의 업무를 완료하는 게 목표고 청산법인은 사업을 마무리하는 것이어서 두 법인의 성격은 다르다. 사업을 마무리하는 데에도 어느 정도 시간이 필요한 때가 있어서 청산법인이 일정 기간 존속하는 경우도 많다.

문제는 조합 해산 시점이다. 중대한 소송이 걸려 있거나 예상되

CHECK POINT

조합 해산과 청산 체크 포인트

☐ 남아 있는 소송이 있나?
☐ 앞으로 예상되는 소송이 있나?
☐ 소송에 패할 경우에 대비한 자금이 확보되어 있나?
☐ 잔여 자금에 대한 최종 정산 및 환급 계획이 마련되어 있나?

면 해산이 불가해서 조합이 유지되어야 한다. 해산하고 싶어도 못하는 것이다. 소송에서 졌을 경우를 대비한 자금도 갖고 있어야 하는데, 자세한 사정을 모르는 조합원은 조합장이 돈을 빼돌리는 것 아니냐 의심하면서 막판 홍역을 치르기도 한다.

'평생직장'을 놓지 않을 심산으로 조합장이 해산을 고의로 늦추는 바람에 민원이 발생하고, 사라졌던 비대위가 재결성되어 조합장을 해임하기도 한다. 지금은 이전고시를 하면 1년 안에 조합을 해산해야 하는 것으로 법이 바뀌었다.

재건축·재개발 용어 해설

OS

Out-Sourcing의 준말이다. 재건축·재개발에서는 조합원 세대를 가가호호 방문하거나 전화해서 총회 서면결의서를 받아내는 외주업체를 지칭한다. 재건축·재개발에 대한 조합원의 관심이 적고, 고령층이 많아 불가피한 면이 있다.

그러나 조합장이 원하는 방향으로 은근히 투표를 유도해서 중립성이 훼손되는 경우도 있다. 조합원이 용지에 기표한 다음 방문한 OS 요원에 서면결의서를 전달하는 방식이기에 중간에 OS 요원이 모두 찬성 표기를 한 다른 용지로 바꿔치는 것 아니냐는 불안도 상존한다. 그래서 조합원 각자 투표용지에 자신만이 알 수 있는 표기를 해서 조작 여부를 가리기도 하고 예방도 한다.

비용도 과하다. 조합원이 전국에 산재해 있으면 일일이 찾아가서 서면결의서를 받아야 하니까 많은 인력이 동원될 수밖에 없다. 조합원이 많으면 억대의 비용을 가볍게 찍는다. 가가호호 방문은 없애고 사무실에서 전화만 돌리는 TM(Tele-Marketing)만 해도 충분하다. 비용은 10분의 1 이하로 줄고 표 바꿔치기 시비도 사라진다.

1+1 분양

종전자산가 혹은 종전자산의 전용면적의 범위에서 1+1 주택을 분양받되, 1채는 전용면적 60㎡ 이하여야 하는 제도. 종전자산이 15억 원이면 60㎡ 이하의 아파트 및 잔여 금액 범위에서 다른 아파트 하나를 받고, 종전자산 전용면적이 160㎡이면 60㎡ 이하의 아파트 및 잔여 면적 범위에서 다른 아파트 하나를 받을 수 있다. 대지지분이 크거나 대형 평형 소유자들이 사업에 많이 참여하도록 하고 주택 수를 늘리기 위한 정책이다.

그러나 2주택자가 되었으니 종합부동산세, 양도세 등의 세금이 문제인 사람도 나타난다. 더구나 60㎡ 이하 주택은 이전고시일 다음 날부터 3년간 전매가 제한된다. 좋든 싫든 3년은 2주택자로 살아야 한다. 1+1을 신청하자니 세금이 걱정이고, 1주택만 신청하자니 나머지 면적은 헐값으로 조합에 넘겨야 해서 당사자들은 고민이 깊어진다. 지역에 따라 처음에는 1+1을 신청하려 했으나 이런 문제가 알려지면서 대형 1주택만 신청하는 것으로 입장을 바꾸는 조합원도 있다.

추가 1주택의 분양가를 어떻게 정해야 하는지도 논란이다. 신청 자격을 갖춘 조합원은 조합원 분양가를, 그 외 조합원은 일반분양가 혹은 조합원 분양가와 일반분양가의 중간 지점을 주장하기 때문이다. 관리처분계획의 타당성을 검증하는 등의 역할을 하면서 재건축·재개발을 지원하는 기구인 한국부동산원은 둘 다 조합원 분양가로 해야 한다는 의견을 제시한 바 있다. 대형 평형은 전체 면적이 모두 조합원 분양가로 공급되는 반면, 추가 1주택을 일반분양가 혹은 조합원 분양가와 일반분양가의 중간 지점으로 하면 형평성에 어긋난다는 것이다.

그러나 한국부동산원의 의견이 법적 구속력을 갖는 것은 아니다. 법원의 해석은 다를 수 있다. 관련 판례를 살펴보는 게 좋다.

권리가액

종전자산에 비례율을 곱한 금액. 비례율이 100% 미만이면 권리가가 낮아지고 100%를 초과하면 높아진다.

건폐율

전체 대지면적에서 건축물이 차지하는 대지면적의 비율. 건폐율이 높을수록 대지 활용도는 커지지만 아파트는 답답해진다. 반대로 건폐율을 낮추기도 하는데, 아파트 층수를 높여서 전망 좋은 고층 세대를 늘리기 위함이다. 조경 면적도 늘어나서 더욱 좋다.

50층 이상의 초고층 아파트도 등장하고 있다. 대신 공사비가 급등한다. 50층 이상이 되면 화재 대피 공간으로 30층마다 1개소씩 피난 안전 구역을 설치하고 내진 설계도 강화해야 한다. 강풍에 대비하고 건물 안전을 위해 고강도 자재와 특수공법도 적용해야 한다. 건물이 높아지니 기초공사에도 더 많은 비용이 필요하다. 공사 기간도 늘어난다. 건폐율이 낮아지는 등의 장점이 있지만 사업성은 나빠지는 것이다.

기본이주비와 추가이주비

아파트 공사 중 이사 가서 살 곳을 마련해 주기 위해 대출해주는 게 기본이주비다. 과거에는 기본이주비를 무이자 이주비라고 했다. 조합원은 정말로 무이자로 빌려주는 줄 알았다. 무이자 이주비라는 말은 조합원을 현혹하는 잘못된 말이다. 돈을 빌리는데 이자가 없을 수 없다. 조합원이 이자를 매월 개별적으로 납부하지 않고 조합이 사업비로 지급할 뿐이다. 그 사업비를 갚는 것도 조합원이니 기본이주비도 유이자 이주비다. 기본이주비 외에 추가이주비를 대출해주기도 한다. 기본이주비와는 달리 보통 이는 조합원이 이자를 직접 납부한다.

대주貸主

시공사에 공사 자금을 대출해주는 은행, 증권사, 보험사, 자산운용사 등의 금융회사. 금융회사가 복수일 때는 대주단이라고 한다.

도급제와 지분제

도급제는 시공사에 공사비만 지급하고 그 외는 수익도, 손실도 모두 조합에 귀속되는 방식이다. 부동산 경기가 좋아 일반분양이 잘 되면 좋지만 그렇지 않으면 조합이 큰 손해를 본다.

지분제는 시공사가 무상지분율을 약속하며 사업에 대한 모든 것을 책임지는 방식이다. 무상지분율은 종전자산가를 기준으로 시공사가 조합원에게 종후자산의 얼마까지를 추가부담금 없이 공급할 수 있는지를 나타내는 비율이다. 무상지분율이 150%고 종전 자산가가 5억 원이면 조합원 분양가 7억 5,000만 원까지는 무상이고 그 이상은 조합원이 부담한다. 약속한 무상지분율 외의 사업에 대한 손익은 시공사에 돌아간다.

부동산 경기 예측이 어렵기 때문에 위험을 회피하는 차원에서 요즘은 대부분의 시공사가 도급제를 선호한다.

독립정산제

아파트와 상가의 수입과 지출을 독립적으로 정산하는 방식. 아파트 분양 수입과 아파트 사업비는 조합이, 상가 분양 수입과 상가 사업비는 상가협의회가 관리하고 처리한다. 관리처분계획도 아파트 따로, 상가 따로 한다. 대외적, 법적 사업 주체는 조합이지만 내부적으로 사업영역은 둘인 셈이다.

법인세

지출보다 수입이 커서 수익이 나면 조합은 법인세를 낸다. 조합의 수입은 일반분양, 임대주택 분양, 보류지 분양 등이다. 조합원 분양분은 비수익사업이므로 제외된다. 일반분양분, 임대주택 분양분, 보류지 분양분이 더해진 면적 비율에 상당하는 지출보다 분양 수입이 크면 수익이 발생했으므로 세금을 내고, 작으면 내지 않는다.

예를 들어 종전자산가가 2조 원, 사업비가 1조 원, 일반분양과 임대주택, 보류지 등의 분양 면적이 20%, 분양 수입이 7,000억 원이면 세금을 내야 한다. 지출은 종전자산가의 20%인 4,000억 원에 사업비의 20%인 2,000억 원을 더해 6,000억 원인데, 수입은 7,000억 원으로 1,000억 원의 수익이 발생했기 때문이다.

벽식, 라멘식, 무량판 구조

슬래브의 하중을 지탱하는 방식의 차이에 따른 분류. 벽식은 벽체, 라멘식Rahmen, 독일어로 뼈대, 프레임은 보와 기둥, 무량판(없을 無, 들보 樑, 보가 없다는 것)은 기둥으로 지탱한다. 벽식은 층간소음에 취약하고 라멘식은 보가 차지하는 높이만큼 천장고를 높여야 해서 공사비가 늘어나는 게 단점이다. 무량판 구조는 벽체나 보가 아닌 기둥으로 슬래브의 하중을 지탱한다. 거실이나 침실에 기둥이 돌출되는 단점이 있다. 과거에는 아파트를 라멘식으로 많이 지었는데 이후 벽식이 주류가 되었다가 지금은 벽식이 일부 가미된 무량판 구조로도 많이 짓는다.

보류지

분양신청에 오류가 있었거나 조합원 지위가 회복된 사람이 생기는 일 등에 대비하기 위해 남겨둔 물건. 분양 세대의 1% 내에서 최대 29개까지 남겨둘 수 있다. 다양한 평형대로 골고루 남겨두는 게 제도의 취지에 맞다. 남은 물건은 입주 즈음에 시세대로 매각한다. 분양 수입을 늘리려면 보류지를 많이 남겨두는 게 좋다. 일반분양가보다는 시세에 따른 보류지 매각가가 높기 때문이다.

비례율

조합의 사업성을 나타내는 지표 중 하나. 조합원 분양가와 일반 분양가 등의 수입인 종후자산 총액에서 총 사업비를 제외한 금액을 조합원의 종전자산 총액으로 나눈 값이다. 즉 비례율=(종후자산 총액-총 사업비)/종전자산 총액×100이다. 종후자산 총액이 1,000억 원, 총 사업비가 400억 원, 종전자산 총액이 550억 원이면 비례율은 109.0909%이다.

100%를 기준으로 그 이상이면 사업성이 좋다고 평가하고 그 이하면 나쁘다고 한다. 사업이 진행되면서 공사비나 세금 등에 변동이 있어서 값이 변한다. 비례율이 높아지는 경우는 드물고 대개 나빠진다.

소유권 보존등기와 이전등기

이전고시가 나면 조합은 보존등기를 한다. 보존등기는 새로 조성되는 부동산에 최초로 하는 등기이다. 문제는 일반분양분(임대주택, 보류지 포함)에 대한 보존등기 비용인 취득세를 조합이 내야 한다는 점이다. 보존등기가 나면 일반분양자는 이전등기를 하고 세금을 내야 한다. 즉 보존등기 비용은 조합, 이전등기 비용은 일반분양자가 낸다.

어차피 일반분양자가 등기하면서 세금을 내는데, 왜 조합도 세금을 내느냐, 이중과세 아니냐 물어보는 조합원이 있다. 보존등기와 이전등기의 차이를 모르고 '등기'에 초점을 두니까 이런 의문이 생긴다. 등기의 성격이 다르다. 보존등기는 사업시행자인 조합 명의로 하는 것이고, 이전등기는 조합 명의를 일반분양자 개인 명의로 바꾸는 것이다.

개인이 건물을 지으면 보존등기를 먼저 하고 그걸 팔아서 세금도 메꾸고 수익도 가져간다. 재건축·재개발은 아파트를 먼저 팔고 보존등기는 나중에 한다. 순서가 다르다. 이중과세 논란은 이러한 순서의 차이에 따른 착각에서 나온 것이다.

조합원은 조합이 하는 보존등기로 등기 절차가 완료된다. 이전등기를 따로 할 필요가 없다. 보존등기를 완료함으로써 종전자산에서 종후자산으로 소유권 이동 절차가 행정적으로 마무리되는 것이다. 등기할 때 토지 취득세를 내는 조합원이 가끔 있다. 소형 평형 소유자가 대형 평형을 분양받아 종후자산 토지가 종전자산 토지보다 늘어난 경우이다.

조합은 정비기반시설에 대한 세금도 내야 한다. 행정청에서 국공유지를 무상양여 받을 때도 내고 정비기반시설을 새로 만들어서 기부채납 할 때도 낸다. 공사비가 적게는 수십억 원, 많게는 수백억 원이 드는데, 세금까지 내야 하냐며 조합원은 항의한다. 내야 하는지 안 내도 되는지, 많이 내야 하는지 조금만 내도 되는지 등이 사안별로 달라서 논란도 많다.

세대당 평균 대지지분

총 대지면적을 총 세대수로 나눈 값. 재건축·재개발의 사업성 측정의 핵심 지표 중 하나다.

재건축·재개발은 내 땅을 내놓고 거기에 일반분양 세대를 지어 그 분양대금으로 내 집을 짓는 것이다. 내가 내놓을 수 있는 땅이 클수록 일반분양도 많아지고 내 집을 짓는데 필요한 공사비도 충당해서 내가 내야 하는 분담금을 줄일 수 있다. 반대로 내가 내놓는 땅이 작으면 일반분양 수입이 줄어 분담금이 늘어난다.

세대당 평균 대지지분이 커서 사업성이 좋아도 입지가 나쁘면 나중에 만회가 안될 수 있고, 사업성이 나빠도 입지가 좋으면 만회될 수 있다. 대지지분이 단지의 가치를 좌우하는 핵심 요소는 아닌 것이다. 그러나 입지가 비슷하면 대지지분을 눈여겨봐야 한다.

신통기획

서울시가 2021년 이후 추진하는 신속통합기획의 약칭. 서울시 역할을 강화해서 정비구역 지정 기간을 획기적으로 단축하면서 사업성도 높이고 공공성도 확보한다는 게 목표이다. 과거에는 정비계획을 주민과 기초단체에서 수립하고 서울시 심의를 받았다. 그런데 상당한 시간이 소요되었다. 서울시가 주도하는 신통기획으로 하면 시간을 절반 이상 단축할 수 있다는 게 서울시 설명이다.

그런데 반대급부가 있다. 서울시는 신통기획에 대한 대가로 조합에 특정 공공기여 시설을 설치하라고 요구한다. 이게 논란을 일으킨다. 서울시는 지역 상황에 따라 노숙인 샤워 시설, 노인복지시설, 어르신 돌봄 기관인 데이케어센터, 119안전센터 건립 등을 제안하는데, 이에 반발하는 주민들이 있기 때문이다.

용적률

대지면적에 대한 건축물 연면적의 비율. 연면적은 각 층의 바닥면적을 합한 면적이다. 사업성을 높이려면 현재 건축물의 용적률은 낮을수록, 반대로 앞으로 받을 수 있는 용적률은 높을수록 좋다.

앞으로 받을 수 있는 용적률은 해당 구역이 어떤 용도 지역으로 지정되어 있느냐에 따라 달라진다. 토지는 주거지, 녹지, 공업지, 상업지로 구분된다. 재건축·재개발 대상 구역은 주거지인데, 그중에서도 일반주거지역인지 준주거지역인지, 일반주거지역이라면 1종인지 2종인지 3종인지 알아야 한다. 최대 용적률이 달라지기 때문이다. 1종이면 200%, 2종이면 250%, 3종이면 300%까지 가능하다. 준주거지역이면 500%까지 올릴 수 있다. 바로 옆에 붙어 있는 단지인데 어디는 2종이고 어디는 3종이며 심지어 어디는 준주거지역이라 희비가 엇갈린다. 영문을 모르는 조합원은 당황한다.

유치권 留置權

타인의 물건이나 유가증권을 점유한 자가 그로 인한 채권을 변제받지 못했을 때 그 물건이나 유가증권을 맡아두는 것. 경찰서 유치장의 '유치'와 한자가 같다. 유치장이 피의자를 가두어두는 곳이라면 유치권은 물건이나 유가증권을 배타적으로 점유하는 행위다.

소규모 공사장이나 다세대 건축물에 대해서는 시공사가 유치권을 행사하는 경우가 종종 있다. 재건축·재개발에서는 그렇지 않았다. 시공사의 평판이 나빠지기 때문이다. 요즘은 기류가 달라졌다.

시공사가 유치권 행사로 조합을 압박해서 공사비를 올리는 경우가 많아지고 있다.

시공사의 유치권 행사에 조합이 빌미를 제공했다면 골치 아파진다. 공사 중단에 더해 유치권 비용도 조합이 떠안아야 한다. 시공사가 유치권을 풀어도 인력과 업체가 돌아오고 철수한 중장비도 재배치해서 공사를 재개하려면 수개월이 걸린다. 유치권 행사로 인한 명시적인 공사 중단 기간에 공사 재개 기간까지 더해지니까 비용도 늘어난다.

마감 공사를 하지 않은 채 건축물이 눈이나 비, 공기에 장기간 노출되므로 철근 부식 등의 문제가 생길 수 있다. 유치권 행사는 대개 공사 재개를 전제로 하기 때문에 시공사가 건축물 관리에도 공을 들인다. 중단 기간이 짧으면 다행이다. 그러나 공사를 중단 없이 하는 것에 비해 위험이 커지는 것은 어쩔 수 없다. 이 위험은 시간에 비례해서 커지므로 쫓기는 것은 조합이다. 공사 중단 같은 상황은 피해야 하지만 이런 상황이 닥친다면 조합은 시공사가 건축물 관리를 얼마나 제대로 하는지 수시로 점검해야 한다.

유치권이 행사되고 있다면 조합이 시공사를 교체하고자 해도 어렵다. 분쟁이 있는 사업장에 발을 들이는 시공사는 거의 없기 때문이다. 운 좋게 시공사가 들어와도 유치권을 푸는 주체는 조합이어야 함을 조건으로 걸 것이다. 기존 시공사와 협의가 잘 되어 새로운 시공사에 현장을 넘겨주기로 합의가 되어도 공사비 정산에 수개월이 걸린다. 기존 시공사가 협조하지 않는다면 유치권을 풀기 위한 소송을 해야 하고 3심까지 간다면 2년은 잡아야 한다. 승소한다는 보장도 물론 없다.

이 모든 게 잘 풀려도 남은 문제가 하나 더 있다. 새로 들어온 시공사가 공사비를 저렴하게 할 것인가이다. 그럴 가능성은 없다. 조합의 사정이 딱하니까 인정을 베풀자는 시공사는 없고 조합의 처지가 다급하니까 공사비를 양껏 부르는 시공사가 대부분이기 때문이다. 기존 시공사가 한 공사의 하자까지 최종 시공사가 책임져야 하니까 리스크를 안는 비용도 추가된다.

공사 중단은 최악의 상황이므로 피해야 한다. 만약 시공사가 유치권을 무기로 조합을 압박한다면 명분이 누구한테 있는지, 법적 근거는 무엇인지 잘 살펴서 대응해야 한다.

전용면적, 공급면적(분양면적), 계약면적

전용면적은 거실, 침실, 주방, 욕실 등 내가 들어가 살고 이용하는 면적이다. 주거전용면적이라고도 한다. 공급면적은 복도, 계단, 엘리베이터 등의 주거공용면적을 각 세대의 전용면적의 비율대로 나누어서 전용면적에 합한 면적이다. 34평형이라고 하면 공급면적을 말하고, 34평형의 전용면적은 84㎡이다. 계약면적도 공급면적과 동일한 산식으로 정해진다. 즉 경로당, 주차장, 어린이놀이터 등의 기타공용면적을 각 세대의 전용면적의 비율대로 나누어서 공급면적에 합한 면적이 계약면적이다. 34평형의 계약면적은 약 60평이다.

아파트를 분양하면서 '평당 분양가 얼마'라고 할 때의 '평'은 전용면적이나 계약면적이 아닌 공급면적을 말한다. 34평형의 분양가가 10억 원이라면 평당 분양가는 약 2,940만 원이다.

시공사에서 '평당 공사비 얼마'라고 할 때의 '평'은 계약면적이다. 전용면적이나 공급면적이 아니다. A 단지의 평당 공사비가 550만 원, B 단지는 600만 원이라면, 계약면적이 약 60평인 34평 기준으로 A 단지는 3억3,000만 원, B 단지는 3억6,000만 원이 들어갔기 때문에 A 단지 조합원은 B 단지보다 3,000만 원의 공사비를 아꼈다는 뜻이다.

발코니 등의 서비스 면적은 전용면적이든 공급면적이든 계약면적이든 어디에도 포함되지 않는다.

정비사업전문관리업체

줄여서 정비업체라고 한다. 자본금이나 전문인력 등의 요건을 갖추어야 하고 면허를 보유해야 한다. 조합 설립, 사업시행계획과 관리처분계획 수립 등의 업무를 대행하고 설계사나 시공사 선정에 관한 업무도 지원한다. 이사회, 대의원회, 총회 자료를 준비하기도 한다. 업무 범위는 조합이 계약하기 나름이다. 인력 이동이 심하고 영세한 업체도 많으며 업체 간에 부침이 심하니까 안전성과 전문성을 위주로 여러 업체를 비교하고 선정해야 한다.

추진위나 조합 단계에서 선정한다. 추진위가 선정한 정비업체가 조합에 승계되느냐는 논란거리이다. 승계된다는 주장도 있고 재선정 절차가 필요하다는 주장도 있다. 논란이 있으면 안전한 방식으로 하는 게 좋다. 조합 단계에서 선정하면 이사회나 대의원회 의결로 끝내면 안 되고 총회까지 거쳐야 한다. 정비업체는 조합원 개인정보 등 민감한 사항을 다룰 수도 있기 때문에 선정 절차를 엄격하게 했다.

제척

일반적으로 피고인과 친족 등 특별한 관계라서 법관이 불공정한 재판을 할 현저한 우려가 있을 때 그 법관을 직무에서 배제하는 제도를 말한다. 재건축에서는 상가를 대상으로 쓰인다. 상가가 재건축에 반대하거나 지분 가치를 과하게 요구해서 아파트 조합원의 이익을 심하게 침해하면 상가를 빼고 아파트만 재건축하자는 논의가 나온다.

상가가 단지의 끝부분에 있으면 제척이 가능하지만, 가운데 있으면 물리적으로 불가하다. 재개발에서 상가는 거의 대부분 구역 안에 여기저기 있어서 제척이 불가능하다. 재건축은 다르다. 제척이 가능한 단지가 있고 불가능한 단지가 있다.

조합원 분담금과 추가 분담금

조합원 분담금은 새 아파트를 받기 위해 납부하는 금액으로 조합원 분양가에서 조합원 권리가를 뺀 금액이다. 추가 분담금은 조합원 분담금 외 사업비 조달을 위해 조합원이 추가로 내는 돈이다.

종전자산과 종후자산

종전자산은 조합원이 원래 갖고 있던 자산이고, 종후자산은 조합원이 분양신청을 해서 앞으로 갖게 될 자산이다.

재건축과 재개발

재건축은 건물 중심이고 재개발은 지역 중심이다. 노후·불량 건축물이 많지만 상하수도 등의 정비기반시설은 양호한 구역에서 하는 게 재건축이고, 노후·불량 건축물도 많고 정비기반시설도 열악한 구역에서 하는 게 재개발이다. 통상 재건축은 아파트 단지, 재개발은 단독주택·빌라·아파트·상가가 혼합된 구역으로 나뉘는데, 예외도 있다. 단독주택촌인데도 정비기반시설이 양호해서 재개발이 아닌 재건축을 하는 조합도 있다.

재개발은 재건축보다 정비기반시설을 위한 기부채납을 많이 해야 한다. 전체 토지 중에서 기부채납 비율이 재건축의 두 배가 넘는 단지도 많다. 정비기반시설이 열악한 지역을 바꾸는 게 재개발이기 때문에 어쩔 수 없다. 재건축과 달리 세입자 주거 이전비와 상가 영업보상비도 지급해야 한다. 단독주택, 빌라, 아파트, 상가가 혼합되어 있어 분쟁도 많고 사업이 늘어질 위험도 크다.

대신 재개발은 안전진단 단계가 없으며 기부채납 토지에 대해 어느 정도 보상도 받는다. 소형 빌라를 구입하면 재건축에 비해 초기 투자금이 적다. 재건축 초과이익 환수법도 적용받지 않는다.

재건축과 리모델링

용적률이 이미 너무 높아 재건축이 아닌 리모델링을 해야 하는 단지도 있다. 리모델링은 준공된 지 15년 이상 되었으면 추진할 수 있고 기부채납을 안 해도 되는 장점이 있다. 그러나 단점도 있다.

내력벽을 그대로 두고 공사해야 해서 평면이 길쭉해지고 공간 활용도가 떨어진다. 안 그래도 구축 아파트는 신축보다 천장고가 낮은데, 과거와 달리 지금은 천장과 슬래브 사이에 스프링클러와 시스템 에어컨을 설치해야 한다. 거기에 필요한 공간만큼 천장고가 더 낮아지는 것이다. 리모델링은 수직이나 수평 증축, 별도 동 건축의 세 가지 방식이 가능하다. 이 중 수직 증축은 보강 공사를 많이 해야 해서 재건축보다 공사비가 더 들어갈 수도 있다.

용적률에 약간의 여유라도 있다면 리모델링과 재건축을 두고 주민 사이에 극심한 분란이 벌어지기도 한다. 용적률이 이미 너무 높다면 선택의 여지가 없으니 그대로 리모델링을 하면 되는데, 그렇지 않으면 선택지가 두 개가 되니까 단지가 결정 장애에 빠진다.

빠른 사업 추진을 장점으로 내세우며 리모델링을 추진해왔으나 사업이 계속 지연되어 어느새 준공된 지 30년에 가까워지면서 재건축 가능 연한이 도래하면 이를 원하는 주민이 늘어난다. 구조의 불리함 때문에 리모델링 단지는 가격 상승에 한계가 있다며 가치를 제대로 인정받으려면 지금이라도 재건축으로 가야 한다는 주장에 힘이 실린다.

가까스로 내분을 정리하고 리모델링에서 재건축으로 선회하면 이번에는 비용 문제가 발생한다. 그동안의 운영비, 사업비라든가 업체와 계약 해지에 따른 위약금 등의 매몰 비용을 어떻게 처리할 것인지가 대두한다. 리모델링 조합과 재건축 조합은 별개 단체라 승계가 안 된다. 리모델링 조합에서 설계사, 시공사 등을 선정했어도 재건축 조합이 출범했다면 원점에서 새로 해야 한다. 리모델링 조합 업무도 민주적 절차에 따라 다수결로 결의한 것이니 매몰 비용은 쿨하게 수업료라 생각하고 앞만 보고 가면 되는데, 그렇게 간단한 일이 아니다.

가장 문제가 되는 게 시공사다. 재건축을 원하는 조합원이 많아졌다는 것은 준공된 지 30년에 가까워졌고, 리모델링 조합이 만들어진 건 적게 잡아도 10년 내외가 되었다는 뜻이다. 이미 시공사를 선정한 단지들이 있다는 뜻이기도 하다. 계약을 해지하면 손해배상 금액이 최소 수십억 원은 된다. 쿨하게 수업료로 처리할 규모가 아닌 것이다.

준공된 지 20년은 넘었지만 30년까지는 한참 남은 어중간한 시점이면 재건축 조합 설립이 불가능하고, 배상이 지연되는 기간 동안 고율의 이자까지 붙어 금액은 눈덩이가 된다. 배상이 계속 지연되면 시공사는 계약하면서 연대보증한 리모델링 조합의 등기 임원들에게 책임을 물릴 수 있다. 연대보증인들의 집이 통째로 날아갈 수 있는 것이다.

이를 막으려면 총회 의결을 받아야 한다. 매몰 비용은 조합원들이 n분의 1로 분담해서 내도록 하는 것이다. 그러나 그 순간 조합은 아수라장이 된다. 10년 가까이 허송세월한 리모델링 조합 임원들이 책임져야 한다는 목소리가 비등해지며 거의 부결된다. 앞으로 만들어지는 재건축 조합에서 이 비용까지 책임진다는 점을 조건으로 걸면서 시공사를 선정하도록 하는 방법도 있는데, 이 또한 조합원이 분담하자는 것에 다름아니고 재건축 조합이 과연 그렇게 할지 말지도 미지수다.

미리 정관에 조합 설립 인가가 취소되는 등의 상황이 발생하면 잔존 채무는 조합원이 책임진다는 점을 명확하게 규정했다면 상관없다. 그렇게 하지 않은 조합이 있다는 게 문제다. 이는 정비구역이 해제되는 등의 사유로 사업이 중단되는 재건축·재개발 조합에서도 똑같이 나타나는 문제다.

재건축은 도시정비법, 리모델링은 주택법의 적용을 받는다. 조합원 입장에서 재건축과 리모델링은 건축 방식만 다르고 나머지는 거기서 거기라고 생각하기 쉽지만 관련 법령 등 많은 게 다르다.

책임준공

시공사가 천재지변, 내란, 전쟁 같은 불가항력적 사유를 제외하고 약정된 기간 내에 공사를 완료할 것을 약속하는 것. 원래 이는 PF와 관련된 것이다. 조합은 자체 보유한 돈이 없기 때문에 금융기관으로부터 돈을 빌리는데, 이에 대한 채무 보증을 시공사가 하고 금융기관은 추가적인 안전장치로 시공사에 책임준공 확약서를 요청한다.

그 결과 준공 기간을 못 지키면 시공사는 금융기관이 조합으로부터 회수하지 못한 잔존 채무까지 책임진다. 부동산 경기가 나빠지면 시공사 리스크는 급등한다. 미분양이 대거 발생해 공사비도 회수하지 못했는데 조합의 채무까지 인수해야 하기 때문이다.

금융기관과는 별도로 조합이 책임준공을 요청하기도 한다. 공사비 증액 등의 이유로 공사가 중단되는 사업장이 생겨나면서 조합으로서는 공사의 연속성을 담보할 안전장치가 필요해졌기 때문이다. 지체상금 조항이 있지만 이것만으로는 불안한 것이다.

조합 내부 문제든 인허가 지연이든 공사비가 올라서든 자재 수급이 안 돼서든 주변 민원이든 이유 불문하고 시공사는 기간 내에 준공할 것을 약속하고 이를 지키지 못하면 손해배상을 해야 한다는 것이다. 조합으로서는 시공사의 횡포에 대항하기 위한 안전장치가 필요하지만 시공사는 언제 어디서 사고가 날지 모르는 조합이 불안하기 짝이 없어 양쪽은 평행선을 달린다.

부동산 경기에 훈풍이 불고 사업장의 수익성이 좋으면 문제가 안 되지만, 그렇지 않으면 시공사의 외면으로 유찰되기도 한다. 여러 가지 사정을 종합해서 책임준공을 위한 시공사와 조합 각각의 책임의 범위를 명확히 해두는 게 좋다.

재건축·재개발의 함정과 성공 매뉴얼
윤석양 조합장 5년의 일지

초판 발행 2025년 8월 11일

지은이 윤석양
펴낸이 박해진
펴낸곳 도서출판 학고재
등록 2013년 6월 18일 제2023-000037호
주소 서울시 영등포구 경인로 775 에이스하이테크시티 2-804
전화 02-745-1722(편집) 070-7404-2782(마케팅)
팩스 02-3210-2775
전자우편 hakgojae@gmail.com
페이스북 www.facebook.com/hakgojae

ⓒ 윤석양, 2025

ISBN 978-89-5625-476-0 (13320)
값 22,000원

이 책은 저작권법에 의해 한국 내에서 보호를 받는 저작물이므로 무단전재와 복제를 금합니다.